第十届
全国语言文字应用学术研讨会
论文集

中国应用语言学会（筹） 编

社会科学文献出版社
SOCIAL SCIENCES ACADEMIC PRESS (CHINA)

目 录

以习近平新时代中国特色社会主义思想为指导，深入贯彻落实
 《国家语言文字事业"十三五"发展规划》 ………………… 姚喜双 / 001
汉语盲文规范化与信息化研究的新进展 ……………………… 肖　航 / 009

服务"一带一路"的本土汉语师资与汉语研究生教育
 ——以泰国为例 ………………………………………………… 胡清国 / 020

大数据背景下贵州民族语言文字信息化建设 ………………… 杨　菁 / 029
"诗可以群"：唐代诗人社交网络研究 ………………… 胡韧奋　诸雨辰 / 036
基于语料库的"一A一B"式成语与词"AB"的语义关系探析
 …………………………………………………………………… 姜英荔 / 051
基于语料库的两岸同形异义词差异研究 ……………………… 李　慧 / 064

再论国家语言服务 ……………………………………………… 郭龙生 / 078
近五年普通话水平测试研究概述 ……………………………… 朱丽红 / 091
印度的语言规划和语言政策探析 ……………………………… 赵成新 / 105
言语社区多语能力研究
 ——以澳门为例 ………………………………………………… 阎　喜 / 120

南北疆维吾尔族国家通用语言使用情况对比研究
………………………………………………………… 李志忠　游千金 / 131

教育用字研究历史述评………………………………… 陈黎明 / 151
东南亚华裔学生的语言使用情况与文化认同调查……… 朱媞媞 / 159
汉语多位数词特点研究及应用………………… 彭家法　蔡　雨 / 186

论政务新媒体语言应用的特征………………………… 王建华 / 199
电视文化类节目的语言传播力研究…………………… 侯　月 / 208
医教结合背景下学前聋儿言语康复园本课程开发研究报告
………………………………… 陈　军　黄总志　庄香香 / 214
多元文化背景下延边地区朝汉双语教育研究………… 孙惠欣 / 223

后　　记……………………………………………………… 232

以习近平新时代中国特色社会主义思想为指导，深入贯彻落实《国家语言文字事业"十三五"发展规划》

姚喜双

（教育部）

《国家语言文字事业"十三五"发展规划》（以下简称语言文字事业"十三五"规划）于党的十九大召开前制定，明确了 2016~2020 年我国语言文字事业的发展目标和主要任务，是迈进新时代的语言文字事业发展规划。学习研究、贯彻落实语言文字事业"十三五"规划，要以习近平新时代中国特色社会主义思想为指导，以习近平关于"创新、协调、绿色、开放、共享"的五大发展理念为统领，以习近平关于语言文字工作的重要论述为引领。

一 语言文字事业"十三五"规划制定的背景

在语言文字事业"十三五"规划制定之前，国家语委制定了《国家中长期语言文字事业改革和发展规划纲要（2012—2020 年）》（以下简称语言文字事业中长期规划纲要）。语言文字事业中长期规划纲要构架了语言文字事业总体的发展框架，2010 年启动撰写、调研等工作，2012 年党的十八大召开之后颁布，历时 2 年的时间。因此，语言文字事业中长期规划纲要能够体现党的十八大精神。

尽管语言文字事业中长期规划纲要已经制定到了 2020 年，国家语委认为还是要制定一个国家的语言文字事业"十三五"规划。但也有同志觉得已经有了语言文字事业中长期规划纲要，为什么还要制定语言文字事业"十三五"规划。在国家语委历史上也有某个五年没有制定规划的，语言文字事业中长期规划纲要已经规划到了 2020 年，为什么还要再制定一个规划？我们认为，党的十八大以来，习近平总书记一系列治国理政新理念新思想新战略指导党和国家的事业不断向前发展，为了具体贯彻落实习近平总书记治国理政新理念新思想新战略，我们需要制定语言文字事业"十三五"规划。同时，考虑到两个方面的实际问题：一方面，相对来讲，语言文字事业中长期规划纲要是方案性的文件；另一方面，由于语言文字事业中长期规划纲要是在党的十八大召开后，不到一个月的时间内颁布的，因此党的十八大以来习近平总书记一系列新理念新思想新战略还需要系统、完整地体现在我们的方案里，我们应该制定语言文字事业"十三五"规划。

从具体的情况来看，我认为还可以用三个"两"来表述制定语言文字事业"十三五"规划的现实意义，即我们实现两个百年目标、解决两个空间问题、面临两个大局。

第一，我们要实现两个百年目标。我们实现建党一百年和建国一百年的目标。建党一百年，即 2021 年，之前一年，也就是到 2020 年，我们要实现全面小康，即第一个百年要全面建成小康社会。第二个百年是建国一百年，即 2049 年，也就是到 2050 年，我们要建成具有中国特色的社会主义现代化强国。建成小康社会和建成现代化强国，是我们要实现的具有历史跨度的两个百年目标。

两个百年，从第一个百年到第二个百年只有 30 年的时间。党的十八大提出，到 2020 年要全面建成小康社会，建国一百年要基本实现现代化。现在党的十九大又把时间路线图提得更近了，到 2035 年就要基本实现现代化，到 2050 年要建成现代化强国。

2020 年要全面建成小康社会。关于实现小康的不同提法，我个人总结分为三个阶段。第一个阶段是实现总体小康；第二个阶段是实现高水平的小康；第三个阶段是实现全面小康。总体小康应该是邓小平同志在 20 世纪 80 年代提出来的，也就是到 20 世纪末人均 GDP800 美元。2008 年，中共中央召开了"纪念改革开放30周年"的大会，时任中共中央总书记胡锦涛同志指出，我们要实现高水平的小康。到党的十八大，习近平总书记明确提出全面建成小康。那么全面建成小康是什么时候呢？就是在我们党即将建党一百周年时，也就是说，2020年是我们要实现全面小康的一年。实现全面小康意味着，正如习总书记经常讲的那样，"一个都不能少"，这是我们当前需要完成的最重要的一个任务。

在这个定位下，党的十八大召开以后，其他各行各业都提出到2020年实现全面小康。中央要求教育要优先发展。对教育的指标提出要比别人早30年。也就是说，我们在第一个百年就要完成第二个百年的工作，教育在第一个百年就要实现现代化。语言文字工作是教育的一个重要组成部分，语言文字工作也得在2020年基本实现现代化。我们要实现两个百年的目标，深感时间紧、任务重，时不我待。

第二，我们要解决两个空间问题。过去我们做语言文字工作都是解决现实空间的人际交流的问题。现在我们还要解决虚拟空间的人机交互交流的问题。我们过去在现实空间开展"啄木鸟"活动，看有没有错别字，有没有繁体字，小手拉大手到街上去纠错；现在我们登陆某家单位的门户网站，就可以看到这家单位在虚拟空间里的精神面貌和整体形象，同时也可以看到它的语言文字使用是否规范。随着虚拟空间的不断增大、人工智能的不断发展、大数据技术的不断应用，语言文字信息化工作显得更加重要，对语言文字的规范化、标准化提出了更新更高的要求。因此语言文字事业"十三五"规划是在要解决两个空间问题的背景下制定的。

第三，我们面临两个大局，即国内和国际两个工作大局。现在我们即便做国内的工作，也需要考虑国际影响。比如某个县下发会议通知，过去各单位直接将通知取走即可，通知内容只有县里有关部门知道；可现在通过互联网发布通知，全世界都知道了，出现的有些错误，还可能形成网络事件。所以在做国内工作的时候，得想着国际影响，这就是两个大局。

过去语言文字工作，国内就是国家语委的事，国际还有汉办和侨办做，而现在是一块儿干。因此，我们语言文字工作既要考虑到国内，也要考虑到国际。做国内工作的时候要考虑国际影响，做国际工作的时候也要考虑到国内我们的实力。

二 语言文字事业"十三五"规划的定位

从历史定位的角度分析,语言文字事业"十三五"规划的制定体现了我国语言文字工作从单口径到宽口径,再到全口径的发展过程。

中华人民共和国成立初期,国家语委名为中国文字改革委员会,到20世纪80年代改名为国家语言文字工作委员会。从中华人民共和国成立初期到21世纪的头十年,语言文字工作的定位是单口径的,即解决语言文字本身的问题。

制定语言文字事业中长期规划纲要期间,时任国家语委主任李卫红同志提出要放开视野看作用、融入发展促发展。国家语委作为牵头单位,要承担并发挥组织其他成员单位的主力作用,在完成推广普通话、推行规范汉字、发展语言文字信息化的主要任务的同时,也要协调其他成员单位参与到向海内外传播语言文化、发展语言教育,以及解决民族语言、外国语言、盲文、手语使用的问题等工作中。因此,语言文字事业中长期规划纲要是一个宽口径的定位。这也是国家语委同中央电视台一起举办成语大会、诗词大会,形成系列品牌的原因之一。

制定语言文字事业"十三五"规划期间,国家语委主任杜占元同志指出,有的事需要我们自己干,有的事我们可以说一说,有的事我们得喊一喊,有的事我们还得推一推,即我们自己干的、说的、喊的、推的事情,都要通过制定语言文字事业"十三五"规划表达出来。因此,语言文字事业"十三五"规划的制定体现了当前语言文字工作的全口径定位。党的十八大以来,习近平总书记提出全面建成小康社会、全面深化改革、全面依法治国、全面从严治党,都是围绕"全"。我们语言文字事业也需要全口径的规划。

语言文字事业"十三五"规划同时体现了高、大、全的定位。第一是站位高,即制定语言文字事业"十三五"规划是站在国家的高度考虑未来五年的发展。国家语言文字事业"十三五"规划,既不是语用司、语信司、语用所"十三五"规划的简单之和,也不是国家语委语言文字工作"十三五"规划,它是国家语言文字事业的"十三五"规划。第二是项目大。语言文字事业"十三五"规划根据国家的战略需要，设计了一些大项目、大规划，例如国家通用语言文字普及攻坚工程、语言文字信息化关键技术研究与应用工程、"互联网+"语言文字服务工程、中华优秀语言文化传承与保护工程、语言文字筑桥工程等。第三是内容全。语言文字事业"十三五"规划涉及国家语委各成员单位各领域的语言文字工作。

三　语言文字事业"十三五"规划的目标和主要任务

1. 语言文字事业"十三五"规划的目标

一个基本、两个全面。一个基本，就是到 2020 年国家通用语言文字基本普及，即基本普及普通话和规范汉字。两个全面，一是全面提升语言文字信息化水平。虚拟空间、人工智能、大数据、物联网、互联网的出现，要求我们全面提升语言文字信息化水平。只有提升语言文字信息化水平，才能服务和支撑当前社会的发展。二是全面提升语言文字工作服务国家战略能力。国内是一个大局，国际是一个大局，我们需要服务国家战略。习近平总书记要求我们提高化解风险的能力，打好扶贫攻坚战、打好蓝天保卫战。首先是化解风险，就是要防范危机、保障国家安全。同时要搞好扶贫攻坚，要防治污染，要实现绿水青山。首先，要化解风险、确保语言安全。语言文字关系到国家统一、民族团结、经济发展、社会进步、历史传承与文化繁荣。国家统一有国家安全的问题，民族团结有防范风险的要求，文化繁荣包含文化安全的问题等。当语言文字与国家安全结合起来，我们的工作就有更深的意义。其次，扶贫攻坚。语言文字既扶智也扶贫，在扶贫中能够发挥最重要的作用，现在国家把推广普通话和扶贫结合起来，提出明确要求。最后，绿水青山不仅指现实空间的绿水青山，同时还指虚拟空间的"绿水青山"。习近平总书记在十九大报告中指出，我们要打造清朗的网络空间，如何实现网络语言的规范化是有待我们解决的问题。

2. 语言文字事业"十三五"规划的主要任务

一是普及国家通用语言文字。大力提升农村地区普通话水平，加快民族地区国家通用语言文字普及，强化学校语言文字教育，加强语言文字规范化建设。重点在于加快民族地区和农村普通话的普及。20 世纪末，普通话普及率是 53.06%，换句话说，全国上下还有将近一半的人不能够使用普通话进行交流。2010 年教育部语言文字应用研究所进行的语言文字调查得出普通话普及率是 70%，但生活在边远地区、民族地区的大部分人仍不能使用普通话进行交流。《中华人民共和国宪法》第十九条规定：国家推广全国通用的普通话。因此，我们要把推普攻坚和脱贫攻坚结合起来，服务国家大局，推进工作。

二是推进语言文字信息化建设。加快推动语言文字信息化技术创新发展，加强语言资源建设，建设语言文字信息化平台，借助信息化关键技术，提升普通话的信息化水平，使语言文字在未来人工智能方面发挥更大作用。

三是提高国家语言文字服务能力。努力提高保障国家战略和安全的语言文字服务能力，创新语言文字服务方式，服务特殊人群语言文字需求，使语言文字工作更加适应实施国家重大战略和维护国家安全的需求，并满足社会和人民群众语言学习和使用需求。

四是弘扬传播中华优秀语言文化。积极推进中华优秀语言文化传承发展，科学保护各民族语言文字，深化内地和港澳地区、大陆和台湾地区语言文化交流合作，加强语言文化国际交流与传播，促进语言文字文化功能的充分发挥，加强中华语言文化建设与传播。

五是完善语言文字工作治理体系。不断加强语言文字法治建设，完善语言文字规范标准，健全语言文字测评体系，强化重点领域语言文字监督检查，促进社会语言生活健康和谐，加强社会语言生活引导。

四　制定语言文字事业"十三五"规划是对习近平总书记提出的五大发展理念和关于语言文字工作的重要论述的贯彻

一是创新的发展理念。语言文字事业"十三五"规划从对形势的分析，到目标和任务的确定，都有创新。从工作定位的单口径到宽口径，再到全口径，到体制机制和保障手段都在创新。过去国家语委有成员单位 18 个，现在有 29 个，各个方面都在创新。

二是协调的发展理念。习近平总书记提出协调均衡发展的理念，就是要解决我们当前语言文字工作不平衡、不充分的问题。语言文字工作要解决现实空间与虚拟空间的语言问题，要解决国际国内两个大局中的语言问题，还要努力缩小东西部、发达地区和欠发达地区的语言差距，等等，这些都体现了协调发展理念。

三是绿色的发展理念。绿水青山，不仅体现在现实生活中的语言规范上，而且体现在网络空间的清朗上。我们的绿水青山也体现在语言文字产业的发展上，语言文字产业也是不冒烟、不污染的。

四是开放的发展理念。语言文字工作是一个开放的事业，不是封闭的。现实空间向虚拟空间开放，我们国内向国际开放语言文字工作，语言文字工作服务于"一带一路"倡议、服务于大国人文外交，这些都是开放发展。

五是共享的发展理念。语言文字是我们共享发展的基础，是共享改革开放成果的基础条件。例如借助盲文手语，听障人士、视障人士等都可以共享信息。

党的十八大以来，以习近平同志为核心的党中央高度重视语言文字工作。党的十八大报告明确指出，要"建设优秀传统文化传承体系，弘扬中华优秀传统文化。推广和规范使用国家通用语言文字"。习近平总书记从普及推广国家通用语言文字、传承中华优秀传统文化、提升文化软实力、充分发挥语言的桥梁和钥匙作用、要求领导干部具备一定的语言文字应用能力和文化修养、加强网络空间治理等方面，对语言文字工作做出了系列重要论述，为语言文字事业发展提供了重要指导和遵循。

党的十九大以来，中国特色社会主义进入新时代，我们充分认识到，我国社会主要矛盾已经转化为人民日益增长的美好生活需要和不平衡不充分的发展之间的矛盾。因此，语言文字事业"十三五"规划正是要在这个新时代解决发展不平衡、不充分的问题。推普扶贫攻坚就是解决普通话普及还没有充分发挥作用的问题。新时代语言文字工作不仅要解决物质层面的问题，还要解决精神层面的问题。我们不仅需要牛奶和面包，还需要诗和远方。

进入新时代我们必须认识到，我国社会主要矛盾的变化，没有改变我们对我国社会主义所处历史阶段的判断，我国仍处于并将长期处于社会主义初级阶段的基本国情没有变，因此我们还需要花大力气用语言文字去扶贫攻坚，还要解决实现 2020 年全面建成小康社会需要面对的问题。因此，只有深入学习习近平新时代中国特色社会主义思想、习近平总书记提出的五大发展理念和关于语言文字工作的一系列重要论述，才能够更好、更深入、更全面地落实好语言文字事业"十三五"规划。

汉语盲文规范化与信息化研究的新进展[*]

肖 航

(教育部语言文字应用研究所)

一 引言

盲文是记录语言的触觉符号,又称为点字或盲字,是专供盲人摸读和书写使用的文字。我国是世界上盲人最多的国家,根据第六次全国人口普查和第二次全国残疾人抽样调查数据推算,2010年全国约有视力残疾人1263万(中国残疾人联合会,2012)。汉语盲文是我国盲人使用的文字。汉语盲文是一种拼音文字,点字对应的是汉字的读音而不是字形,并且采用分词连写的书写形式。因此,汉字形态和盲文形态的汉语文本差异巨大,不仅字符形式有别,书写单位也存在很大差异。随着信息社会的到来,汉语盲文的规范化和信息化问题日益受到关注。

《2006—2020年国家信息化发展战略》将信息化定义为培育、发展以智能化工具为代表的新生产力的过程。伴随着信息技术的迅猛发展,汉语盲文信息化已经取得了巨大进步,盲文已经告别了铅与火的时代,盲文编辑、出版已经可以在计算机上实现。但是由于基础研究、资源建设等方面的局限,汉语盲文的规范化、信息化总体水平仍有待提高,在盲文教学和出版中,以汉盲、盲汉自动翻译转换为代表的盲文信息处理技术还没有得到普

---

[*] 本研究得到中国残疾人联合会盲文课题"通用盲文自动翻译软件研制"和国家社科基金重大项目"汉语盲文语料库建设研究"(编号:13&ZD187)资助。

遍的应用。

教育部、国家语委发布的《国家中长期语言文字事业改革和发展规划纲要（2012—2020年）》中提出要提高语言文字信息化水平，加强语言资源建设和语言文字信息技术研究与应用，要加强国家通用盲文的规范化、标准化和信息化建设。中国残联、教育部等单位于2015年年底发布的《国家手语和盲文规范化行动计划（2015—2020年）》也提出要加快推进盲文规范化和信息化建设，在全社会构建和谐、无障碍的沟通环境。这对盲文规范化与信息化研究、基础研究与应用研究提出了新的要求。

本文以国家通用盲文方案制定、大规模盲文语料库建设和通用盲文翻译软件研制等项目及其成果为视角，介绍盲文规范化与信息化工作及其主要成果，同时探讨盲文规范化问题及其与信息化的关系。

二　汉语盲文标准的发展

汉语盲文采用国际通用的布莱尔六点制凸点符号体系。六点制盲文符号需要在不同的语言中经过二次设计，规定每一个具体字符所表示的内容或意义，才能形成本语言的盲文。由于汉字数量众多，结构复杂多样，形近字多，而语音系统的音节相对有限，不带调音节有400多个，带调音节有1100多个，并且在结构上具有声母、韵母、声调可分离组合的特点，因此，汉语盲文从诞生时起就采取了用六点制盲文符号的不同组合表示汉语语音音节的做法。

1. 汉语盲文体系的初创

中华人民共和国成立前，我国的盲文没有一个统一的标准，先后出现了"康熙盲字""福州盲字""心目克明盲字"等盲文方案，通行于不同的地区。这些盲文方案以不同的形式规定了盲文符号与语音音节的对应关系。"康熙盲字"是我国历史上第一套汉语盲文，1879年前后由英国传教士发明，也称为"北京盲字"。它根据《康熙字典》音韵和布莱尔六点制盲文，用两方盲符的排列组合，组成408个点字化的数字代码代表常用汉字的408个字音。1900年前后，英国传教士采用拼音的方法编排出了一套拼写南京官话的盲文，取名为"心目克明盲字"。目前台湾地区使用的盲文"国语点字"是由心目克明盲字改进而成的。同一时期，英国传教士在福州成立盲校，按照拼音的方法设计出一套拼写福州话的盲文，叫"福州盲字"。

从"康熙盲字"到"心目克明盲字"发明的这几十年是我国盲文体系的初创期，这一时期创制的汉语盲文形成了现在使用的盲文的基本形态。但它也有自身局限性，即以地区性使用为主，盲文拼写没有得到统一。

2.《新盲字方案》的推行

中华人民共和国成立后，黄乃等人在心目克明等盲字的基础上，参考北方话拉丁化新文字等拼音文字方案，经过调整和创新，提出了以普通话为基础，采用分词连写方法拼写普通话的《新盲字方案》，于1953年在全国公布推行。新盲字的"新"相对的是当时流行较广的心目克明盲字。至此，我国有了统一的汉语盲文，为盲文教育、出版、文化事业的创建奠定了基础。

《新盲字方案》采用了国际通用的布莱尔盲文点字体系，与之前的康熙盲字和心目克明盲字不同的是，书写时采用了西方字母文字的词间以空白作为显式标记的行文格式。这是一种全新的书写方式，被认为是一个重要的进步。

《新盲字方案》根据汉语音节结构和盲文符形的特点，采用了声母、韵母、声调三方拼写的方式。声母、韵母、声调各占一方，一音节最多三方。21个声母、36个韵母、4个声调标记可以分别在63种盲文字符内安排其表示形式。声韵双拼的设计使得新盲字方案在与汉语拼音方案保持高一致性的同时，又不必逐字母拼写，既做到了符形简短，又做到了易学易用。

汉语现行盲文源于《新盲字方案》，实施60多年来，对我国盲人教育、文化、出版事业发展，对提高盲人文化知识水平，发挥了非常重要的作用。

3. 双拼盲文改革尝试

《新盲字方案》简单易学，诞生后即迅速推广，但因为"一般不标调，需要时才标调"（黄乃，1999），标调比较随意，实际标调率极低，以致盲文产生了声调不明确、同形词过多的现象，客观上造成了盲人阅读时需要根据上下文猜测字音、词义，不知义则难以准确读出等问题。

推行20多年后，《新盲字方案》自身的局限逐渐引起重视，盲文改革呼声渐高。1970年代末，黄乃等盲文工作者为解决新盲字方案的标调问题，提出了盲文改革的新思路，在十多年探索的基础上，创制了一种在两方之内实现音节全面标调的、全新的盲文方案，称为《汉语双拼盲文方案》，希望以此替代《新盲字方案》。

《汉语双拼盲文方案》用两方盲符拼写一个带调的汉语音节，声方在左，韵方在右。声方由声母、半声母、介母和零声符构成，占一个盲方；韵方由韵母、零韵符和调号构成，占另一个盲方。方案通过"声介合一、韵调合一"的设计，适当增加了声母组数量，减少了韵母组数量。再用韵方上中两行四个点的 16 种变化来表示韵母，然后用韵方最下一行的两点表示声调，将韵母和声调合并为一方，在两方之内实现了音节全部带调。《汉语双拼盲文方案》于 1995 年开始试行，2000 年终止试行后处于暂停状态，基本不再使用。双拼盲文改革应该说未达目的。

目前，我国盲文国家标准《GB/T 15720-2008 中国盲文》收入了现行盲文方案和《汉语双拼盲文方案》两种方案。现行盲文方案脱胎于黄乃等人设计的、教育部 1953 年公布的《新盲字方案》，是目前盲文教育、出版、社会服务等领域通用的盲文标准。在不做特别说明的情况下，汉语盲文就是指现行盲文。

三 规范化与信息化面对的主要问题

现行盲文在规范化方面存在比较大的局限。为节约盲文篇幅，现行盲文方案采用了必要时才标调的原则，标调较为随意，声调符号大量省略，音节标调率低，客观上造成了盲人摸读时需要依据上下文猜测准确读音的问题，也显著增加了计算机自动处理盲文的难度，难以适应新时期盲人文化教育和盲文信息化的需要。中国残联等单位 1996 年发布的《关于印发〈汉语双拼盲文"九五"实施方案〉的通知》指出："它（指现行盲文）还是一种初级形态的拼音文字，一般不标调，往往需要依赖上下文猜测词的读音和含义，容易造成误解。"现行盲文规范化与信息化面对的问题表现在以下三个方面。

1. 标调率低，声调省略随意，表音文字不能准确表音

现行盲文一般不标调，省去音节的声调标记，在节省盲文篇幅的同时，在很大程度上丢失了表音的准确性，使得同音不同调词同形，大幅增加了盲文中同形词的数量。例如，"时间、实践、事件、世间、尸检、始建、时艰、诗笺"等声韵相同而声调不同的一组词，因声调省略，其盲文符形完全相同。

在实际执行过程中，现行盲文还存在标调规则难统一、声调省略随意的特点。据对来源于正式出版物的 400 篇盲文语料（约 100 万字）进行的标调统计，盲文语料的音节标调率不高，大约为 11%。不同篇目语料的标调率差别较大，甚至同一本书的不同章节也存在标调率的显著差异。

同形词过多、声调大幅省略给盲人带来了比较严重的识读障碍，盲人阅读时往往需要根据上下文文义推测猜读。对盲文信息处理来说，声调省略没有明确一致的规则，汉盲转换时无标准可循，随意性大，准确率难以评价。盲文转换汉字时，由于声调标记缺失，音字转换的难度非常大，准确率普遍不高。

2. 一符多用带来符号兼用歧义，不利于准确识读

布莱尔点字体系本身是一种未赋含义的框架，各国文字经过合理设计均可用点字符号表示。设计者可以结合本国、本民族语言文字的特点，规定各点字符号的含义，建立适合自己的盲文文字体系。由于盲文符形非常有限，不同语言的盲文方案都允许用同一盲符代表不同的视觉字符，存在程度各异的盲文符号兼用问题。例如，双拼盲文允许声韵母同形，存在较多的声韵母符号兼用，因而易混淆，这是其推广试行遇到困难的原因之一。

现行盲文同样存在大量的符号兼用情况，这种兼用有时无歧义，有时有歧义。无歧义的符号兼用有效节约了盲符资源。有歧义的符号兼用需要盲人在阅读时根据语境及上下文消解歧义，这给盲文使用者和盲文信息处理带来了明显的障碍。例如，现行盲文中，声母 g 和 j、k 和 q、h 和 x 共用一个符号，韵母 e 和 o 共用一个符号。前者是一种无歧义的兼用，不会造成误读，而韵母 e、o 共用一个盲符，则是有歧义的兼用，造成了"这么"和"折磨"两个不同读音的词盲文符形相同的缺陷，需要盲人在阅读时依据文义猜测。这种歧义也是盲文信息化的障碍，加大了盲文和汉字自动转换的难度。

3. 分词连写规则执行困难，分词一致性低

汉语书面语按字分写，而我国大陆地区采用的现行盲文和双拼盲文两种方案都规定汉语盲文采用分词连写的书写形式。

盲文分词连写是指在盲文中以词为单位、有分有连的特殊书写规则。书写时，以词（或词组、短语）为书写单位，词（或词组、短语）之间以一个空方做分隔。书写一个语句时，词内连写，词间分写。

现行盲文采用分词连写的书写方式被大多数盲人和盲文研究者认为是一个重要的进步，有助于盲人摸读，也有助于理解。但是从60多年来盲文教学、出版等应用实践来看，由于分词连写规则复杂且过于笼统，不同出版机构、不同人在执行盲文分词规则时不易做到统一、规范，造成了作为文字使用的汉语盲文存在符形不固定、不同人有不同写法的问题。这不仅给盲人阅读与书写带来障碍，也给计算机自动处理带来了挑战。

现行盲文在标调随意省略、符号兼用歧义、分词连写规则执行难等方面存在的规范化问题对盲文信息化造成了非常显著的影响，汉盲、盲汉自动转换难度显著增大。据对主要盲文信息化软件的测试，计算机实现盲文分词连写达不到明眼文①所能达到的平均准确率约95%的水平，盲汉翻译时音字转换的准确率也不能达到高水平，影响了盲文信息软件的实用性。

四　规范化与信息化研究的新进展

近年来，在中国残联、国家语委和国家社科基金的支持下，汉语盲文规范化与信息化的基础研究、应用研究均取得了显著进步，主要表现在以下三个方面。

1. 制定并试行《国家通用盲文方案》

为在保持盲文方案稳定的基础上，全面提高盲文表音的准确性，2011年，国家语委、中国残联设立了"国家通用盲文标准修订"重大课题项目，研究基于现行盲文方案解决盲文标调问题。2015年12月，项目形成《国家

---

① 我国盲文教学、出版和研究领域，通常将视觉文字称为明眼文或明文，将视觉健全的人称为明眼人。

通用盲文方案（试行）》并通过结项鉴定，于 2017 年通过国家语委标审委审定，将以语言文字规范的形式公布实施。

《国家通用盲文方案》是在现行盲文方案的基础上制定的。现行盲文标调较为随意，声调符号大量省略，客观上造成了盲人摸读时需要依据上下文猜测准确读音的问题，也显著增加了计算机自动处理盲文的难度，难以适应新时期盲人文化教育和盲文信息化的需要。为使盲人能够用盲文规范、准确地书写国家通用语言，《国家通用盲文方案》在保持盲文稳定，沿用现行盲文的声母、韵母、声调、标点等符号的基础上，提出了先对全部音节标调，再对声调符号进行按规则省写的规范，在不明显增加盲文篇幅的同时，可以基本消除盲人摸读盲文时需要猜测读音的障碍，对盲文信息化、盲人信息无障碍也可起到极大促进作用。

《国家通用盲文方案》的制定采用了五个原则。第一是稳定原则，尽可能保持盲文稳定，沿用现行盲文的声母、韵母、声调、标点等符号。第二是准确原则，要能够准确书写国家通用语言。第三是节省原则，通过省写和简写尽量减少盲文篇幅。第四是易学原则，要做到简明，易于学习。第五是利于信息化原则，要有利于提高盲文信息处理的准确率和效率，利于盲文信息化。

《国家通用盲文方案》最重要的两项核心内容是拼写规则和声调省略规则。拼写规则的主要内容是：（1）音节通常由声母、韵母、声调构成，依次拼写；（2）音节 zhi、chi、shi、ri、zi、ci、si 省略韵母 i，声母自成音节；（3）韵母可自成音节。声调省略规则在拼写规则的基础上制定，主要内容有：（1）声母为 f 的音节，省写阴平符号；（2）声母为 p、m、t、n、h、q、ch、r、c 的音节，省写阳平符号；（3）声母为 b、d、l、g、k、j、x、zh、sh、z、s 的音节，省写去声符号。为区分韵母 e 和 o，方案规定音节 ō、ó、ǒ、ò 的声调符号省写，音节 ē、é、ě、è 的声调符号不省写。为提升准确性，方案还规定需要声调符号提供点位参照或者区分音义时不应省写。

《国家通用盲文方案》将"读音准确"和"有利于信息化"列为研制盲文的重要原则。这一方案通过明确声调省略规则，使得大部分情况下不带调盲文音节的声调可恢复，极大改善了原来"需要时标调"带来的混淆，便于计算机执行，大大降低了盲汉翻译的难度，为计算机准确朗读盲文文本提供了可能。

2. 建设大规模汉语盲文语料库

语料库已经成为语言研究、语言信息处理不可或缺的基础性资源。汉语盲文是我国盲人使用的文字，其使用情况、出版流通情况呈现明显不同于汉语明眼文的特点。汉语盲文研究应当更多建立在盲文真实语料之上，为保证研究所用语料符合语言事实，汉语盲文语料库建设具有必要性。大规模盲文语料库的建设能够帮助我们了解汉语盲文的全貌，促进盲文基础研究和应用研究，特别是盲文信息化相关研究。2013年，在国家社科基金重大项目"汉语盲文语料库建设研究"支持下，大规模汉语盲文语料库建设提上了日程。

盲文语料库是一种有鲜明特色的专用型汉语语料库。相对于浩如烟海的汉语文本，由于盲文出版专业性强，只面向特定的群体，盲文语言材料的种类和数量都比较有限。正式的书面语料集中在中国盲文出版社出版的以医药、文学、法律、历史、教材等为主要类别的盲文读物上。盲文鲜活语料则以盲人书写的日记、书信、试卷等为主，多缺乏电子化，难以直接利用。在语料选择方式上，盲文语料库以正式盲文出版物为主体，也选取少量非正式出版物。盲文语料库选材以1953年正式颁布实施"新盲字方案"（现行盲文）以来所有的盲文语料为总体，主要由从正式出版的盲文出版物、特殊教育学校使用的盲文试卷中采集的语言数据构建而成。

目前，汉语盲文语料库已经取得了阶段性成果，采集、标注了大量汉语现行盲文语料。这些语料在《国家通用盲文方案》制定和盲文信息化软件研制过程中起到了不可替代的作用。

3. 研制通用盲文翻译软件

汉盲自动翻译的任务是将一段汉语文本经过分词连写、字音标注和明盲字符转换等过程改变为其盲文形态，盲汉翻译是其反过程。

随着《国家通用盲文方案》的发布试行，盲文信息处理软件需要跟上步伐，助力标准推广，推进盲文信息化。2016年，中国残疾人联合会根据"国家手语盲文规范化行动计划"的任务要求，提出立项研制通用盲文翻译软件。

一般来说，通过计算机程序实现从汉字到盲文的翻译转换，首先应将汉语进行分词连写，然后标注字词拼音，再由拼音转写成盲文符号。通用盲文翻译软件对这一过程进行了优化，提出了通过"词化""拼音化""点字化"三个步骤实现汉盲转换的策略，使得汉盲翻译的实现过程更为清晰、系统。

通用盲文翻译软件研制工作已经在以下四个方面取得了阶段性成果。

第一是实现符合盲文标准的自动分词。依托大规模盲文语料库和现代汉语语料库，采用统计和规则相结合的方法进行盲文自动分词研究，基础词汇切分采用以统计为主的方法，连写词的生成主要采用规则的方法，研制了盲文自动分词准确率和召回率更高的分词模块。

第二是实现面向汉盲翻译的字音自动标注。汉盲转换时，分词连写出现错误，盲人尚可读懂，若字音标注错误，则盲文形式必定错误，盲人就难以读懂了。因此，实现汉盲自动翻译，字音标注是最重要的步骤之一。字音转换的难点主要有两个，一是高频多音词的拼音标注问题，二是人名、地名、机构名等专有名词中的多音字读音辨识问题。这两个难点需要采用不同的处理策略，高频多音词主要采取概率方法进行识别，专有名词中的多音字主要采用规则方法进行识别。通用盲文翻译软件对字音进行自动标注的准确率高于99.5%。

第三是实现符合通用盲文标准的字符点字化。汉语原文经过符合盲文规则的分词连写，经过汉语拼音标注，即可以词为单位将汉语拼音和其他字符"点字化"，转换为用于盲人摸读的触觉文字。将汉语拼音音节转换成盲文点字，主要采用规则方法，通过建立各种盲文符号与拼音音节的对照表进行转换。通用盲文翻译软件可以做到在汉字注音无错误的情况下将全部字符准确转换为盲文点字。

第四是通过人机界面设计降低盲文编校难度。盲文翻译软件提供了一个用于盲文编校的可视化人机交互界面，可以根据通用盲文标准，将汉语文本翻译成以词为单位的"盲文—汉语拼音—汉字"三行对照的文本。通过突出汉语拼音的中介作用，显著降低了盲文编校的难度，使不熟悉盲文的人也可完成汉盲翻译转换的大部分工作，既有助于通用盲文的推广，又有助于盲人的融合教育。

五　结语

汉语盲文是我国视障人群使用的通用文字，虽然使用的人群总量不算大，却是我国盲人了解世界、获取新知的重要途径，其信息化和规范化问题关乎残疾人语言文字权益和信息权益的实现，关乎残疾人文化素质的提高和融合发展。

随着经济社会的发展，汉语盲文规范化与信息化已经取得了巨大进步。近年来《国家通用盲文方案》等新取得的成果可以提供新的动力，通过规范化推进信息化，通过盲文信息化提高盲人信息无障碍和社会服务水平，最终帮助视障人群像明眼人一样快捷方便地获取各种信息，方便他们的学习、生活和工作，使他们能够更充分地融入信息时代。

参考文献：

［1］GB/T15720-2008 中国盲文，中国标准出版社［S］.北京：中国标准出版社，2008.

［2］郭卫东.基督教新教传教士与中国盲文体系的演进［D］.近代史研究，2006（2）.

［3］国家通用盲文标准修订课题组，国家通用盲文方案（试行）［A］.内部材料.

［4］国家手语和盲文研究中心，全国手语和盲文使用状况抽样调查课题组.中国语言生活绿皮书：中国手语和盲文使用状况［C］.北京：商务印书馆，2014.

［5］黄乃.建设有中国特色的汉语盲文［M］.北京：中国社会出版社，1999.

［6］教育部，国家语委.国家中长期语言文字事业改革和发展规划纲要［Z］，2012—2020.

［7］滕伟民，李伟洪.中国盲文（第2版）［M］.北京：华夏出版社，2004.

［8］肖航.汉语盲文信息处理研究［M］.语文出版社，2016.

［9］肖航.现行盲文符号兼用歧义问题分析及对策［J］.中国特殊教育，2016（5）.

［10］肖航，钟经华.汉语盲文语料库建设方案［J］.语言文字应用，2015（3）.

［11］许嘉璐.现状和设想——试论中文信息处理与现代汉语研究［D］.中国语文，

2000（6）.

[12] 中共中央办公厅，国务院办公厅印发.2006—2020年国家信息化发展战略［Z］.（2006）.

[13] 钟经华.汉语盲文简写方案［M］.北京：中国盲文出版社，2012.

[14] 钟经华，肖航，等.国家通用盲文方案［S］.即将出版.

[15] 中国残疾人联合会.关于使用2010年全国残疾人总数及各类、不同残疾等级人数的通知，2012.

服务"一带一路"的本土汉语师资与汉语研究生教育

——以泰国为例

胡清国

(东华大学国际文化交流学院)

语言的互联互通是中国与"一带一路"国家政治、经济、文化、教育互联互通的基础,直接关系到"一带一路"倡议的顺利与否。而语言的互联互通需要汉语国际推广的稳步推进与汉语教学质量的显著提升,这些都与"一带一路"沿线国家汉语教师的数量和质量息息相关。

东南亚是中国"一带一路"的重要推进区域,泰国在东南亚国家中具有显著的地利与重大政治、经济影响,在汉语教育方面也走在前列。泰国是全球"汉语热"的代表性国家,是将中国"一带一路"倡议落到实处的关键国家。号称全国有100万人学习汉语,建立了小学、中学、大学系统的汉语课程培养体系,目前有13家孔子学院、12家孔子课堂,2015年6月还成立了由25家大学、中学联合设立的全球第一家"丝绸之路孔子学院"。然而,即使是泰国这样的汉语国际推广的标杆性国家,也遇到了师资数量严重不足、已有师资教学水平有待提高的问题,更不用说"一带一路"沿线那些汉语国际推广基础比较薄弱的国家。"目前,海外汉语教师资源不足是困扰汉语国际传播的瓶颈之一。"(张英,2017)

一 本土汉语教师的比较优势与培养路径

(一) 本土汉语教师的比较优势

随着世界各地"汉语热"的持续,全球学习汉语的人数急剧上升,这带来一个很大的挑战,就是各个国家普遍存在的汉语教师匮乏问题。许多地方的学校连能上课的教师都无法满足,遑论受过相关专业训练、有一定教学经验的汉语教师。为响应这一需求,这些年国家汉办花了很大力气培训并派出了大批汉语教学志愿者,他们出现在世界不同国家城市乡村的大中小学,在一定程度上缓解了师资匮乏问题。但即便如此,2015年国家汉办也只派出了5700多名汉语志愿者赴海外教学,显然,这个数字不可能完全解决世界各国汉语教师缺乏的急迫问题。

况且,用汉语志愿者开展教学,也有其天然的不足。一个汉语志愿者来到一个语言、饮食、气候、文化完全陌生的地方,需要有一段或长或短的适应过程,同样,当地学生对志愿者教师的个人风格、教学特点也有一个适应过程。当两者彼此磨合、彼此适应之时,志愿者教师又已至期满回国的阶段了。然后双方又要开始新一轮的磨合适应过程,这在客观上抵消了汉语志愿者教师懂专业、肯学习、汉语好的优势。

相较而言,本土汉语教师有其独特优势。所谓本土汉语教师,是指接受了相当程度的汉语和中华文化教育,具有在其本国教授汉语和中华文化能力的教师(李东伟,2014)。他们的优势体现在以下方面。

(1) 熟悉本土文化,与学习者没有心理距离。本土汉语教师熟悉当地文化,适应所在地的教育理念与教学方法,熟练运用学生母语,能够较好地在学生母语与目的语之间搭起一座桥梁,与学生之间没有心理距离,能很好地解决学习过程中的种种冲突、矛盾。

(2) 自身的汉语习得经验教训,可为后来学习者的汉语习得提供参照与借鉴。本土汉语教师自身也曾是一名汉语作为外语的学习者,他们的学习经历可以帮助他们发掘、明确汉语学习过程中的难点与重点,他们的学习经验可以给学生以启发和教益,缓解学生第二语言学习过程中的焦虑、痛苦。相反，汉语志愿者教师大多不能精通或熟练地使用学生的母语，也没有汉语作为外语的习得经验，他们有对汉语作为外语的教学理论上的理解，却无一线教学的直接感知，难以在短时间内摸索、寻求到在国外不同类型学校之间开展好教学的模式与方法，难以因材施教。因此，要真正解决世界各国汉语教师缺乏的问题，使汉语国际教育作为一项事业持久深入地进行下去，切实提高汉语国际教育的水平与效率，"最理想的无疑还是懂汉语的当地教师。（李如龙，2012）"

（3）本土汉语教师归属感强、稳定性好。"本土教师比外来教师更具有归属感，因而也更具事业心和稳定性。而教师队伍的恒常与稳定则是教学水平不断提升的重要基础。就此而言，短期逗留、频繁轮换的派遣汉语教学志愿者只能是一种应急的权宜之计，不应该也不可能长期执行。（王建军，2015）"

（二）本土汉语教师的培养路径

事实上，随着全球"汉语热"的兴起，汉语教师本土化一直受到中外各国政府与有识之士的关心、重视，本土汉语教师的培养一直在稳步推行之中。就目前而言，本土汉语教师的培养与使用无非是两条途径。第一条是对现有存量教师的培训提高，采取的主要方式是来华研修，例如汉办与中国知名高校合作为泰国中小学汉语教师提供来华研修的机会，东南亚周边的省份如云南、广西等地的高校每年也都会与泰国教育部或泰国高校合作为泰国培训泰国汉语教师。

第二条途径则是增量汉语教师即新汉语教师的培养使用，这种培养也有两条开展路径。一是中国汉办开展的汉语国际教育硕士学位教育，这为世界各国培养了大批高层次的本土汉语教师。以泰国为例，来华攻读汉语国际教育硕士学位的泰国学习者，学成归国后在泰国的大中小学从事教学工作，近些年已有不少人开始崭露头角。二是在国外高校中文系开展的中文系汉语研究生教育，他们是本土汉语教师的另一大主要来源，是保持本土汉语教师队伍稳定的基础，某种意义上说，只有国外高校中文系的汉语研究生教育的水平提高了，汉语国际教育的效率与水平才能水涨船高。

现有本土汉语教师因为时代、条件的限制，大多未能良好地、系统地接受汉语知识与教学理论的学习培养,较大程度地存在语言不标准、教学方法陈旧的问题。从学历层次和专业背景看,泰国本土汉语教师的专业素质难以适应教育需求。据泰国朱拉隆功大学亚洲研究所中国研究中心 2008 年的调查,142 位普通中小学教师和 200 位华校教师中,有汉语教学文凭的不到三分之一(朱拉隆功大学亚洲研究所中国研究中心,2008)。他们的汉语水平、教学能力都亟待提高。而中国的汉语国际教育虽然可以为所在国培养他们急需的、高层次的汉语师资,但毕竟受到规模限制,无法满足所在国本土汉语教师的急迫需要。显然,国外高校的中文系汉语研究生教育应该是,也必须是本土汉语教师重要的、不可或缺的一条培养路径。但所在国高校的汉语研究生教育既要学习、借鉴中国汉语国际教育研究生培养的成功经验,也应发挥自身特色与优势,在中文系汉语研究生教育的总体安排、课程设置与培养方式上都需要不断地观察评估,不断找出问题、发扬成绩,以期更好地培养出更多高质量的本土汉语教师。

二 泰国汉语研究生教育的现状与问题

笔者曾于 2012～2015 年客席于泰国最负盛名的大学——朱拉隆功大学中文系,参与了该校中文系汉语研究生的教学与论文指导,对于该校中文系汉语研究生教育的现状、问题与成绩有近距离的观察,对之进行相关的评介,可为全世界更多的发展中国家高校中文系汉语研究生教育提供一个可资参考、借鉴的样本。

(一) 泰国汉语研究生教育现状

泰国高校中文系的汉语研究生教育兴起于 1998 年,由朱拉隆功大学中文系与北京大学中文系合作,拉开了泰国高校汉语研究生教育的帷幕。同年,兰实大学中文系开办了中国学的研究生教育项目,方向侧重于中国的经济与社会,这是泰国高校中第一家在中文系开设中国学研究生培养的大学。2007 年泰国华侨崇圣大学中文系又与中国华侨大学携手培养中国现当代文学专业研究生。泰国大学的中文研究生得到了众多高校的重视,纷纷与中国高校合作开展汉语研究生培养,到 2014 年 11 月,泰国高校开办汉语专业研究生班的有 10 所（黄汉坤、徐武林，2014）（见表 1）。

表 1　开办汉语研究生班的泰国高校

位置	学校	性质	学位	专业名称	学制	说明
中部	朱拉隆功大学	公立	硕士	对外汉语教学	2	单学位
			硕士	对外汉语教学（国际班）	2	
			博士	汉语	4	
	法政大学	公立	硕士	中国文化学	2.5	单学位
	农业大学	公立	硕士	东方语言学	2	单学位
	宣素南他皇家师范大学	公立	硕士	对外汉语教学	2	单学位
					2	双学位
	易三仓大学	私立	硕士	对外汉语教学课程与教学论	2	单学位
					2	双学位
	华侨崇圣大学	私立	硕士	中国现当代文学	2	单学位
						双学位
	兰实大学	私立	硕士	当今中国与东盟在世界经济的地位	2	单学位
东北部	马哈沙拉堪大学	公立	硕士	泰汉语言文学	2	单学位
北部	皇太后大学	公立	硕士	对外汉语教学	2	单学位
				汉泰翻译学及口译学		
	清莱皇家师范大学	公立	硕士	对外汉语教学	2	单学位

应该说，泰国本土汉语研究生教育还处于蓬勃发展阶段。有两点可资证明。第一，目前泰国高校中只有朱拉隆功大学中文系能够开展汉语本科、硕士、博士全方位学历教育，是唯一一家有资格授予汉语专业博士学位的高校，其余高校只有硕士学位培养权限。第二，目前开展汉语硕士生培养的高校还比较有限，据统计，"泰国开设汉语言本科的高等学府有 55 所，其中属于公立的居多，共 40 所，其余 15 所属民办大学"（黄汉坤，2011）。40 所大学中仅有 10 所开展了汉语研究生教育，仅占四分之一。

（二）泰国本土汉语研究生教育存在的问题

（1）研究生师资亟待扩容与提升。首先是数量，泰国教育部允许高校开设汉语研究生教育的首要条件是中文系必须具备 5 名以上专任教师（黄汉坤，2011）。然而我们知道，5名专任教师既要承担本科生教学，还要承担研究生的教学与培养，无疑是捉襟见肘。其次是师资的职称需要提升。目前泰国国内高校没有一名具有教授职称的汉语教师，具有副教授职称的汉语教师也只有9人，其中陆续有5人退出教学一线（黄汉坤，2014）。其结果是大量刚走出校园的博士、硕士担任汉语研究生教育的主力军，其自身研究的积累不足与教学经验的欠缺，对汉语研究生教育质量的影响不言而喻。最后是学历，虽然泰国各高校汉语师资的学历有了很大提升，不断有在欧美高校、中国大学及本国培养的硕士以上学历的人充实进各高校，但具有博士学历的教师的比重仍然偏低，充当主力军的是硕士教师，但他们大多数也是近些年毕业刚走上教学研究岗位，本身还处在实践、提高的阶段，让他们全面担起研究生培养的重任未免有点强人所难。

（2）学制太短。除了法政大学的"中国文化学"为2.5学年外，各高校的硕士研究生教育都是2学年。与中国的汉语国际教育做比照，在汉语作为目的语环境下的中国，汉语国际教育尚且需要2.5学年至3学年，2学年的泰国高校汉语研究生既要完成所有专业课程的学习，又要完成毕业论文的写作，时间肯定不够。以朱拉隆功大学中文系为例，说是2年毕业，但很少有人能在2年内完成论文与答辩，能在3年内完成的都不多见。这样一来，规定为2年，事实上又难以办到，不如将学制适当延长，可能更有利于课程的设置与毕业论文的写作。

（3）课程设置不尽合理。以朱拉隆功大学为例，中文系汉语硕士培养课程包括目录学、中国古代语言学史、汉语句法学与语义学、汉语语言学讨论、现代汉语专题、古代汉语语法专题、汉语作为第二语言的教学专题、中国文学史专题、中国古代小说、当代文学、中国文学讨论、中国文学专题、读书指导、论文。

通过上述课程设置的情况可以看出以下问题。第一，该课程包含语言与文学两个方向，但这明显与硕士的专业方向——汉语作为外语的教学有些背离，因为汉语作为外语的教学主要是汉语言的教学，上述课程的文学课数量与比重都较大。第二，虽然教学计划上开列有这样一些课程，从数量上看已经不少，但是从名目上说有些重复，更重要的是，很多课程在实际教学培养进程中并未开出。笔者担任客席的三年中，只有笔者一个汉语言的专任教授,目录学、古代汉语语法专题、现代汉语专题等课程并未开出。硕士生开出的主要课程基本上是四门:中国古代语言学史、汉语句法学与语义学、汉语语言学讨论(侧重于研究方法的介绍)、汉语作为第二语言的教学专题。

（4）教学实践环节欠缺。泰国高校汉语研究生教育的不少专业方向是"对外汉语教学",但是在总体设计中缺少教学实习环节。以朱拉隆功大学为例,虽然有"汉语作为第二语言的教学专题"课程,但也只有这门实践指导课,整个学习结束之后,未安排必要的教学实践(实习)。没有给研究生登台实践的机会,学生在平时的学习阶段也无法进入泰国大中小学的课堂旁听观摩那些有丰富教学经验的教师的言传身教。欠缺了这些环节,汉语专业研究生在今后自己的教学中只能独自去摸索、探寻,这无疑会延长一个教师成长提高的过程,提高成才的时间成本。

三 汉语研究生教育发展与完善的路径

本土研究生的培养与本土汉语教师的培养相辅相成、互为表里。汉语研究生的就业方向大部分是大中小学的教师,培养质量的高低代表着泰国今后本土教师的汉语教学与研究水平,针对已经暴露的问题有的放矢地对培养质量加以改进与提高就显得十分迫切而且必要。

（一）重构与完善现有汉语研究生硕士培养课程体系

前文所列朱拉隆功大学中文系的汉语研究生课程体系过于看重汉语语法本体的学习与认知,具有鲜明的中文系汉语言文字学印迹,课程与汉语教育的方向不尽一致。国内汉语国际教育的必修课程,主要有汉语作为第二语言的教学、汉语语言要素教学、文化与跨文化交际、第二语言评估与测试、第二语言研究方法与设计,此外还有对外汉语教材、现代教育技术学习理论等选修课程。相比之下,后者在课程的体系性、学科的严密性上表现得更为充分。朱拉隆功大学中文系汉语研究生的培养课程有些艰深繁难,且与研究生今后的工作需要难以直接衔接,比如"中国古代语言学史"这门课在中国各高校的汉语国际教育课程中均未出现,却要在汉语作为外语的教学环境中作为学位必修课出现，笔者的体验是这对学生要求未免过高，笔者也在教学过程中深味学习者的痛苦与无奈，以笔者之见完全可以裁撤或将其变换为更具实践指导意义的课程，比如汉语语言要素教学等。显然，他们还需要借鉴中国的汉语国际教育硕士研究生的培养方案与课程体系，博采众长，发扬自身优势与特点，全面考察、科学设计，使课程设置更具科学性、系统性。

（二）重视与强化论文写作要求

泰国不少高校中文系硕士生、博士生的毕业论文以母语撰写，我们认为，既然是中文系汉语专业研究生，培养目标为汉语本土教师以及汉语的中文研究者，理所当然应对他们的汉语水平有更高要求，那么他们使用汉语进行论文写作也是切实的、必要的要求，这既是对他们整个学习过程中学习效率与成果的一次重大检验，也是给他们输出较高难度目的语的一次很好的实践机会。朱拉隆功大学作为泰国首屈一指的实力高校，如果说担心研究生的水平与能力不能做一刀切的硬性要求的话，那也可以提倡并鼓励学生选择使用汉语作为论文写作语言，这要比将泰语写就的论文再有所选择地翻译成汉语的实践锻炼价值要高得多，毕竟翻译不是真正的汉语思维，而汉语论文写作很多时候需要的是汉语思维，二者本质上不是一回事。事实上，也有学生明确表达了以汉语完成论文的想法与渴望，他们期望能够得到真正的锻炼与提高，顺应这部分同学的要求显然也是今后的大势所趋。

（三）落实学生的实习，凸显教学能力的培养

泰国高校的研究生，今后主要是在大中小学从事汉语教学工作，他们的理论水平与实践能力是重中之重，教学能力与水平事关今后汉语的教学质量，不可等闲视之。然而，教学能力的培养提高，需要学习者不断地学习、观摩与体会，更重要的是只有获得实践的机会，学习者才能将学习的理论知识与观摩体会内化为自己的能力。中国的汉语国际教育硕士研究生培养，有一个强制性的要求，就是需要有一定量的海外教学基地，每个学生都必须完成一定时间的教学实习，这是让学生理论联系实际、将知识外化为能力的举足轻重的一个环节，不可缺少。有些高校的教学实习学分达

到 6 个学分，而毕业论文只有 2 个学分即是证明。反观朱拉隆功大学，虽然有"汉语作为第二语言的教学专题"课程，但也只有这门实践指导课，整个学习结束之后，未安排必要的教学实践（实习）。

有鉴于此，笔者在朱拉隆功大学中文系"汉语作为第二语言的教学专题"的教学中，采用讨论式、任务式教学，每一个语言要素，如语音、词汇、语法部分，每一个语言技能，如听说读环节，笔者都要求研究生学习结束后，将老师与同学当作自己的学生，进行模拟教学，大家一起观摩讨论，教师再全程总结现场示范，找出问题，肯定成绩。在课程学期结束时，要求每位同学必须根据老师给出的课文，完成综合课的全程教案，并将教师和同学当作学生，在现场全程试教。这样的程序与手段可以弥补研究生缺少实践环节的缺憾。这样的教法受到同学们的欢迎与肯定，同学们普遍反映收获很大。每次该门课程的学生考评都是满分，该门课程被认为是最有价值、最有收获的课程。此为旁证，说明研究生对实习环节是多么重视与渴望。

参考文献：

[1] 黄汉坤，徐武林. 泰国高校汉语言专业研究生教育现状 [J]. 云南师范大学学报（对外汉语教学与研究版），2014（3）.

[2] 黄汉坤. 泰国高校汉语言专业与中泰校际合作交流今谈 [J]. 海外华文教育，2011（2）.

[3] 李东伟. 大力培养本土汉语教师是解决世界各国汉语师资短缺问题的重要战略 [J]. 民族教育，2014（5）.

[4] 李如龙. 论汉语国际教育的国别化 [J]. 语言教学与研究，2012（5）.

[5] 王建军. 汉语国际教育师资本土化的基本内涵、培养模式与未来走向 [J]. 云南师范大学学报（对外汉语教学与研究版），2015（3）.

[6] 徐武林. 泰国高校泰籍汉语教师现状级研究 [J]. 中国石油大学学报，2009（5）.

[7] 朱拉隆功大学亚洲研究所中国研究中心. 泰国华文教育研究：高等教育 [R]. 曼谷：朱拉隆功大学出版社，2008.

[8] 张英. 汉语国际推广迎来新机遇 [N]. 光明日报，2017-12-14（13）.

大数据背景下贵州民族语言文字信息化建设[*]

杨 菁

(贵阳学院文化传媒学院)

一 引言

2014年以来,贵州省大力发展大数据产业,将其作为全省重要发展战略。两年多的时间里,贵州省凭借良好的生态环境、丰富的矿产能源、优良的政策环境,大数据发展取得了可喜的成果,开创了全国多项"第一"(全国第一部信息基础设施法规、首个国家级大数据产业发展聚集区、全国首家大数据交易所、全国率先开放政府数据目录、全国第一个省级政府数据云服务平台、全球首次以大数据为主题的峰会和展会)。贵州大数据产业规模已达2000多亿元,以发展大数据作为突破口,推动贵州经济发展的探索取得了一定成效,大数据影响着贵州人民政治、经济、文化、生活等诸多领域。

贵州是多民族杂居的省份,全国56个民族中,贵州分布有54个民族,世居少数民族有17个,"苗族、布依族、侗族、彝族、水族、仡佬族、瑶族、壮族、畲族、毛南族及仫佬族11个少数民族在使用自己的语言"(李宇明,2011),作为一个多民族的省份,贵州民族语言文字资源十分丰富。少数民族语言文字信息化建设有利于保护和开发利用这些丰富的民族语言

---

[*] 本文为贵阳市创新型青年社科文艺人才培养计划资助项目"大数据背景下贵州少数民族语言文字信息化建设调查研究"阶段性成果。

文字资源，使其得到最大限度的保护和合理的开发利用。全国范围内，与中文的信息化建设比起来，少数民族语言文字信息化建设相对滞后，维吾尔族、藏族、蒙古族等人口众多的几个民族的语言文字信息化建设相对较好。贵州的少数民族语言文字信息化建设起步晚、步伐慢，一直处于缓慢发展的状态，主要受到技术、资金、政策等诸方面的限制。如今，贵州大力发展大数据产业，信息化建设的各项条件充足，贵州的少数民族语言文字信息化迎来了难得的发展机遇，如何能在大数据背景下加快贵州民族语言文字信息化建设是本文将要探讨的主要内容。

二　贵州民族语言文字信息化建设现状

为了满足语言文字相关领域的信息化需求，贵州近几年一直积极开展少数民族语言文字信息化工作。民族语言文字信息化工作包括民族语言文字信息化平台搭建、民族语言文字资源库建设、民族语言文字网站建设、民族语言文字软件的开发及应用等。信息化平台搭建和资源库建设是信息化工作的基础，网站建设和软件开发应用须基于这两项工作。贵州省信息化工作起步较晚，因此现阶段的工作是以信息化平台搭建和资源库建设为主，以网站建设和软件开发为辅。

（一）少数民族文字信息化平台搭建

信息化平台搭建主要针对传统民族文字，如编码字符集建设、字形标准和键盘标准等。贵州省的苗族、布依族、侗族均使用新创文字，所以使用一般拉丁字母就能满足信息处理需求；而传统文字彝文、水书等需要进行国际标准码申报、字形标准制定、输入法设计等一系列工作。彝文的信息化平台搭建在云南、四川、贵州、广西四省份的共同努力下已基本完成；而水书的信息化平台搭建工作则处于起步阶段，2015年7月23日开始在荔波县召开"中国水书编码提案"申报研讨会[1]，成立专门机构进行水书申报

---

[1] 荔波县政府办公室. 荔波县将申报"中国水书国际编码"[OL]. http://wza.gzgov.gov.cn/gszdt/qnz/751440.shtml, 2015-7-27.

国际编码的相关工作。

（二）民族语言文字资源库建设

民族语言文字资源库建设是现阶段贵州民族语言文字信息化工作中的重点。贵州省最早开始的民族语言文字资源库建设是2008年的仡佬语数据库工程，其目的是抢救濒危的仡佬语。随后，为了贯彻落实《国家中长期语言文字事业改革和发展规划纲要（2012—2020年）》提出的"积极建设中国语言资源有声数据库和少数民族语言文字数据库"要求，贵州省启动了各民族语言文字数据库建设，拟建设一个完整的贵州母语数据库，在此基础上，贵州民族大学龙海燕主持的2014年度国家社科基金重大项目"贵州省少数民族语言资源有声数据库建设"立项，目前此项工作正积极展开。2015年，全国范围的语言资源保护工程全面启动，主要内容就是"对原有中国语言资源有声数据库建设进一步补充、整合，目标是利用现代技术手段，收集记录汉语方言、少数民族语言和口头语言文化的实态语料，通过科学整理和加工，建成大规模、可持续增长的多媒体语言资源库"（田立新，2015）。该工程2015年度计划开展160个调查点的调查工作，其中包括80个少数民族语言调查点，贵州省作为一个多民族聚居的省份，也是调查的重点地区，目前各位民族语言专家学者正在按严格的规范标准采集原始数据。因为水书编码、字形、输入法等问题尚未得到解决，水书仅于2015年7月19日初步完成了水书档案资源数据库建设，以图片的形式扫描存档，并未真正实现水书信息化。

（三）民族语言文字网站

贵州民族语言文字网站建设工作相对滞后，专门的民族语言文字网站一直未出现，只有一些包含民族语言文字的网页；而包含民族文字网页的一类网站均由一些民间学会和群众个人发布，无官方组织发布；包含民族语言音频视频的网站虽然有一部分是政府官方媒体发布的，但其主体也是以汉语为主，如包含苗语、布依语新闻视频的金州广电传媒网。

（四）民族语言文字软件

语言文字软件的范围十分广泛，包括输入法软件、文字识别软件、文字排版软件、语音识别软件、语音合成软件、分词软件、句法分析软件等。而贵州的少数民族语言文字软件只有与彝文相关的，且多是多省联合开发、共同应用的。而贵州的苗族、布依族、侗族文字是拉丁字母文字，虽然可以用英文输入法代替，输入不存在障碍，但没有专用的输入软件，十分不利于后续语言文字识别软件的进一步开发利用及更深层次的少数民族语言文字信息处理工作的开展。

三　大数据背景下贵州民族语言文字信息化建设思路

在全省积极发展大数据的背景下，贵州民族语言文字信息化建设只有乘着发展的东风，借人、借物、借技术，抓住政策、把握政策、用好政策，才能得以快速发展。

（一）组建专业团队，加快少数民族文字信息化平台搭建

贵州省已建成首个国家级大数据产业发展聚集区且首次以大数据为主题举办了峰会和展会，马云、马化腾、郭台铭、雷军等科技界领军人物出席会议并演讲，数博会作为国内第一个大数据类型的展会，已签约包括阿里巴巴、微软等在内的国内外知名企业350余家。业界知名企业的加入势必会吸引大批科技人才到贵州发展，真正实现以"数据流"吸引"人才流"。贵州少数民族文字信息化平台搭建一直以来发展缓慢，就是因为懂民族文字的人不懂得信息技术，对于国际编码申报、编码字符集建设、字形标准制定、键盘标准制定基本不了解，而语言文字信息处理人才更多的关注点在汉字上，对少数民族文字关注不够。借大数据产业的发展，可以吸引更多的语言文字信息处理方面的技术人才，关注贵州，关注贵州少数民族语言文字，借助地方民族资源优势，结合贵州民族语言文字特点，组建多元专业的团队，更快更好地帮助贵州少数民族群众完成民族文字信息化平台搭建。

（二）制定严格的规范标准，借用已有资源和技术，合理构建民族语言文字资源库

贵州民族语言文字资源库的建设还处在起始摸索阶段，为了便于今后民族语言文字资源库的开发利用、资源库之间的交互共享，在建库初期，制定严格的规范标准、统一今后的运行操作环境是十分必要的。利用发展大数据的契机，请数据库建设维护方面有经验的公司团队协助贵州民族语言文字资源库建设者制定严格的规范标准，并成立统一的机构监督执行，将今后贵州民族语言文字资源库使用中可能碰到的问题尽量规避到最少。

首个国家级大数据产业发展聚集区的建立，为民族语言文字资源库的数据采集和数据储存提供了便利。对于民族语言文字资源库的建设，一方面要善于整合已有语言文字资源，实现高效数据转换，前沿信息技术的借用可为贵州民族语言文字资源库建设提供便利，贵州民族语言文字方面有一些资源，如有传统文字的少数民族有大量的民族文字文献，运用图像识别等技术，可以将纸质文献转换为电子资源储存利用；另一方面要运用现代技术手段快速获取资源信息，采集符合要求的高质量数据，贵州已建好的和正在建的民族语言文字资源库大都靠专家学者逐项收集材料并手工入库，这样收集的语料虽然精度高，但费时费力，现有的网络实时抓取技术就能辅助专家学者快速获取语料，并对语料进行实时更新，保证民族语言资源库的实效性、动态性、平衡性。民族语言文字资源库建设数据储存需要稳定可靠的服务器作保障，大数据产业发展聚集区的建立为数据储存提供了空间和设备等资源，也为后期数据维护、保证民族语言文字资源库的长期运行提供了可能。

（三）重视已有信息技术应用，深度挖掘民族语言文字资源库

如何将建好的民族语言文字资源库加工利用，是我们下一阶段需要考虑的问题。对于收集到的民族语言文字语料，我们不是要简单地储存保护，而是要进行深加工使其被更好地再次利用。对于中文信息处理的一些成熟技术，我们可以结合民族语言文字特点借鉴应用。如对收集到的语音材料，需要借鉴汉语语音分析的技术和软件，信息技术人才和懂得民族语言的人

相互配合，进行切音标注，并进一步做声学分析，这些语料的加工都是为之后民族语言文字语音识别和语音合成技术做准备的。对民族文字材料的处理，也需要根据贵州每个民族的文字特点，做出符合民族文字规律的分词、词性标注、句法标注等相关算法，对民族文字资源进行深加工，将生语料转换为熟语料加以利用。此外，注意开发民族语言文字资源库的检索功能，不仅要做好基本字段检索，还应开发实现更具实用性的高级检索功能，让建好的民族语言文字资源库得到最大限度的应用。

（四）结合民族文化宣传，建设民族语言文字网站

贵州纯民族语言文字网站基本没有，主要原因是缺技术、缺人才、缺资金，曾经有本民族的有识之士兴办本民族语言文字的网站，但最终因以上问题停止。借助大数据产业发展的人才和技术，在民族语言文字信息化基础建设的基础上，结合民族文化宣传内容，搭建民族语言文字网站，并对网站记者和编辑进行信息化方面的相关培训，让他们成为复合型人才，将贵州的民族语言文字网站办好办活。这也是贵州民族语言文字信息化的一个重要直观的体现。

（五）结合民族语言文字特色，加速民族语言文字软件开发

软件的利用才是少数民族群众最直接感受到的自己语言文字信息化的部分，单靠懂民族语言文字的少数民族同胞是无法对软件进行开发的，但民族语言文字又各有特点，因此，要对民族语言文字软件进行开发，需要语言文字信息处理的技术人员在充分调研民族语言文字特点之后进行。贵州大数据产业的发展，将语言文字处理的技术和人才带到了贵州，贵州少数民族群众需要抓住机遇，加速民族语言文字软件的开发，这对于今后本民族语言文字的使用和保护都将意义重大。

四 结语

贵州大数据产业总体发展思路围绕回答"数据从哪里来、数据放在哪里、数据怎么应用"三个问题，坚持"数据是资源、应用是核心、产业是

目的、安全是保障"四个理念,重点打造"基础设施层、系统平台层、云应用平台层、增值服务层、配套端产品层"五个层级产业链,发展大数据"核心业态、关联业态和衍生业态"三类业态,实现"以大数据提升政府治理能力、以大数据推动转型升级、以大数据服务改善民生"三个目的,分三步走建设"国家级大数据内容中心、大数据服务中心、大数据金融中心"三个中心。在这样的总体发展思路引导下,贵州各项产业都在大数据产业的推动下加快信息化建设的步伐,让企业、群众都能切身感受到大数据带来的便利。贵州少数民族语言文字信息化建设起步晚、步伐慢,也希望能在贵州大数据产业的发展推动下,得到一定的帮助,真正意义上实现贵州少数民族语言文字的信息化。

参考文献:

［1］李宇明.中国少数民族语言文字规范化信息化报告［M］.北京:民族出版社,2011.

［2］田立新.中国语言资源保护工程的缘起及意义［J］.语言文字应用,2015(4).

［3］吴倩.新疆少数民族语言数字资源建设研究［J］.双语教学研究,2014(3).

"诗可以群"：唐代诗人社交网络研究

胡韧奋　诸雨辰

（北京师范大学汉语文化学院　北京师范大学文学院）

一　引言

子曰："小子，何莫学夫《诗》？《诗》可以兴，可以观，可以群，可以怨；迩之事父，远之事君；多识于鸟兽草木之名。"（《论语·阳货》）

孔子曾将诗歌功能概括为"兴观群怨"，可见诗人之间相互唱和、通过诗歌进行人际交往和情感交流是一项重要的创作传统。唐诗作为中国古典诗歌艺术的巅峰，亦是"诗可以群"这一功用的重要舞台。据学者统计，唐人唱和总集达46部，其规模约占唐人诗歌总集的三分之一（陈尚君，1997）。在最有影响力的诗人中，涉及唱和、赠别、怀念、访问、宴集、哀挽、应制等题材的交游诗在其作品中也占比颇高，如孟浩然（92.73%）、刘禹锡（73.77%）、贾岛（71.75%）、王维（65.34%）、韩愈（58.01%）、张九龄（56.52%）、杜甫（50.48%）、白居易（49.62%）、李白（43.27%）等（尚永亮，2005）。历来文人所写下的交往诗不仅丰富了中国诗歌史的内涵，也使后代学者得以了解当时文人所处之社交环境与时代生活背景，对于唐诗研究意义重大。

传统的交游诗研究主要有三种类型：特定的交游诗题材研究，如唱和诗（汤吟菲，2001；陈钟琇，2008；岳娟娟，2014）；对某一时期的诗歌交游情况的研究，如从唱和、公宴、联句等诗歌交游创作活动入手，考察交游过程中产生的诗歌文体观念（吴承学，2013）；对具体人物或群体的交游诗作进行研究，特别是中唐时期的韩孟、元白诗派，晚唐的"皮陆"等（赵乐，2013、2009；李建崑，1996；李福标，2002）。为了更全面地揭示唐代诗人的社交状况，了解不同时期诗歌创作的社交环境与背景，本文将社交网络的概念引入唐诗研究，对《全唐诗》中的社交关系进行自动提取和梳理，得到961位诗人之间的交往诗作4658首，社交关系1972对。基于以上数据，我们从交往人数、交往频次、PageRank权值（Brin & Page，1998）三个维度衡量诗人的社交活跃程度，构建唐代诗人社交网络，并利用Gephi工具进行可视化呈现（Bastian et al., 2009）。

社交关系的提取及社交网络的构建对于传统唐诗研究有着积极的促进作用：第一，社交网络可直观呈现唐诗发展史上的关键人物，进而辅助研究社交活动如何影响诗歌内容、风格及体制的发展；第二，社交节点的聚集情况较好地展现了真实的文学社交圈，社交圈不等同于文学流派，但可以帮助我们发现流派，进而更好地理解流派，并修正一些传统文学研究中约定俗成但存在问题的说法；第三，不同时代的交游状况有所区别，通过纵向观察对比，更能从侧面管窥唐诗的发展脉络。

二　唐代诗人社交信息抽取及表示

（一）诗人社交关系抽取

本文以《全唐诗》收录的900卷共计48900首唐诗为主要研究文本。在前期的诗作调研中发现，反映诗人互动交往的诗歌主要有两种形式：其一，诗题中出现交往对象的姓名、字号或别称，涉及友情赠答、寻访聚会、悼亡思念、奉酬应制、拜谒求进等多类主题；其二，诗歌由两名或多名诗人在宴集时共同创作，称为"联句诗"[①]，诗文中相应诗句末尾会注上作者姓名，如这首由李崿、颜真卿、皎然创作的《五言重送横飞联句》：

春田草未齐，春水满长溪。（李崿）

[①] 《全唐诗》第788~794卷专收"联句诗"。

出饯风初暖，攀光日渐西。（颜真卿）

归期江上远，别思月中迷。（皎然）

基于以上交游诗的形式特征，我们通过以下步骤进行诗人社交关系的提取。

步骤1. 诗作预筛选。排除《全唐诗》中作者不详、与主题不相关的诗作共计4873首[①]。

步骤2. 构建唐代诗人信息库。从中文维基百科、百度百科中抓取诗人页面，2143名作者中共有1616位抓取到至少一种百科页面；利用网页解析工具和正则表达式从页面中提取字、号、别称、官名、生卒年等信息，经去重和人工审核确认后加入信息库，共计挖掘字、号、别称信息983条，生卒年信息881条。以下为诗人李白的信息示例：

字：太白；号：青莲居士、谪仙人；别称：李太白、李十二、李翰林、李供奉、李拾遗；生年：701年；卒年：762年。

步骤3. 诗人信息直接匹配。利用诗人姓名和步骤2挖掘到的字、号、别称信息，对诗题和诗文进行精确匹配，获取到可信度较高的2691首候选交游诗作。

步骤4. 诗人信息间接匹配。考虑到诗题中的交往对象名称有诸多变体和组合形式，如《在兖州饯宋五之问》（宋之问）、《和姚令公从幸温汤喜雪》（姚崇）等，且名气较小的诗人存在百科信息缺漏或不足的情况，我们对交游诗进行了进一步挖掘：（1）双字名匹配，如果诗人名为双字，如"宋之问"，则提取"之问"加入匹配列表；（2）利用"姓．*官职名"[②]、

[①] 作者不详指作者为佚名、无名氏、某某宫人、某某鬼怪等，或作者不明确，诗文中包括"一作某诗""又见《某集》"等信息；与主题不相关则包括郊庙歌辞、乐府杂曲、横吹曲辞、相和歌辞等卷目中的诗作。

[②] 唐代常用官职名包括：侍御、少府、太守、尚书、明府、使君、长史、仆射、拾遗、郎中、员外、常侍、秀才、中丞、驸马、评事、判官、秘书、参军、主簿、司马、少尹、书记、司户、校书、录事、功曹、侍郎、舍人、给事、正字。

"姓.*名"等正则表达式进行模糊匹配。该步骤共获取候选交游诗5925首。

步骤5. 对步骤3、4获取的候选诗作进行筛选、校对和补充。(1) 通过生卒年信息进行初步筛选：凡作者和交往对象在世时间无交集则作排除；如作者或交往对象卒年早于618年或生年晚于907年则作排除；(2) 人工审核候选诗作，注重筛查诗人重名、重字号信息；(3) 参考各种诗人别集的今人注本、唐诗人名考证研究（陶敏、2006）、诗人交游信息库（罗凤珠等，2014）等现有研究成果，对交游对象进行确认和补充。该步骤最终获取反映唐代诗人交往的诗作4658首，涉及诗人961位、社交关系1972对。此外，在匹配中发现，大量交游诗的对象不属于《全唐诗》作者，换言之，无法体现诗人之间的交往情况，因此，本研究只对《全唐诗》作者之间的诗歌交往情况进行分析，特此说明。

（二）诗人社交网络构建

得到交游诗作数据后，我们试图对以下几个问题展开探讨：从诗人角度来说，如何衡量其社交活跃程度，唐代核心社交人物有哪些？从诗人群体角度来说，基于社交关系是否可以进一步探测出社交圈？从唐诗本身来说，交游活动是否会对诗人的创作思想及内容产生影响？为了回答上述问题，需要对社交关系数据做进一步分析处理，并结合社交网络图进行讨论。

我们首先对每对社交人物间的交往频次进行了统计，发现约67%的社交关系对只有一次诗歌往来，而往来频次最高的皮日休和陆龟蒙之间则存有337首交游诗作。为了衡量诗人的社交活跃程度，我们从三个维度对其社交状况进行考察：第一，交往总人数；第二，交往总频次；第三，PageRank权值。其中，PageRank权值借用了搜索引擎网页排序的原理，当一个人物在社交中被越多人物链接时，其权重越高（Brin & Page，1998）。我们采用Gephi提供的PageRank统计工具[①]进行权值计算，概率（p）设为0.85，误差（Epsilon）设为0.001，并将两位诗人之间的交往频次设为链接权重。三个维度下排名最高的15位诗人如下：

---

① 参见 Gephi PageRank：https://github.com/gephi/gephi/wiki/PageRank。

● 交往人数：白居易（63）、张说（63）、韩愈（47）、刘禹锡（45）、姚合（44）、贾岛（44）、贯休（39）、元稹（36）、皎然（35）、刘长卿（35）、杜甫（32）、韦应物（32）、张籍（31）、武元衡（31）、钱起（31）。

● 交往频次：白居易（783）、刘禹锡（452）、元稹（408）、皮日休（384）、陆龟蒙（381）、韩愈（162）、皎然（153）、姚合（139）、裴度（136）、张籍（134）、张说（133）、杜甫（130）、贾岛（127）、王维（127）、令狐楚（100）。

● PageRank：白居易（0.0361）、张说（0.0215）、刘禹锡（0.0204）、元稹（0.0183）、皎然（0.0126）、韩愈（0.0114）、杜甫（0.0114）、王维（0.0105）、姚合（0.0099）、贾岛（0.0096）、皮日休（0.0086）、陆龟蒙（0.0085）、贯休（0.0083）、张籍（0.0083）、李白（0.0077）。

从以上数据可以看出，在社交相对活跃的人物中，白居易、刘禹锡、元稹、张说、皎然、韩愈、杜甫、贾岛、姚合等人，无论是在交往的广度还是交流的频繁程度上都堪称全唐最为活跃的诗人，而前文提到的陆龟蒙、皮日休虽然唱和诗作甚多，但交往对象较这些社交核心人物而言则相对单一。

基于上述权值，我们采用 XML 格式文件表示唐代诗人的社交网络，如下例所示，每个诗人为唯一节点（node），具有 ID、姓名、交往人数、交往频次、PageRank 权值五项属性，诗人之间的交往关系用边（edge）表示，边权重为二人交游诗歌数量：

< node id = "152.0" label = "陆龟蒙" friends = "16" freq = "381" pagerank = "0.0085" / >

< node id = "396.0" label = "皮日休" friends = "16" freq = "384" pagerank = "0.0086" / >

< edge id = "376" node1 = "396.0" node2 = "152.0" weight = "337.0" / >

考虑 PageRank 权值接近交往人数和频次两项指标的综合反映，我们取该维度下排名前 100 位的诗人，提取其社交关系，利用 Gephi 可视化工具绘

制其社交网络，如图 1 所示。其中，节点大小和颜色深浅按照 PageRank 权值进行设置，关系边宽按诗人之间交往频次进行设置。该图较好地显示了唐代诗人的社交状况：从整体上看，初唐、盛唐、中唐、晚唐四个时期的社交关系基本沿顺时针方向展开，中晚唐的社交密度高于初盛唐；从节点角度来看，张说、杜甫、皎然、刘长卿、白居易、刘禹锡、元稹、贾岛、姚合等人是非常明显的社交核心人物。此外，陆龟蒙和皮日休的密切交往也通过边宽得以体现。

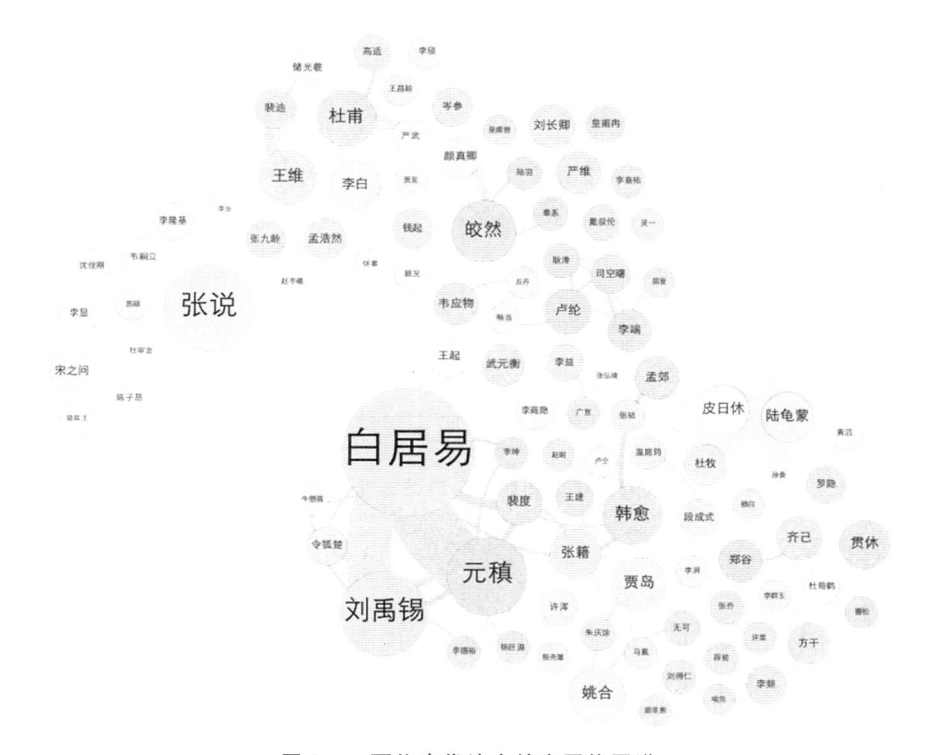

图 1　一百位唐代诗人社交网络图谱

接下来，本文将结合各个时期的社交网络图对当时的诗人社交及创作情况进行分析，并对唐代社交活动中的诗歌发展脉络进行梳理和总结。

三　唐代诗人社交状况分析

我们根据明人高棅提出的唐诗四期说，将唐诗的发展划分为初唐、盛唐、中唐、晚唐四期（高棅，1988）。四期之间的界限分别为：开元元年（713）唐玄宗即位为初唐、盛唐分界，天宝十四年（755）"安史之乱"爆发为盛唐、中唐分界，大和九年（835）"甘露之变"为中唐、晚唐分界。我们按照诗人的生卒年标注其主要生活时期，并据此估计交游关系及交游诗作所属时期。图 2 显示了唐代四个时期诗人、关系对及交游诗数量的变化情况，由图可见，从初唐、盛唐到中唐，诗人交往日益频繁密切，中唐时的交游诗创作无论在广度还是深度上均达到了巅峰，晚唐则稍有回落。接下来，分别对四个时期的诗歌交往情况进行说明。

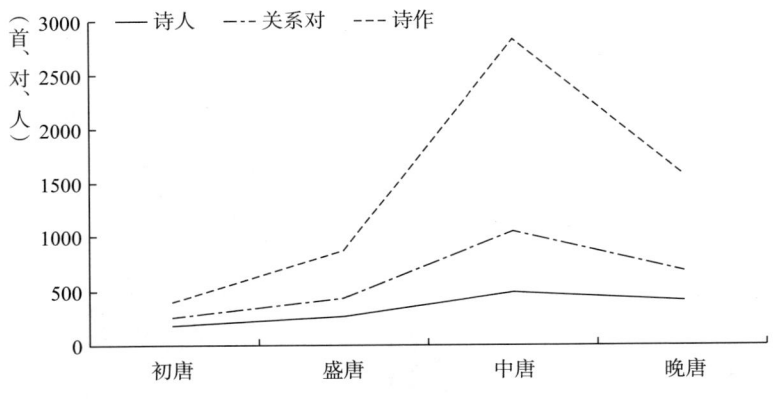

图 2　唐朝四期交游诗数据变化情况

（一）初唐

如图 3 所示，初唐首先存在一个以唐太宗李世民、褚遂良、许敬宗、上官仪等人为核心的独立文学交往群体。这一集团与其他诗人基本没有交往，其成员均为朝廷重臣。类似的，在唐中宗李显、唐高宗李治身边也形成了一个小圈子。另一个交往群体是围绕宰相张说而形成的，但该群体在张说以外的成员之间交往不显著，呈现辐射状的交往形式。这体现出初唐时期的诗歌酬唱仍然是宫廷活动的一部分，延续了六朝宫廷文学的传统。

初唐时期著名的诗人中，以沈佺期、宋之问为核心形成的文学交往群体声势较著，这一圈子成员之间的整体交往关系更为复杂多元，包括陈子昂、杜审言等初唐著名诗人，可以视为唐代文学交往群体的雏形。

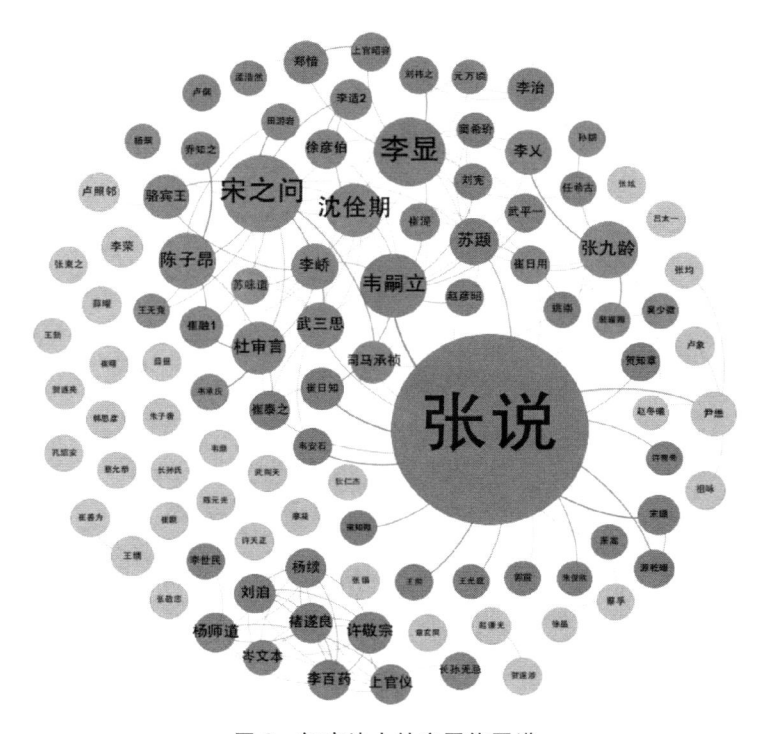

图 3　初唐诗人社交网络图谱

（二）盛唐

如图 4 所示，在盛唐重要的诗人中，王维与储光羲、裴迪等形成一个小群体，围绕杜甫在岑参、严武、高适之间形成一个群体，李白、孟浩然、张九龄则大致上形成另外的小群体。而皇甫冉、司空曙等中唐时期成名的作家，在此时也已初具交往规模。

值得注意的是，王维与孟浩然的交往并不密切（仅存三首交游诗），也并未被划入同一个圈子。文学史对王维、孟浩然等人形成的山水田园诗派的概括恐怕是有问题的。正如郭英德所说，文学风格的相同或相近是文学流派形成的必要条件，但却不是唯一条件。文学流派的形成还有另一个必要条件，即某一创作群体的构成（郭英德，2012）。[17] 虽然孟浩然的诗歌题材与王维有相近之处，但他们的关系还无法构成一个创作群体，文学史在概括所谓"山水田园诗派"时，也就不应当片面地根据风格的相近而

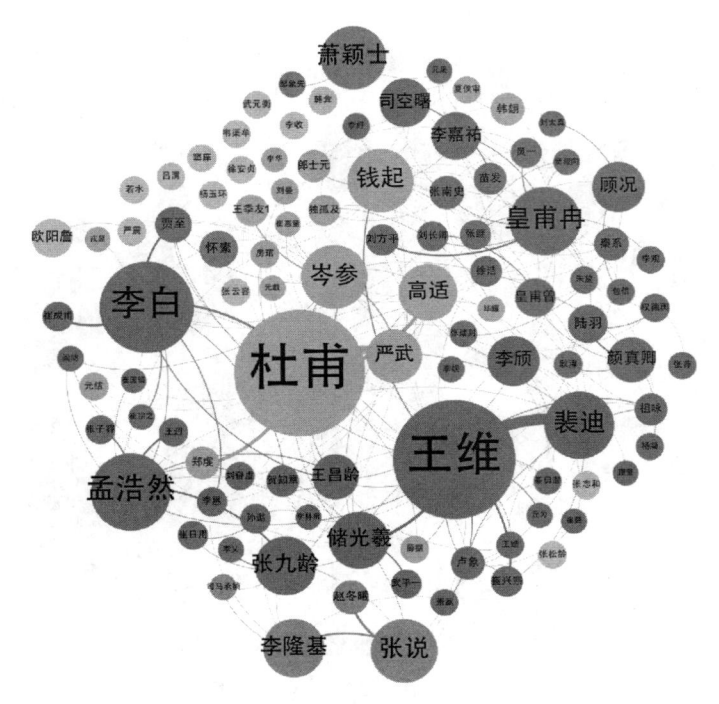

图 4　盛唐诗人社交网络图谱

把孟浩然阑入其中。

再看杜甫，杜甫的诗歌交往频率在盛唐时期非常高，他涉足的诗歌交往圈子远大于李白。杜甫通过不断地诗歌寄赠与他人形成联系，特别是与严武、高适等拥有权力的官员交好。杜甫自称"别裁伪体亲风雅，转益多师是汝师"。一般在文学史上以"兼善众体"来评价杜甫，杜甫的兼善众体与他的诗歌交往当也不无关系，比如杜甫写给岑参的诗多为自由的古体，而赠予严武、高适的诗则颇多严整的近体，律诗精致的形式在应酬性的诗歌往来中显得更为适用，杜甫努力通过文学来维系、装点这个交往圈，也就对律诗的形式有着更高的要求。

（三）中唐

如图 5 所示，中唐的诗歌交往格局明显呈多中心的分布模式，首先出现的是以韦应物、卢纶、钱起、司空曙等为主的圈子，文学史上一般称为"大历十才子"。"十才子"的交往没有中心人物，而是呈现各自分散、互有往来的模式。同时，在皎然身边开始凝聚起一个以灵一、灵澈、陆羽为主的僧人、隐士群体。诗僧、隐士群体的出现是唐诗发展的新面貌。

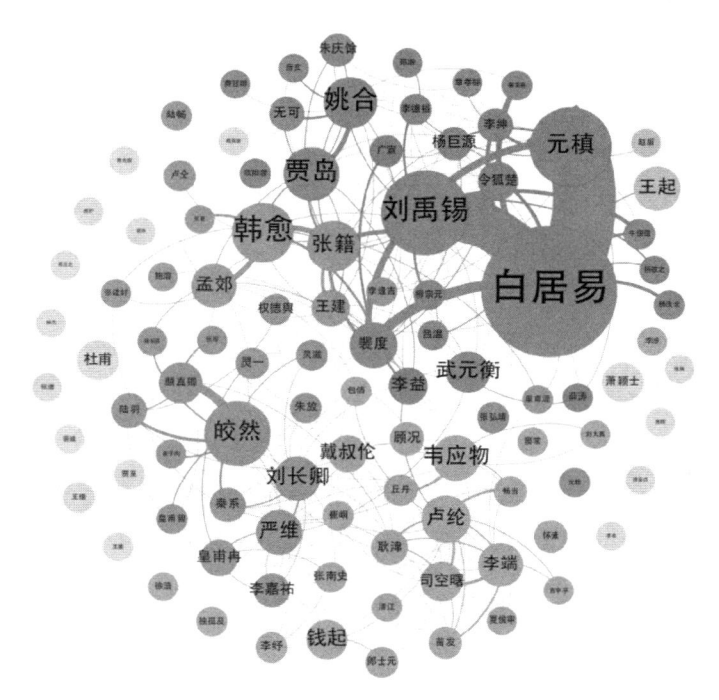

图 5　中唐诗人社交网络图谱

贞元、元和之后，出现了以白居易、元稹、刘禹锡为代表的交往密切的诗人群体，这个圈子影响极大，代表了中唐时期最重要的交往作家群。当然，韩愈、孟郊、张籍代表的另一群体亦能与之分列。此外，贾岛、姚合形成了同期的第三个中心。多元诗人群体是这一时期诗歌交流的突出特点。

实际上，也只有形成这种多元化的诗人交游群体，才在真正意义上形成了所谓的诗歌流派，可以对比同期王起的圈子和以武元衡为主的圈子，这两个圈子基本上还保持着辐射状的结构，其政治应酬性仍然是难免的，也就无法构成流派。因此可以说，交友网络渐密，是诗歌流派形成与繁荣的客观表现。

（四）晚唐

如图 6 所示，晚唐的交游圈子中，除了姚合、贾岛等人延续到此一时期外，其余多数呈现零散分布的交游，比如以杜牧为中心，聚集了许浑、赵嘏、张祜的小圈子；皮日休、陆龟蒙二人之间有相当频繁的交往，但没有形成明显的交友圈；罗隐、杜荀鹤周边有一些交往，但亦无法构成一个成规模的诗人群体。

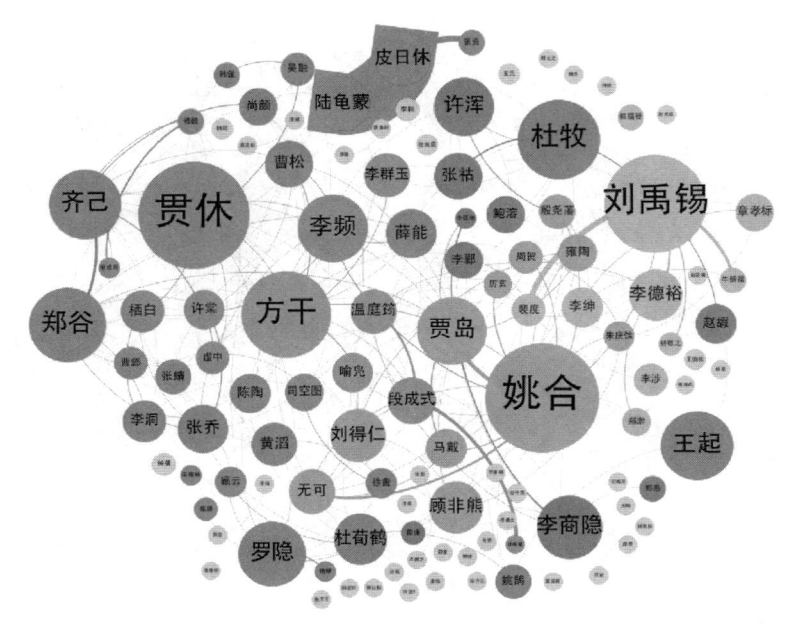

图 6　晚唐诗人社交网络图谱

只有贯休、齐己这批僧人之间形成了尚成规模的诗歌酬唱网络，其中还有一些非出家人士，如郑谷。也就是说，晚唐真正算得上具有文学群体性质的交友圈，只有这批诗僧阶层。中唐多元化、多中心的交游网络格局开始衰落，政治对文学的影响力在减弱，而宗教性的影响则有所升温，这或与晚唐的乱世环境有很大关系。

四　从社交网络图谱管窥唐诗发展脉络

纵观唐代整体的诗歌交往情况，处于社交核心位置的诗人包括张说、王维、杜甫、钱起、刘长卿、韦应物、严维、皎然、韩愈、张籍、白居易、刘禹锡、元稹、贾岛、姚合、贯休等。其人员构成及交往规模正揭示出唐代诗人身份与诗歌创作的发展线索。

（一）话语权的转变与文学流派的形成

从核心社交人物的身份来看，唐诗从宫廷的绝对主导逐渐过渡为士大夫绝对主导，再过渡为下层文人乃至诗僧主导。其间虽有反复，比如武元衡、王起也分别形成了小中心，但交往规模已然远远不如张说。王维、杜甫、韩愈、白居易这批士大夫阶层诗人逐渐成为交往群体的主流，并最终过渡到诗僧皎然、贯休等和下层文人贾岛等。换言之，文学话语权呈现社会阶层由上至下的转变。

伴随着话语权的转移，诗人的创作个性得到了更多彰显，风格各异的诗歌流派才有了诞生的土壤。体现在内容上，是诗歌的日常化描写增多（如元白集团）、诗歌的个性抒情色彩增强（如韩门弟子）、诗歌的内容得到丰富，开始形成山水、边塞、感怀、日常生活等诸多题材。体现在交游活动上，则是多中心、多群体的出现以及群体之间平等对话关系的形成。这一现象在盛唐还只是初露端倪，至中唐开始较为显著，并逐渐孕育出多个具有集团与流派性质的文学交往群体，如"大历十才子""元白""韩孟""姚贾"等。

（二）诗歌内容及功能的转变

话语权的转移直接导致了诗歌内容和功能上的变化。不难发现，唐代交游诗主题从以皇帝、高官为核心的政治应酬转向以中下层文人为核心的知己赠答，形成"同声相应，同气相求"的具有相近文学宗尚的应和。交游的功利性变淡，诗人创作更加重视情感和志趣相投，最容易被注意到的结果便是大量感情真挚的友情诗涌现，尤其是送别诗的创作，更成为唐诗为后人所铭记的最经典主题之一。那些或送别，或怀念，或感遇的诗句，如"孤帆远影碧空尽，唯见长江天际流"（李白《黄鹤楼送孟浩然之广陵》）、"故人入我梦，明我长相忆"（杜甫《梦李白二首》其一）、"今日听君歌一曲，暂凭杯酒长精神"（刘禹锡《酬乐天扬州初逢席上见赠》）等，早已成为历代流传不朽、脍炙人口的作品，更成为反映文人之间友谊的典范。

此外，僧道与隐士群体的出现，也为唐诗的意境和题材注入了新的血液。唐代诗人习佛崇道，喜好与僧人、道士交流，一方面，因为宗教思想可以提供一种内在的精神寄托，特别是中唐以后，惨淡的现实环境更是促使诗人们运用佛教的世界观和人生观摆脱现世的烦恼，获得精神的解脱（孟二冬，2006）。比如皎然《奉酬于中丞使君郡斋卧病见示》《酬秦山人系题赠》等与于頔、秦系等的交往中，刻意展现了佛性与诗心的会通，二人亦分别答诗回赠皎然，可见僧人对文人的主观引导与文人的接受。另一方面，当时僧道普遍具有较高的文学与艺术修养，与诗人在书法、茶道、音乐、诗歌创作上有共通的爱好与追求。在与僧道的密切交往中，唐代诗人将山水景致与禅宗理趣及道家天人合一思想相融合，使唐代山水诗在思想性和艺术性上均达到前所未有的高度。比如钱起写"数峰拔昆仑，秀色与空澈"（《东城初陷与薛员外王补阙瞑投南山佛寺》），刘长卿写"荷笠带夕阳，青山独归远"（《送灵澈上人》），都把山水景致融入禅心佛性之间，诗风理趣盎然。

（三）诗歌风格及语言的转变

除了内容和功能上的变化外，交往活动体现的变化还表现在诗歌风格与语言方面，比如白居易。从白居易的交往图谱来看，最为明显的是与元稹、刘禹锡的密切酬赠，同声相应的朋友关系构成了白居易诗歌交往的主轴。而"诗风浅切"是文学史对元白诗派的一般描述，白居易、元稹等人开启了一股语言晓畅、直白易懂的诗歌风格，这种风格的出现与诗歌高度的日常化有关。白居易不断地书写对日常生活的感受，并通过诗歌与友人分享，比如《小庭寒夜寄梦得》《池畔闲坐兼呈侍中》《开成二年夏闻新蝉寄梦得》《尝黄醅新酎忆微之》等，举凡闲坐、听蝉、饮酒，日常生活几乎无事不入诗，这构成了白居易交游诗的很大一部分。换言之，诗歌代替了书信，成为白居易与友人交流的直接工具，甚至不同于书信的正式，诗歌的短小精悍使这种交流可以更加频繁。而我们很难想象一个人能频繁地写诗，每首诗还都关乎重大事项。换言之，频繁的诗歌交往与高度随意、日常化的诗歌风格，二者之间是密切相关的。

再从诗歌语言的角度来看，诗人之间的交游活动与诗歌音律的发展也有密切关联。例如，沈佺期、宋之问等人是初唐宫廷之外最为突出的文学交往群体，沈宋二人的创作确立了"粘对"法则，在音律形式上的贡献受到后世肯定："五言至沈宋始可称律。律为音律法律，天下无严于是者。知虚实平仄，不得任情而度明矣。"（王世贞，2009）格律诗的影响力也伴随着文人之间的交往而逐渐增大。可以看到，在二人所处的文学群体内部，交游诗创作广泛地运用了"粘对"法则，如宋之问的《寄天台司马道士》《使往天平军马约与陈子昂新乡为期及还而不相遇》《途中寒食题黄梅临江驿寄崔融》《送司马道士游天台》，崔融的《留别杜审言并呈洛中旧游》，沈佺期的《古意呈补阙乔知之》《遥同杜员外审言过岭》，杜审言的《经行岚州》《赠崔融》《赠苏绾书记》等，这和初唐其他相对出名的诗人（如初唐四杰等）作律诗仍沿用六朝格律相比就有了较大差异。

五　总结

钟嵘《诗品序》中说："嘉会寄诗以亲，离群托诗以怨。"诗歌虽然是一种极具个性的创作方式，但"会"和"群"往往成为其内在动因，因而通过研究诗人的社交状况，有助于我们更好地理解诗歌创作动机及发展线索。本文从社交网络的角度对唐代诗人及其创作进行研究，通过抽取社交关系及构建社交网络图谱，对核心社交人物、不同时期的社交状况、交游活动与文学流派的关系、交游活动对文学创作的影响等问题进行了初步探究，呈现与传统交游诗研究不同的视角。

本文工作也存在以下不足，需要在后期工作中进行改进和提升。第一，社交关系提取基于数据挖掘，虽经人工校对，仍存在召回率问题，因而现有的社交网络尚须结合唐诗人名考证研究做进一步补充和完善；第二，构建社交网络时将诗人之间交游诗歌总数作为关系权重，如果加入方向性特征，将对诗人的社交属性和社交状况有更为细致的了解；第三，限于篇幅，仅对各时期的社交概况进行分析，社交数据中蕴含很多有价值的诗歌研究线索，值得结合诗人作品对社交群体类型及特征展开深入探讨。

参考文献：

[1] 陈尚君. 唐代文学丛考 [M]. 北京：中国社会科学出版社，1997：203-215.

［2］尚永亮．开天、元和两大诗人群交往诗创作及其变化的定量分析［J］．江海学刊，2005，2：177－183．

［3］汤吟菲．中唐唱和诗述论［J］．文学遗产，2001，3：49－58．

［4］陈钟琇．唐代和诗研究［D］．台北：秀威出版，2008．

［5］岳娟娟．唐代唱和诗研究［M］．上海：复旦大学出版社，2014．

［6］吴承学．中国古代文体形态研究［M］．北京：北京大学出版社，2013：83－104．

［7］赵乐．元白唱和诗研究［J］．北京大学学报：哲学社会科学版，2009，6：90－96．

［8］赵乐．试论韩孟的唱和诗［J］．北京大学学报：哲学社会科学版，2015，6：80－87．

［9］李建崑．韩孟诗人集团之诗歌唱和研究［J］．1996，http：//nchuir.lib.nchu.edu.tw/handle/309270000/91643．

［10］李福标．皮陆唱和的心理分析［J］．学术研究，2002，4：126－130．

［11］Brin S, Page L. The Anatomy of a Large-Scale Hypertextual Web Search Engine［M］. In Proceedings of the seventh International Conference on the World Wide Web, 1998：107－117．

［12］Bastian M, Heymann S, Jacomy M. Gephi：an open source software for exploring and manipulating networks［J］. In Proceedings of the Third International ICWSM Conference, 2009, 8：361－362．

［13］陶敏．全唐诗人名汇考［M］．沈阳：辽海出版社，2006．

［14］罗凤珠，白璧玲，廖泫铭，等．唐代诗人行吟地图建构：李白，杜甫，韩愈［R］．图书馆学与资讯科学，2014，40（1）：4－28．

［15］Blondel V, Guillaume J, Lambiotte R et al. Fast unfolding of communities in large networks［J］. Journal of Statistical Mechanics：Theory and Experiment, 2008, 10：10008．

［16］高棅．唐诗品汇［M］．上海：上海古籍出版社，1988：8．

［17］郭英德．中国古代文人集团与文学风貌［M］．北京：中国人民大学出版社，2012：171．

［18］孟二冬．中唐诗歌之开拓与新变［M］．北京：北京大学出版社，2006：131．

［19］王世贞．艺苑卮言［M］．南京：凤凰出版社，2009：52－53．

基于语料库的"一A一B"式成语与词"AB"的语义关系探析

姜英苈

(北京师范大学中文信息处理研究所
神州泰岳-北京师范大学人工智能联合实验室)

1 引言

  数字成语在汉语中使用频繁,因而历年来有关数字成语的研究颇多,主要是从形式、功能、语法等方面展开。其中对"一A一B"格式成语进行的专门研究亦不在少数,但大都集中于整体框架研究以及"一"的含义方面。并且对"一A一B"的语义研究多是将A、B分而看作单独的词或者语素,并未涉及"AB"联合成词,如"一A一B"是A、B语义的加合、增值和借喻(邵敬敏,崔少娟,2010)。

  本文研究的对象为四字格成语中"一A一B"格式及此框式中的A、B,且"一A一B"格式必须为成语,不包含所有可以进入此格式的四字格短语,如"一东一西""一前一后"等皆不在研究范围之内。

  "一A一B"格式的成语在古今人们的言语交际以及作品之中被广泛运

---

* 本研究得到教育部2017年度重点项目"信息处理用现代汉语词类标记规范修订"(课题编号:ZDI135-42)和国家高技术研究发展计划(863计划)"海量文本多层次知识表示及中文文本理解应用系统研制"(课题编号:2012AA011104)资助。

用，在大多数情况下，"一A一B"中的"AB"可组合成词，而且词语"AB"成词时间往往远早于成语"一A一B"，故而若"AB"成词，则"一A一B"与"AB"间必然存在千丝万缕的联系，但并不能排除"AB"不能成词的情况。本文将"AB"看作词语，重新考察它与"一A一B"之间的关系。不可否认，在古代汉语单音节词占优势的情况下，"A""B"可能各自为词，在具有较强的独立性的情况下进入此结构，此情况将另做分析。

本文所有成语来源于《现代汉语词典》（第六版）、《汉语成语大全》和《中国成语大词典》，共计105例。选取这几本词典，其一是因为将"一A一B"格式限定在成语，不包括其他的四字格结构；其二是因为这三本词典收词量大，希望能对"一A一B"式成语做更为详尽的考察。例句主要来源于北京大学汉语语言学研究中心CCL语料库以及北京语言大学BCC汉语语料库。

2 "一A一B"中A、B情况分析

"一A一B"中的"AB"成词有三种情况：其一，A、B同是单音节词或语素，但在现代汉语中结合紧密或已演变成双音节词；其二，A、B一个是单音节词，一个是语素，但可组合成词；其三，"AB"本身已是双音节的合成词，只是拆分开来进入"一A一B"格式中。

"一A一B"按照其中A、B是否可以组合成词，A、B是否可以颠倒位置，可以分为以下两种情况。

2.1 "一A一B"中A、B不成词

A、B不可组合成词，共计9例：

一步一鬼　　一成一旅　　一打一拉　　一根一板
一喷一醒　　一替一句　　一字一板　　一字一泪
一字一珠

A、B 不成词的情况较少，仅占本文所列举"一 A 一 B"式成语的 8.57%。这样一组成语，语义往往与单音节词或语素 A、B 无关，而是在"一 A 一 B"这种格式中整体被重新赋予新的意义，其中往往含有隐喻或借喻、借代的成分。例如：

（1）如人死辄为鬼，则道路之上一步一鬼也。（王充《论衡·论死》）

（2）民国以来的失败军阀，只要有一成一旅的余众，不上几时，便又恢复势力，再成军阀。（《民国演义》）

（3）死时赋《绝命词》四章，其中一首写得一字一泪："最苦衰年尚训蒙，病深含泪作冬烘。夜台渺渺魂归处，差胜人间叹路穷。"读之使人黯然。[《读者》（合订本）]

（4）这位朴素的农村小伙几乎是一字一泪地为我们讲述了他的母亲哺育他成长的故事。[《读者》（合订本）]

上述例句中的"一步一鬼"表面上是指每走一步一个鬼跟着，但深层语义确是"形容疑心生暗鬼，自相惊扰"。"一成一旅"中的"成"古时指方圆十里的地方，"旅"则是古时以兵士五百人为一旅，整体语义却是形容地盘狭小，势力单薄。这两个成语现在已经很少应用。至今仍通用的"一字一泪"，其意在形容文字写得凄楚感人，但使用的范围不再只限于"写"，还扩展到"说"，如例（4），这样的使用在 BCC 语料库的 100 条检索结果中占到 60%。

2.2 "一 A 一 B"中 A、B 可成词

A、B 可以组合成词，共计 96 例。

① A、B 可以颠倒位置，使"一 A 一 B"成为"一 B 一 A"，但无论"AB"还是"BA"，皆成词：

| 一鞍一马 | 一马一鞍 | 一弛一张 | 一张一弛 |
| 一德一心 | 一心一德 | 一毫一丝 | 一丝一毫 |

一壑一丘	一丘一壑	一颦一笑	一笑一颦
一觞一咏	一咏一觞	一夕一朝	一朝一夕
一游一豫	一豫一游		

② A、B 不可颠倒位置，成为"一B一A"：

一班一辈	一板一眼	一悲一喜	一彼一此
一步一趋	一草一木	一长一短	一倡一和
一唱一和	一重一掩	一酬一酢	一吹一唱
一搭一档	一箪一瓢	一旦一夕	一刀一枪
一递一接	一递一声	一点一滴	一分一毫
一干一方	一鼓一板	一还一报	一晦一明
一家一当	一家一火	一家一计	一举一动
一口一声	一夔一契	一拉一推	一来一往
一厘一毫	一鳞一甲	一鳞一爪	一龙一蛇
一龙一猪	一模一样	一年一度	一瓶一钵
一起一落	一琴一鹤	一日一夕	一身一计
一生一代	一生一世	一时一刻	一式一样
一手一脚	一手一足	一死一生	一天一地
一五一十	一物一主	一心一腹	一心一计
一心一力	一心一路	一心一意	一薰一莸
一言一动	一言一泪	一言一行	一言一语
一吟一咏	一饮一啄	一迎一合	一缘一会
一早一晚	一针一线	一枝一节	一枝一栖
一肢一节	一字一句	一坐一起	一治一乱
一节一行	一臧一否		

在古代汉语中，单音节词占据优势地位，有些 A、B 是成词语素，最初组合成双音词时结合得并不紧密，因而"AB""BA"皆可成词，同样的现象也反映在"一"字成语中，即"一A一B""一B一A"语义相同，仅

A、B颠倒位置而已。例如：

（5）我们妇道家<u>一鞍一马</u>，到是站得脚头定的，怎么肯把话与他人说，惹后世耻笑！[《今古奇观》（上）]

（6）就是一个蠢然无知、奇形怪状之人，我也只知<u>一马一鞍</u>，心无二念，任他子建般才、潘安般貌，也一毫动我不得！（《野叟曝言》）

（7）但我用功，实在脚踏实地，不敢有<u>一丝一毫</u>欺骗别人。（曾国藩《曾国藩家书》）

（8）微风吹拂过两人的脸庞，却无法将两人的衣袍吹起<u>一毫一丝</u>。（盛世一头驴《再度飞升》）

此时无论A、B是否颠倒位置，"AB""BA"语义是否一致，"一A一B""一B一A"语义完全或大致相同。如上述例句中"鞍马""马鞍"分别指"马和马具；人骑的马；骑马的人；一种体育器材""放在骡马背上供人骑坐的器具"，两者语义有差，但"一鞍一马""一马一鞍"都比喻一夫一妻，在句中的应用没有区别。又如"<u>丝毫</u>""<u>毫丝</u>"皆指"极小或很少"，语义完全相同，"一丝一毫""一毫一丝"都是"一星半点，极少"的意思。

A、B不可颠倒位置的情况将于第三部分重点说明。

3 "一A一B"中A、B语义关系

3.1 "一A一B"与"AB"的色彩意义

从词"AB"到成语"一A一B"，有时感情色彩会发生变化。此时词"AB"多是中性或褒义词，但进入"一A一B"结构后多数时候用为贬义。例如："一唱一和""一步一趋""一吹一唱""一搭一档"。

（9）只为如今说一个聪明女子，嫁着一个聪明的丈夫，<u>一唱一和</u>，遂变出若干的话文。[《今古奇观》（上）]

（10）他的妻子则同他一唱一和，欺骗信徒。（2000年《人民日报》）

（11）又三世诸佛说即无说，无说即说，故风声鸟语、山崩海啸，无不是此歌之唱和。（《佛法修正心要》）

（12）你俩不用一搭一档做戏，不肯说，那就干脆别说。（金庸《天龙八部》）

（13）除了还是与倪萍搭档主持了春节晚会优秀节目颁奖晚会，并于此前几日同赴武汉主持了一台演唱会外，仍旧主持《天涯共此时》专题节目。（1994年报刊精选）

"唱和"意为："①一个人做了诗或词，别的人相应作答（大多按照原韵）；②指唱歌时此唱彼和，互相呼应。""一唱一和"则"比喻相互配合，互相呼应（多含贬义）"。

"唱和""一唱一和"同"倡和""一倡一和"，最早出自《诗经·郑风·萚兮》："叔兮伯兮，倡予和女。""倡""和"两词连用最早见于周朝，如《关尹子》（上卷）："道观天地人物皆吾道，倡和之，始终之，青黄之，卵翼之，不爱道，不弃物，不尊君子，不贱小人。"而"一倡一和"则大致出于宋，宋前未见记载，如《颍川语录》："呼应者一唱一和，律吕相宣以成文也。"此时与"唱和"意义上并无差异，直至民国期间才出现贬义。两者不能简单看作"A+B""一A+一B"的联合分布，至宋时，"唱""和"已由两个成词语素组合成较为紧密的双音节词，因而可从"唱和"的角度探求"一唱一和"的意义发展变化情况。

使用BCC汉语语料库的历时检索，通过对"唱和""一唱一和"在现代汉语中的使用情况进行对比（见图1），可知20世纪50~70年代是使用"一唱一和"的高峰期，此时贬义被广泛应用，这种情况可能与特定的历史时期有关。

又如"搭档"属于中性词，指"①协作；②协作的人"，但"一搭一档"却是"指互相配合，彼此协作。有时含贬义"。虽然还是互相配合的意思，但感情色彩发生了变化。

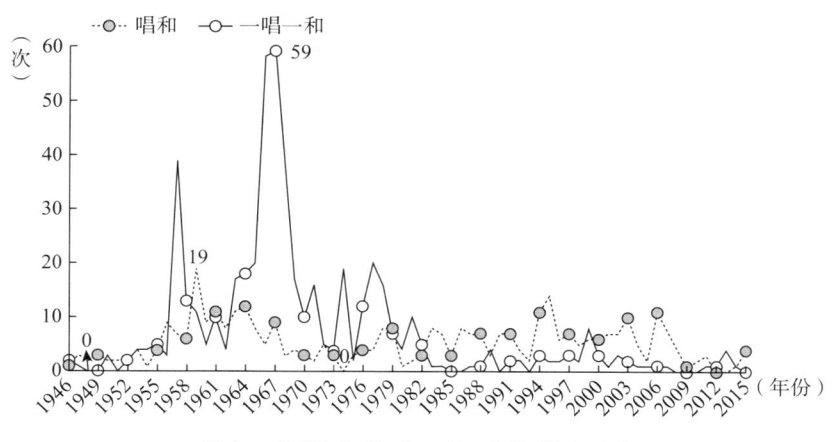

图1 "唱和"和"一唱一和"频次对比

3.2 "一A一B"与"AB"的理性意义

"一A一B"与"AB"间的语义关系，主要分为以下五种：①"一A一B"与"AB"语义相同；②"一A一B"的语义范围大于"AB"；③"一A一B"的语义范围小于"AB"；④"一A一B"的语义是"AB"的修辞效果；⑤"一A一B"与"AB"的语义无关。

3.2.1 "一A一B"与"AB"语义相同

"一A一B"与"AB"语义完全相同的情况较少，"AB"进入"一A一B"格式后多少会受其影响，这里所指的相同也仅是语义上的相同，这类词通常在程度上会显示差别。究其根本，表现这种差异的原因是"一"在其中起作用。

《现代汉语词典》（第六版）中专门对"一……一……"格式进行释义，其中"一"可以表示数量极少，如"一丝一毫"比之"丝毫"更显细致；"一"也可表示"整个、全部"，因而"一家一当"比"家当"更显全面。

例如："一丝一毫""一迎一合""一酬一酢""一家一当"。

（14）医务工作者的工作必须严肃认真，来不得<u>一丝一毫</u>的马虎。(1993年《人民日报》)

(15) 虽然，我也曾一度憎恨过你，但这丝毫不减我对你的热爱。（《中国北漂艺人生存实录》）

(16) 也是你不合去杀人处，一迎一合。（元·无名氏《盆儿鬼》）

(17) 宇文恺是个高明的工程专家，他迎合隋炀帝追求奢侈的心理，把工程规模搞得特别宏大。（《中华上下五千年》）

"一丝一毫""丝毫"都是指极少，"一迎一合""迎合"则都指逢迎，但两两相较而言，"一丝一毫""一迎一合"的语义程度更重。

使用BCC汉语语料库对此类词语的使用情况进行统计分析可知，当"一A一B"与"AB"语义相同时，大多数情况下，"一A一B"不仅在古代汉语中的使用频次远低于"AB"，在现代汉语中很多也已销声匿迹，如"一家一当"在古汉语语料库中仅2例，"一酬一酢"仅7例，而在现代汉语中已不再使用，但"家当""酬酢"无论是在古代汉语还是现代汉语中，使用情况都远多于其相应的四字成语。

3.2.2 "一A一B"的语义范围大于"AB"

"AB"进入"一A一B"格式后，有时语义范围扩大，不再局限于词"AB"的表面意义，"AB"作为复合式的合成词，语义受到"一"的影响。

例如："一坐一起"。

(18) 观敌之来，一坐一起，其政以理，其追北佯为不及，其见利佯为不知，如此将者，名为智将，勿与战矣。（《吴子兵法》）

(19) 只见庄生从棺内叹口气，推开棺盖，挺身坐起。[《警世通言》（上）]

"一坐一起"是指"人的每一个动作，即一举一动"，而"坐起"则仅是"安坐或起立；起身而坐"等单纯的某个动作。不可否认的是，在"坐""起"进入"一A一B"格式时，应是两个不相关的单音节词，这里暂时不做考虑，只将"坐起"看作一词，与"一坐一起"比较语义范围。

3.2.3 "一A一B"的语义范围小于"AB"

有时"AB"进入"一A一B"格式后，虽整体语义未发生太大变化，但语义范围缩小。

例如:"一朝一夕"。

(20)臣弑其君,子弑其父,非<u>一朝一夕</u>之故,其所由来者渐矣。(《周易》)

(21)温遂止融家,<u>朝夕</u>谈讲。[《三国志》(裴松之注)]

"一朝一夕"指"一个早晨和一个晚上,形容时间短促",在现代汉语中,"朝夕"表示此语义时大多用于"只争朝夕"的语境中,其主要表示"时时;日日夜夜",其时间范围远不是"一朝一夕"可比。

"一A一B"结构出现时间很早,周朝时就已有用例,如"一朝一夕"在《周易》中"非一朝一夕之故","朝夕"与"一朝一夕"成词时间大致相同,如《今文尚书》:"朝夕纳诲,以辅台德。""朝""夕"在先秦时期作为单音词进入"一A一B"结构中形容时间短,而约在春秋时期"朝夕"才有此义,如《国语·晋语二》:"夫晋国之乱,吾谁使先,若夫二公子而立之?以为朝夕之急。"

如图2所示,在现代汉语中,两者的使用频率密切相关,究其原因,"朝夕""一朝一夕"的常用义并不相同,且有各自的适合的语境,使两词至今仍都有较强的生命力。

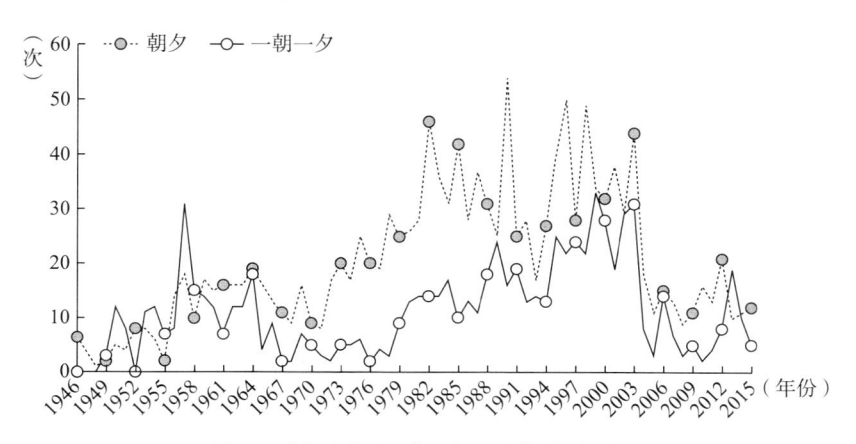

图2 "朝夕"和"一朝一夕"频次对比

3.2.4 "一A一B"的语义是"AB"的修辞效果

因"AB"成词时间往往早于"一A一B",所以"一A一B"的语义可能是"AB"语义的某种修辞效果,常见的有借代或借喻。

3.2.4.1 借代

借代是用与所描写的对象有直接关联的因素代称描写对象,以突出对象的特征(池昌海,2002:226)。

例如:"一针一线""一肢一节"。

(22) 只是你那一针一线之恩,到今铭刻于心。[《隋唐演义》(上)]

(23) 这个人原是清河县大户人家讨来的养女,却做得一手好针线。[《水浒全传》(上)]

(24) 从现实生活的整体看,一肢一节固非全体,但是它从侧面所显示的生活内容,却别有着一种深刻的社会意义。(《读书》)

(25) 患者发热,头痛如裹,恶心欲呕,胃脘不适,肢节酸痛沉重。(《历代古方验案按》)

"针线"指"针和线;缝纫刺绣等工作",而"一针一线"则多用以指一点一滴的细微之物。"肢节"到"一肢一节"是从"四肢关节"到"比喻事物的一小部分"。"一针一线""一肢一节"两者皆是由前者借代而来。其中,"一针一线"应属于借代中的成分代,即用本体的构成成分代称本体(池昌海,2002:227)。

3.2.4.2 借喻

借喻是比喻的一种。不出现本体也没有喻词,直接用喻体替代性描写或说明本体的比喻类型(池昌海,2002:221)。

例如:"一板一眼"。

(26) 传统的百科全书,一向以拼音为序、以词条为形式,一板一眼、有条不紊地介绍内容。(1996年《人民日报》)

(27) 小优儿又拿碧玉洞箫,吹得悠悠咽咽,和着板眼,唱一套

《沽美酒》"桃花溪，杨柳腰"的时曲。[《金瓶梅》（崇祯本）]

"板眼"指"民族音乐或戏曲中的节拍，每小节中最强的拍子叫板，其余的拍子叫眼"，借喻到"一板一眼"，则形容言语行为有条理、合规矩、不马虎。

3.2.5 "一A一B"与"AB"语义无关

"一A一B"与"AB"并非任何时候都有语义上的相关关系。

例如："一长一短""一吹一唱"。

（28）王夫人便<u>一长一短</u>的问他，今儿是那几位堂客，戏文好歹，酒席如何等语。[《红楼梦》（上）]

（29）而起，手提文始所赠拐杖，恰好<u>长短</u>称体。[《八仙得道》（上）]

"长短"主要是指"长短的程度；意外的灾祸、事故；是非，好歹"等，而"一长一短"是形容说话絮叨，但也可将其理解为所说的话语有长有短，并附加以重复、时间久等义，从而引申出"一长一短"的意义，但从表面上看，两者之间没有什么必然的联系。与此相同，"吹唱"意为"吹奏乐器和歌唱；鼓吹，倡导"，"一吹一唱"则"指二人同谋，已达到某种目的"，语义之间无联系。

使用CCL语料库对此类型词语的使用情况进行分析，若"一A一B"与"AB"语义完全无关，大多数情况下，"一A一B"与"AB"各自的使用频次历时使用情况变化不大，如"一长一短"在古汉语语料库与现代汉语语料库中分别为33例、24例，"长短"分别为1722例、2190例，使用情况变化不大，在各自的语义范围内两者互不干扰。"一吹一唱"及"吹唱"也是如此。

4　结论

一是在A、B成词的情况下，在理性意义方面，"一A一B"与"AB"

间的语义关系，主要分为以下五种：①"一A一B"与"AB"语义相同；②"一A一B"的语义范围大于"AB"；③"一A一B"的语义范围小于"AB"；④"一A一B"的语义是"AB"的借代或借喻；⑤"一A一B"与"AB"的语义无关。在色彩意义方面，从词"AB"到成语"一A一B"，有时感情色彩会发生变化，此时词"AB"多是中性或褒义词，但进入"一A一B"结构后多数时候用为贬义。

二是根据语言演变的经济原则，无论成语"一A一B"与词"AB"的语义关系如何，双音节词较四字成语而言使用更为频繁。当两者语义相同时，在多数情况下，"AB"无论是在古代汉语还是现代汉语中，使用情况都远多于其相应的"一A一B"，甚至相应的"一A一B"已不再使用；而当两者语义完全不同时，"一A一B"与"AB"的使用情况多是在语义范围内互不干扰。

5　未来工作

"一A一B"与"AB"间的语义关系是由多方面的原因造成的。

其一，"一A一B"中"一"的含义有：①表示数量极少；②表示整数、全部；③表示整数"一"；④表示"每一"；⑤表示"逐一"；等等。"一"对"AB"进入"一A一B"结构必然产生相应的影响。

其二，"一A一B"中的A、B是以单音节词或语素还是以双音节词的形式进入"一A一B"将对"一A一B"与A、B的语义关系产生不同的影响。

其三，是由于"AB"语义的变化进一步反映到"一A一B"中使其产生相应的语义变化，还是因为"一A一B"的演变又重新返回到"AB"中，使"AB"产生新的引申义？哪个先变，哪个后变，对研究"一A一B"与"AB"的语义关系有重要意义，可以利用语料库对其进行更详细的探讨。

参考文献：

[1] 池昌海．现代汉语语法修辞教程［M］．浙江：浙江大学出版社，2002：221 -

227.
[2] 湖北大学古籍研究所编. 汉语成语大词典 [M]. 北京：中华书局，2004：1239 – 1271.
[3] 李焕. 现代汉语"一 A 一 B"格式的多角度探析 [D]. 广东：暨南大学，2009.
[4] 骆小菊. 试说"一 X 一 Y"式成语中的 X 和 Y [J]. 湖北师范学院学报（社会科学版），2002，22（2）：140 – 142.
[5] 梅萌主编. 汉语成语大全（第二版）[M]. 北京：商务印书馆国际有限公司，2011：1754 – 1805.
[6] 邵敬敏，崔少娟. "一 A 一 B"框式结构的位序原则 [J]. 当代修辞学，2010（160）：76 – 77.
[7] 文灿. 偶数嵌数成语研究 [D]. 广东：暨南大学，2015.
[8] 中国成语大词典 [M]. 海南：南海出版公司，1996：963 – 991.
[9] 中国社会科学院语言研究所词典编辑室. 现代汉语词典（第 6 版）[M]. 北京：商务印书馆，2012：1521 – 1530.

基于语料库的两岸同形异义词差异研究*

李 慧

(教育部语言文字应用研究所)

一 引言

汉语和汉字是中华民族的伟大创造,是海峡两岸中国人民共同使用的语言。社会生活差异和成词语素存在多个意义等因素致使两岸形成差异词汇,其中同形异义词能够较好地表现语言在互相隔绝的状态下产生的变化。苏金智(1995)认为同形异义词是"词形相同但意义不同的词语",本文的"同形异义词"与之相似,指的是在大陆地区和台湾地区词形相同,但在语义、语法、色彩等方面存在不同程度差异的词语,不包括读音和繁简字形上的差异,在此概念基础上结合语料数据尝试分析两岸同形异义词的差异特征。

(一) 词表的构建

本文从《两岸常用词典》收纳词条及其他途径补例整理两岸同形异义词词表,收录两岸同形异义词1146条,其中一部分词条取自李行健先生编纂的《两岸常用词典》(释义中属于大陆的词语或义项前加★表示,属于台湾的词语或义项前加▲表示),另一部分增补词条取自近年来相关学术研究文献的举例分析,相关选词具有一定的科学性和时效性,共806条。

---

* 本研究得到国家语委"十三五"科研规划项目(编号 WT135-27)支持。

表1　《两岸常用词典》收录两岸同形异义词示例

阿姨	背书	餐点	车头	窗口	打埋伏	代名词	等待线	发表	分配
爱人	本金	草地	趁钱	粗线条	打通关	党	底案	发布会	分身
霸王车	本尊	层峰	成长	催熟	大班	党团	地主	发话	风潮
班车	笔记本	蹭	成军	存底	大饼	档案夹	淀粉	反弹	封顶
班子	兵变	插花	程序	搓麻将	大姐大	档次	调试	返城	封关

表2　增补两岸同形异义词示例

案子	表扬	车牌	补习班	互助会	路霸	铁齿	影印	传真	登顶
芭乐	冰人	车长	裁编	家长会	马甲	违规房	玉兰	串烧	登陆器
白板	饼子	成分	闯将	拘控	奶酪	文化台	匝道	闯红灯	地价
白蚂蚁	不归路	班主任	豆奶	军警	农会	小两会	正点	吃火锅	定点
白手套	菜单	半晌	饭盒	看衰	收容所	小球	摘牌	聪明盒	定钱

（二）语料库的建设

语料库作为一种机器可读的语言材料在语言研究和语言工程中被广泛采用，语料库方法促进了语言研究和自然语言处理技术的快速发展。这一方法可以为两岸词汇差异研究提供新的视角，探寻两岸同形异义词的差异特征在语言实际使用中的表现。

本文语料来源于近五年大陆和台湾主流报刊和新闻网站。台湾涉及《东亚日报》、《苹果日报》、《自由时报》、《中时电子报》、联合新闻网等媒体，大陆包括《人民日报》等报刊，通过爬虫程序抓取大陆和台湾各六千万字左右的语言材料进行词语切分和词性标注。

二　两岸同形异义词的语义差异

语言是"词"的语言，词语是语言的机构中某种中心的东西，每一个词都是语言学的微观世界。词语的核心是词义，两岸差异词汇词义分析占有重要地位。两岸同形异义词就词义之间的关联程度和方式（义项间关系）来看，可分为三种情况：相离、相交和包含。

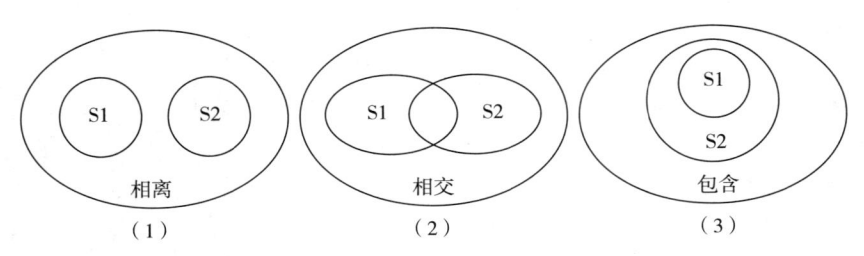

图1　两岸同形异义词语义关系的几种类型

（一）词义范围完全不同

这类同形异义词的特征是两岸语义存在显著区别，甚至没有任何关联之处，如图1所示相离关系，以"高姿态""影集"为例：

【高姿态】

语料用例：

　　# 日本希望成为和美国平起平坐的大国，所以要在国际上表现高姿态，积极主动，敢于说硬话。（义项①）

　　& 至于周大福此次高姿态进入武汉黄金珠宝加工市场，是否会对大陆本土品牌造成冲击？（义项②）

（本文所举词语例子，其义项编号及释义内容皆以《两岸常用词典（大陆版）》中的释文为主要依据，或直接引用词典释义；例句取自两岸自建语料库，大陆语料标记#，台湾语料标记&，下例皆同。）

【影集】

语料用例：

　　# 于是他就把这张照片取出，放在了影集里。（义项①）

　　& 夏普认为文学作品改编为电视影集以及与游戏的结合将是未来趋势，许多长篇系列小说若改编为电影反而受限，若由电视影集呈现则更能多元、完整呈现。（义项②）

从释义看,"高姿态"在大陆指对己从严、对人从宽的态度,在台湾指高傲轻慢的态度,台湾的"影集"相当于大陆的"电视连续剧",二者在台湾和在大陆的用法相去甚远,具有很好的区分度。这类词在两岸语义范围完全不同,语义距离明显。两岸词义完全不同的同形异义词还有很多(115条),表 3 为部分示例。

表 3 语义范围完全不同的两岸同形异义词示例

爱人	公车	高工	健儿	暴走族	长假	闯将	军警	农会	小两会
职称	档次	临检	脱产	等待线	班主任	豆奶	看衰	人气团	小球
检讨	环岛	联考	卫生棉	正点	半晌	饭盒	会计师	软体	星意
海派	情商	社教	防盗门	冻水	包班制	房事	老干部	上诉	扬弃
年资	空调	贴士	启动器	梯次	保固期	工管	离岛	生产力	医改

(二) 词义范围部分交叉

这类差异词的特点是大陆和台湾词语义项之间共有一个或几个核心词义,但二者又各有侧重,这样的差异词所占比例不大(2.97%)。以"主流""地主"为例:

【主流】

语料用例:

二者会合后,支流冰川谷底高悬于主流冰川谷底之上。(义项①)
利用边界层流动的概念,设 X 方向为主流方向。(义项②)
& 主流的看法是强调南京政府的作用,而忽视当时中国经济制度的特征。(义项③)

【地主】

语料用例:

她转身握拳,在地主观众的欢呼声中,享受光荣时刻。(义项①)
只有极少数奴隶主和封建地主子弟能受到学校教育,广大劳动人民

子弟只能在劳动实践中学习社会生产知识技能和生活知识。（义项②）

＆行政院应督促土地所有、管理机关尽维护及管理责任，迅速清理整治，做民营事业及私人地主表率。（义项③）

所举例词在两岸分别各自有两个意思，语义数目相对平衡。大陆和台湾的"主流"指主要干流，在台湾还指左右事情发展的人或力量，在大陆还指事情发展的趋势方向。"地主"在台湾指土地所有人，大陆则指不劳而获以出租土地剥削农民为生的寄生虫，含有贬义，但二者都有一个核心意思，"指住在本地的主人"。语义部分交叉的同形异义词也不乏语义数目不平衡的，此处不一一赘述。

表4 语义范围交叉的两岸同形异义词示例

保全	感冒	下海	黑金	到案	轧	家政	杀	小学
批判	插花	通告	登录	签单	挂牌	阶级	外教	胸围
豆芽菜	下行	同志	地主	罚金	火	敲	瞎	主线

（三）大陆的词义范围大于台湾

义项间的包含关系指同形词的多项语义中，大陆词语义项完全覆盖台湾词语义项，此类关系占比最高（50.31%），如图1表示的包含关系，其中S_1表示台湾用法，S_2表示大陆用法，例如"座机""成分"：

【座机】
语料用例：

＃美战机升空拦截一架接近总统座机的小飞机。（义项①）

【成分】
语料用例：

＃时空跨越两岸1940到1980年间，人们历经战乱迁徙、保密防谍及政治迫害的戒严年代，故事叙述着大时代下的诸多苦难，虽然催泪，

却也有娱乐及趣味成分存在。（义项①）

业内人士透露，功能变数名称投资有炒作的成分，在不断转手后也许会炒高价格。（义项②）

由前罗共党员和干部创建的社劳党成立于1990年11月，主要成分是工人、农民和知识分子。（义项③）

从词义范围来讲，"座机""成分"在大陆义项范围要大于台湾，语义范围广。其中"成分"义项③是大陆的一个特指，在语料上下文中辨识度不高，往往很难区分。这类词还有许多，如表5所示。

表5 大陆语义范围大于台湾的两岸同形异义词示例

案子	聪明盒	房车	交管	零水平	商道	业绩	查岗	催熟	封顶
保安线	登顶	黑油	金镶玉	卖场	申诉	一小撮	廊桥	搭车	杠杆
背投	登陆器	红牌	军事圈	拇指族	塑钢	越位	轻骑	搭建	拐点
冰人	地价	后进	快车道	盘整	梯级	中国年	挖墙脚	打埋伏	关键词
菜单	定点	花季	赖家	品质	田管	走线	质量	打通关	井喷

（四）台湾的词义范围大于大陆

这类词台湾词语义项完全覆盖大陆词语义项，如图1表示的包含关系，其中S_1表示大陆用法，S_2表示台湾用法，据统计所占比例较高（36.66%）。以"黄牛""草地"为例：

【黄牛】

语料用例：

我国常见的有黄牛、水牛、牦牛等几种。（义项①）

过多发放的月饼票给那些倒卖月饼票的黄牛们提供了可乘之机。（义项②）

& 这种说法极像司法黄牛诈骗案的手法，向委托当事人说一切都已经说好了，实际上什么事都没干，就白拿人家好处。（义项③）

& 蔡英文提出十大政见，说绝不黄牛。（义项④）

【草地】

语料用例:

\# 为我们描绘了色彩斑斓的雪山草地之风土民情。(义项①)

& 例如草地郎进城,描述农夫进府城探望女儿。(义项②)

共有四个义项的"黄牛",后两个义项台湾独有。台湾地区的"草地"一词的义项与大陆相比多了农村的意思,类似于近些年在大陆曝光率很高的"草根",对这一词语这一层意思的把握具有现实意义。这类词还有许多,如表6所示。

表6 台湾语义范围大于大陆的两岸同形异义词示例

消遣	博弈	导言	攻防	换手	慢车道	青	俗	萤幕	历程
世代	不粘锅	段数	狗屎地	简讯	摸鱼	全垒打	台面	转台	升降机
搜括	层峰	发表	关防	交集	募集	入闱	堂主	疹子	实习生
激情	出闱	发布会	管区	酒保	内在美	三字经	体位	布达	说词
注记	搓麻将	反弹	灌水	开天窗	排头	散会	体质	大姐大	外省人

三 两岸同形异义词的语法差异

(一)词类有差异

词类是把词按照语法功能分出来的类别,名词、动词、形容词是两岸同形异义词的主体,两岸同形异义词词类分布情况如表7所示。

表7 两岸同形异义词词类分布情况

词类	数量	比例	例词
名词	799	60.12%	爱人、高峰、本金、菜谱、廊桥、轻骑、质量、保安、阿姨、班子、大战、党、顶牛、杠杆、拐点、关键词、井喷
动词	447	33.63%	锻炼、查岗、挖墙脚、保全、消肿、硬着陆、跃迁、窒息、严打、消遣、搜括、注记

续表

词类	数量	比例	例词
形容词及其他	83	6.25%	盲、感性、辣、麻辣、平易近人、七上八下、窝心、趁钱、过火、高姿态、软体、铁齿、臭、圆滑
词性兼类	179	13.46%	情商、站台、芭乐、背投、车居、连线、软体、正点、出息、挂钩、挂牌、平头、水、挺、晚婚、肇因、周延、决意、刻薄、关切、面熟、恰巧、轻易、大声

名词性的同形异义词共有799条，占有最大比例（60.12%）。而形容词、量词及其他词性的词语所占比例较小，仅占词表总数的6.25%。名词性的同形异义词、形容词性的同形异义词和其他词性的同形异义词在语法特征差异上体现不明显，但是可以明显在语料中观测到上下文搭配上的差异。

动词性的同形异义词共有447条，所占比例较大（33.63%），动词的搭配最为灵活，有研究甚至对动词整理出了逾百种搭配特征，语法信息差异在动词这一类别表达的也较为明显，同形词的陆台搭配特征和语法信息特征差异表现突出。

值得注意的是，同一个词在两岸词性上存在差异的词性兼类也不在少数（13.46%）。如在大陆是名词但是在台湾是动词的"情商""驾驶""意图""外遇""设施""经援""磨难""隔阂"等，以"情商""驾驶"为例：

【情商】
①名词，情绪商数。
▲②动词，动之以情，进行协商。
语料用例：

    & 翁自保表示将再情商巫文隆提供更珍贵的收藏。

    & 最后情商展出者撤下两幅创作。

    & 他特别情商唱片公司在签唱会上准备面纸送给粉丝。

两岸"情商"都可做名词，但在台湾地区还可做动词表示"以私交商讨对方同意",相当于大陆的"商议"。

【驾驶】

①动词,开动和操纵车船、飞机等使行驶。

▲②名词,开动和操纵车船、飞机的人。

语料用例:

    & 研究小组发现,两群人纵有相同社会地位,或相似的职业,但因运动量不同,心脏病发作的机会就不同,他特别挑出巴士车掌及巴士驾驶们,来进行统计比较,驾驶坐着,动得少,故发现其心脏病比例,远高于必须前后走动的车掌了。

    & 第九十三条 各款情事者为优良驾驶,得申请个人经营计程车客运业。

    & 两辆车祸的驾驶均受困车内,义消协助将人救出,连同被抛出车外的女乘客一起送医,但国产车驾驶和女乘客伤重不治。

    & 一个人拿着地图漫无目的地走在台北街头时,虽然会迷路,但不会有被拒之千里的感觉,街头是熟悉的语言、可口的小吃,虽然超多红灯,但几乎没有无礼的行人和驾驶。

上例的名词"驾驶"用法在大陆不能使用,等同于大陆的"驾驶员",可见"驾驶"在两岸在词性上存在差异。通过对"情商""驾驶"的释义和语料用例观察,我们可以进一步认识到部分两岸同形异义词的词类信息差异表现也较为突出。

(二)句法性质有差异

两岸同形异义词的语法组合特征差异主要表现在三个方面。

一是能否带宾语的差异。部分两岸同形异义词在大陆是不及物动词,但在台湾能带宾语的有"生气""接壤""回去""帮忙"等,示例如下:

    【回去】两岸语义没差别,指"从一个地方到原来的地方",台湾可带处所宾语。

&这些学生闹够了没，该赶快回去学校读书了！

【帮忙】该词两岸基本义大致相同，差别在于台湾可带宾语。

&所以比较阿 Q 的想法就是，帮忙他运用他的特长来生活。

二是组合习惯差异。如台湾可用"不错+V"表示满意，"不错看""不错吃""不错听"相当于吃起来不错、看起来不错、听起来不错的意思。"支援"在台湾常可组合为"十分支援""非常支援"，受程度副词修饰。再如"回来、回去、进来、进去、出来、过去"等趋向动词，台湾非常普遍地可以直接跟处所宾语，组合为"回来家里""进去办公室""出来街上""过去那边"。

三是施动者的差异。"退职"在大陆指"辞去原有的工作或职务"，施动者是被雇佣者，在台湾这一词语指的是"被雇主解除职务，开除"，施动者是雇佣者，二者在两岸的语义角色相反。

在研究过程中也发现部分两岸同形异义词差异客观存在，但内部语义关联度高，外部的语法特征也高度相似，在语料库中差异表现不清晰的情况：

【阿姨】

语料用例：

&请阿姨把房间里的电视打开。（义项①）

#实在忙不过来了，她请了阿姨来帮忙。（义项②）

"保姆阿姨"和"称呼阿姨"在句法功能上基本相似，在语境上下文提供信息不足的情况下，很难准确判断"阿姨"指的是哪个义项。

四 两岸同形异义词差异表现

结合语料从语义和语法两方面分析差异表现，发现同形异义词的差异与上下文搭配是紧密相关的。本节对部分典型差异词个案的上下文搭配进行了对比分析，我们可以清楚地认识到两岸同形异义词在搭配上的典型差异：

【成长】

★表示人或事物的生长与成熟。

▲偏向经济范畴。

——大陆典型搭配：孩子～、青少年～、幼儿～、下一代～、树木～、劳动者～、幼猪～

——台湾典型搭配：GDP～、GNP～、经济～、选票～、数量～、个人所得～、工业生产～、年增率～、总需求～、薪资～、业务量～、货运量～、市场经济～、零售额～、均值～、国内生产毛额～、广告业～、蓝筹股～、营业额～、百分比～、贸易额～、物价指数～、电量～、大盘～、进出口～、证交所～、租金～、成交量～、成长率～、房价～

【检讨】

★检讨对象多为错误、不足、缺点等，多贬义。

▲多用于检验讨论、分析研究以寻找相应办法，多中性。

——大陆典型搭配：书面～、生活～、写～、深刻～、公开～、批评～、道歉～、进行～、自己～、茂全（人名）～

——台湾典型搭配：时时～、会议～、工作～、成败～、政权～、两岸人民关系条例会～、花博会～、证所税～、劳保费率～、作业～、最低工资～、租金～、资讯～、仲介费～、制度～、支出～、政绩～、政党～、政策～

【高档】

★形容档次高的、价格或品质高的。

▲股票术语。股价在较高部位。

——大陆典型搭配词：～产品、～相机、～专卖店、～手机、～消费品、～住宅区、～家具、～酒店

——台湾典型搭配词：恢复～、逼近～、房价处于～、股价～、指标～、盘旋在～、难脱～、严控～

【帮忙】

★不带宾语。

▲带宾语，可搭配名词性人或物。

——大陆典型搭配：不~、愿意~、答应~、一定~、热情~、来~

——台湾典型搭配：~自己、~朋友、~孩子、~我、~你、~他、~他们、~台湾、~中国、~政府、~研究人员、~记者、~义工、~讲解、~处理、~护理、~促进、~推车、~做家事、~转达、~抓人

【养成】

★对象一般是道德品质或行为习惯。

▲对象比大陆丰富，可带教育培训机构。

——大陆典型搭配：~生活习性、~公民意识、~思想品德、~行为习惯、~绅士风范

——台湾典型搭配：~教育、~培训、~补习班、~学苑、~模式、~课程

【选读】

★选择阅读，对象一般是书。

▲选择学校就读，对象一般是机构名。

——大陆典型搭配：~书目、~文章、~报道、~《尚书研究》、~《古文观止》、~《雷锋日记》

——台湾典型搭配：~台湾大学、~金大、~技职、~私校、~台中、~国中、~高职、~职群

【缩水】

★指棉织物遇水后缩小。

▲指质量下降或数量减少。

——大陆典型搭配：衣服~、伞面织物~、蔬菜~、裤子~、外套~、毛衣~、衬衣~、羊毛衫~、天然纤维~

——台湾典型搭配：存款~、工作量~、利润率~、资产负债表~、市值~、销售量~、退年金~、5.1%（比率）~、薪资~、报酬~

通过对已知差异词的语料观察可以进一步证实上下文搭配在一定程度上可以很好地表现两岸同形词差异特征。两岸同形词的异义问题，可以从上下文搭配这一视角入手分析。

五　总结

本文结合语料库探索两岸同形异义词差异特征，对比差异表现、分析差异规律。首先整理两岸同形异义词词表，构建两岸平行语料库，为后续词汇差异的定量与定性分析提供基础。其次结合语料数据对比两岸同形异义词的差异表现，发现两岸同形异义词在语义、语法等方面呈现的差异常常与同形词的上下文搭配有关，搭配可以为词汇差异描写提供可供参考的依据，这一思路对两岸差异词自动发现和提取具有一定的借鉴意义。

参考文献：

［1］苏金智．海峡两岸同形异义词研究［J］．中国语文，1995（02）．

［2］苏金智．台港和大陆词语差异的原因、模式及其对策［J］．语言文字应用，1994（04）．

［3］蔡雨玲．海峡两岸同形异义词研究［D］．华东师范大学，2015．

［4］冀亚坤．海峡两岸同形异义词研究［D］．河北大学，2012．

［5］李行健．两岸差异词词典［M］．商务印书馆，2012．

［6］李行健．两岸常用词典［M］．高等教育出版社，2012．

［7］许嘉璐．两岸常用词典序［M］．高等教育出版社，2012．

［8］仇志群，范登堡．台湾语言现状的初步研究［J］．中国语文，1994（04）：254-261．

［9］刁晏斌．海峡两岸及港澳地区现代汉语差异与融合研究［M］．商务印书馆，2015．

［10］冯志伟．用计量方法研究语言［J］．外语教学与研究，2012，44（02）．

［11］蒋有经．海峡两岸汉语词汇的差异及其原因［J］．集美大学学报（哲学社会科学版），2006（03）．

［12］李行健．探索两岸词汇差异，促进相互交流［J］．语言文字应用，2016（03）．

［13］孙茂松，黄昌宁，方捷．汉语搭配定量分析初探［J］．中国语文，1997（1）：29-38．

[14] 李平. 当代海峡两岸词语差异比较研究 [D]. 黑龙江大学, 2002.

[15] 郑启五. 海峡两岸用语差异初探 [J]. 台湾研究集刊, 1989 (01).

[16] 李行健, 仇志群. 汉语文词典编纂的新课题——两岸合编语文词典的一些感受 [J]. 辞书研究, 2012 (06).

[17] 李行健, 仇志群. 两岸词典中差异词的界定及其处理——两岸合编语文词典中的新问题 [J]. 语言文字应用, 2012 (04).

[18] 莫盛男. 海峡两岸同形异义名词比较研究 [D]. 西南交通大学, 2017.

[19] 芮月英. 台湾与大陆汉语词汇差异比较 [J]. 镇江师专学报（社会科学版）, 1990 (02).

[20] 王凤. 两岸差异性词汇研究 [D]. 西南交通大学, 2015.

[21] 肖航. 语料库词义标注研究 [M]. 云南教育出版社, 2016.

[22] 许长安, 台湾语文观察 [M]. 九州出版社, 2015.

[23] 张世平, 李行健. 语言规划与两岸和平统一——兼论"一语两话"和"一文两体"观下的词典编纂 [J]. 语言文字应用, 2014.

再论国家语言服务

郭龙生

(教育部语言文字应用研究所)

一　引言

在屈哨兵先生的《语言服务引论》一书中，一共分五章讨论了语言服务问题。第一章谈的是语言服务资源，其中讨论了基于文字、语音、词汇、语法的语言服务和语言服务资源的发展前景。第二章讨论的是语言服务业态，包括语言服务产业、职业与行业。第三章谈的是语言服务领域，其中包括网络、广告商业、会展旅游、电信交通、体育医疗、法律灾异等领域及海峡两岸、香港、澳门的语言服务。第四章讨论的是语言服务层次，包括国际、国家、族际、方言/社区和家庭、个体语言服务。第五章谈的是语言服务效能，包括语言服务的工具效能、经济效能及效能的测评。

在《语言服务引论》第四章第二节"国家语言服务"中，作者分几个方面讨论了国家语言服务。第一，国家语言服务的规划。在"国家语言服务的规划定位"中，谈了国家语言服务的内涵、意义、主体、客体、时空范围、方式和程度；在"国家语言服务的规划内容"中，讨论了国家语言的翻译、教育、支持服务及特定行业的国家语言服务。第二，国家语言服务的性质。其中谈了国家语言服务的基础性、全局性、全民性、社会性、时代性与公益性。第三，国家语言服务的任务。其中提出了国家语言服务的总体任务与具体任务。国家语言服务的总体任务包括：（1）大力推广和普及国家通用语言文字；（2）推进语言文字规范化、标准化、信息化建设；（3）加强语言文字社会应用监督检查和服务；（4）提高国民语言文字应用能力；（5）科学保护各民族语言文字；（6）弘扬传播中华优秀文化；（7）加强语言文字法制建设。国家语言服务的具体任务包括：（1）推广普及；（2）基础建设；（3）督查服务；（4）能力提升；（5）科学保护；（6）文化传承。

二 国家语言服务重大进展管窥

无论是从国家语言服务的资源系统，从语音、文字、词汇、语法等维度来考察国家语言服务的进步，还是从国家语言服务业态系统，从国家语言服务的产业、行业或职业角度来考察国家语言服务的成就，抑或是从具体的语言服务领域，从网络、广告业、会展旅游、电信交通、体育医疗、法律灾异等领域以及港澳台的角度来考察国家语言服务的进展，再或是从不同层次的角度，从国际、国家、族际、方言/社区、家庭/个体等维度来考察国家语言服务的收获，都不是本文所能容纳得下的内容，这里仅仅以"首届中国北京国际语言文化博览会"为对象，通过解剖麻雀的方法来管窥近几年来国家在语言服务领域所取得的进展，希望能够管中窥豹，大致了解一下国家语言服务的成就。

仅从"首届中国北京国际语言文化博览会"的"语言论坛"[②]中即可见一斑。

（一）语言智能与产业发展

1. 科大讯飞发布史诗级的翻译神器，一机在手世界任我走
2. 构建语言服务创新体系　助力国家示范区发展
3. 中译语通2017新征程：打造大数据技术生态主引擎
4. 语言智能快速发展　人类迎接与机器人共处的时代
5. 科大讯飞新技术帮医生看片子

---

② 见"首届中国北京国际语言文化博览会"网页：http://www.bjybh.org/。

6. 第四届中国语言智能大会：为教育精准扶贫提供智力支持

7. 中文在线"文学+"战略多力齐发 二次元势不可挡

8. 首都师范大学开创智能教育与教育均衡发展新领域

9. "中译语通"亮相2016中国语言服务业大会 Yeekit 4.0正式发布

10. "多语言冠军挑战赛"全球说联合教科文组织推进语言保护

11. 科大讯飞刘庆峰谈AI战略：大投入布局大未来

12. 中文在线：二次元资产变现能力强

13. 语言智能让未来教育变得更"聪明"

14. 搜狗人工智能的核心是语言处理

15. 中译语通"轻应用"撬动语言服务科技升级

16. 国际多语言冠军挑战赛启动

17. 中译语通发布2017年最新技术成果，将技术生态向全行业开放

18. "译见"正式发布！中译语通CEO于洋详解"跨语言大数据"

……

（二）语言康复与人类健康

1. "听力万里行"走进广东

2. "耳朵跑"亮相奥森 羽毛球世界冠军邱子瀚助阵

3. 回归社会面临挑战与压力 听障儿童渴望开放社交康复平台

4. 湖北成立首个耳聋患者术后语言康复课堂

5. 人工耳蜗全覆盖 康复救助工程为听障儿装"耳朵"

6. 三星新应用能将emoji转化成简单的短语 以帮助失语症患者

7. 国际儿童言语康复高峰论坛在深圳举行

8. 《中国失语症语言评估量表》在京出版发行

9. 西门子听力中国：对中国充满信心，发布2020新战略

10. 听障儿童公益行动全面开启

11. 聋儿家庭语言康复训练

12. 研究证明：婴幼儿玩手机或致语言功能发育迟缓

13. 人工耳蜗使聋哑人彻底告别了无声世界

14. 儿童语言障碍≠自闭症 "儿童语言障碍评估系统"进行推广

15. 治疗儿童言语障碍，促进中国言语治疗行业发展

……

（三）工具书与文化传承

1. "一带一路"：开启"包容性全球化"新时代
2. 以数字撬动出版，用算法提升品质外研社基础英语分级体系
3. 翻译和词典编撰促进汉语教材各语种全覆盖
4. 外研社：架起"一带一路"语言互通的桥梁
5. 《新华字典》才是不折不扣的大 IP
6. 治愈当代文学的海外"失语症"
7. 近 80 个语种的各类国际汉语教材亮相昆明
8. 小字典 大文化——《新华字典》
9. 网络时代工具书的突围之策
10. 推进全民阅读 促进文化传播
11. 商务印书馆推出"现汉"等精品工具书数据库
12. 教科书的教科书，工具书的王国

……

三 国家语言服务的当下需求

2012 年，笔者在《论国家语言服务》一文中谈到国家语言服务的总体任务与具体任务，经过五年的发展，我们来了解一下国家当下语言服务的基本需求、国家语言服务当下的迫切任务与重要的历史使命是什么。

（一）《国家中长期语言文字事业改革和发展规划纲要（2012—2020 年）》

2012 年 12 月 4 日，教育部、国家语言文字工作委员会以教语用〔2012〕1 号文的形式发出《教育部 国家语委关于印发〈国家中长期语言文字事业改革和发展规划纲要（2012—2020 年）〉的通知》，正式发布《国家

中长期语言文字事业改革和发展规划纲要（2012—2020 年）》（以下简称《纲要》）。《纲要》中提出的国家中长期语言文字事业改革和发展的总体目标是：

到 2020 年，普通话在全国范围内基本普及，汉字社会应用的规范化程度进一步提高，汉语拼音更好地发挥作用……

《纲要》中提出的国家中长期语言文字事业改革和发展的七大主要任务的第一项任务就是"大力推广和普及国家通用语言文字"，具体内容包括：

1. 加大《国家通用语言文字法》的宣传教育力度……
2. 提高国家通用语言文字普及程度。到 2015 年，普通话在城市基本普及，在农村以教师、学生和青壮年劳动力为重点基本普及，汉字社会应用基本规范；到 2020 年，国家通用语言文字在全社会基本普及，全国范围内语言交际障碍基本消除。
3. 加快民族地区国家通用语言文字的推广和普及。加大宣传培训力度，积极稳妥推进双语教育。到 2020 年，少数民族双语教师达到国家通用语言文字教学要求，完成义务教育的少数民族学生能够熟练掌握国家通用语言文字。
4. 加大《汉语拼音方案》的推行力度……

《纲要》在"重点工作"中的"基础建设"部分提到了"语言国情调查"。说明：

开展语言国情调查。调查特定地区的语言文字使用情况，为地方经济社会发展提供政策支持……

（二）《国家语言文字事业"十三五"发展规划》

2016 年 8 月 23 日，教育部、国家语委发出《教育部 国家语委关于印发

〈国家语言文字事业"十三五"发展规划〉的通知》（教语用〔2016〕3号），发布《国家语言文字事业"十三五"发展规划》（以下简称《发展规划》）。《发展规划》中提出我国语言文字事业在"十三五"期间的发展目标为：

> 到 2020 年，在全国范围内基本普及国家通用语言文字，全面提升语言文字信息化水平，全面提升语言文字事业服务国家需求的能力，实现国家语言能力与综合国力相适应。

具体化为五大发展目标的第一个目标就是：

> 国家通用语言文字基本普及。全国范围内普通话基本普及，语言障碍基本消除；农村普通话水平显著提高，民族地区国家通用语言文字普及程度大幅度提高；国家通用语言文字教育体系更加完善，国民语言文字应用能力显著提升；社会用语用字更加规范。

我国语言文字事业在"十三五"期间的主要任务有五大任务十八项具体任务：

（一）普及国家通用语言文字
1. 大力提升农村地区普通话水平
2. 加快民族地区国家通用语言文字普及
3. 强化学校语言文字教育
4. 加强语言文字规范化建设

（二）推进语言文字信息化建设
5. 推动语言文字信息化技术创新发展
6. 加强语言资源建设
7. 建设语言文字信息化平台

（三）提高国家语言文字服务能力
8. 提高保障国家战略和安全的语言文字服务能力

9. 创新语言文字服务方式

10. 服务特殊人群语言文字需求

（四）弘扬传播中华优秀语言文化

11. 推进中华优秀语言文化传承发展

12. 科学保护各民族语言文字

13. 深化内地和港澳、大陆和台湾地区语言文化交流合作

14. 加强语言文化国际交流与传播

（五）完善语言文字工作治理体系

15. 加强语言文字法治建设

16. 完善语言文字规范标准

17. 健全语言文字测评体系

18. 强化重点领域语言文字监督检查

我国语言文字事业在"十三五"期间要完成的五大重点工程为：

（一）国家通用语言文字普及攻坚工程

（二）语言文字信息化关键技术研究与应用工程

（三）"互联网+"语言文字服务工程

（四）中华优秀语言文化传承与保护工程

（五）语言文字筑桥工程

（三）《国家语委"十三五"科研规划》

2016年9月5日，国家语委发出《国家语委关于印发〈国家语委"十三五"科研规划〉的通知》（国语〔2016〕1号），发布了《国家语委"十三五"科研规划》（以下简称《科研规划》），其中有六项重大研究专题，分别为：

1. 汉语汉字溯源及现代应用研究

2. 社会语言问题对策研究

3. 语言文字信息技术与应用研究
4. 语言文字应用能力标准研究
5. 语言文字使用状况调查
6. "一带一路"语言服务研究

《科研规划》中对"社会语言问题对策研究"的具体阐述为：

加强国家对重要社会语言问题的对策研究。重点开展针对社会快速发展带来的语言冲突问题，不同区域之间的语言文字协调问题，语言服务的能力与形式问题的研究，以及语言认同与国家认同、民族认同、文化认同之间的关系研究。

（四）《国家通用语言文字普及攻坚工程实施方案》

2017年3月14日，教育部、国家语委发出《教育部 国家语委关于印发〈国家通用语言文字普及攻坚工程实施方案〉的通知》（教语用〔2017〕2号），其中明确说明：

为贯彻落实《国家语言文字事业"十三五"发展规划》，确保"到2020年，在全国范围内基本普及国家通用语言文字"目标的实现，推动"国家通用语言文字普及攻坚工程"（以下简称普及攻坚工程）有效实施，制定本方案。

一、总体要求

（一）充分认识在我国普及国家通用语言文字的重要意义……

（二）高度重视基本普及国家通用语言文字在国家发展大局中的重要作用……

（三）准确把握普及攻坚工程的重点目标和主要任务。"十三五"期间，实现国家通用语言文字基本普及，是党中央、国务院为国家语言文字工作确定的首要目标……

综上所述，笔者认为，当下国家语言服务的首要任务与迫切需要完成的重要历史使命就是继续在全国范围内大力推广和普及国家通用语言文字。

四　国家语言服务的应对之策

（一）满足时代发展基本需求，切实实现工业化

所谓工业化，是指在一个国家的经济中工业所占比重不断提高以至于取代农业而成为经济主体的过程，简言之，即传统的农业社会向现代化工业社会转变的过程。工业化是现代化的基础与前提，高度发达的工业社会是现代化的重要标志。中国实现工业化的任务自提出以来，取得了重大的进展。但整体来看，我国的工业化任务尚未完成，总体仍处于工业化中后期阶段。工业化任务不完成，现代化就难以实现。因此，继续完成工业化，仍是我国现代化进程中重要而艰巨的历史任务。从人类社会发展的历史经验来看，世界上的发达国家多拥有一种统一的语言，至少在国家层面的交流与沟通基本没有什么障碍。一个国家民族语言的统一，是建立一个国家的统一市场、实现该国工业化的基本条件与重要标志。很难想象，语言无法交流与沟通会产生完善与成熟的工业化。因此，在我国目前尚未完全实现工业化的历史时期，中国语文现代化的时代使命，应该是在全国范围内大力推广和积极普及国家通用语言文字。

（二）普及国家通用语言文字，让数据变成现实

1. 国家通用语言文字在全国基本普及

从前文可知，无论是《纲要》还是《发展规划》与《科研规划》等，其中都明确提出并一再重申，到 2020 年在全国范围内基本普及国家通用语言文字，并要加强针对解决社会语言问题的对策研究。从中国语言文字使用情况调查结果可知，2000 年，我国能用普通话与人交谈的人口比例只有 53.06%，经过十年的发展，通过对河北、江苏和广西三个省区普通话普及情况的调查，得出的结论是，我国在 2010 年能够用普通话与人交谈的人口比例达 70% 以上。到 2020 年在全国范围内基本普及普通话的数据指标应是

80%以上。如何让数据变成现实，如何让不尽如人意的数据预期与推想变成国家通用语言文字的切实普及与无障碍的沟通与交流，是国家语言服务工作者当仁不让的历史使命与不可推卸的时代责任。

2. 广播电视"村村通"计划基本完成

国家新闻出版广电总局在国家广播电视媒体基本建设方面的规划是，到2020年基本实现广播电视的"村村通""户户通"。这是国家媒体规划的重要组成部分，也是对国家通用语言文字在全国范围内基本普及的重要推手与支撑力量。通过调查，我们了解到，人们学习普通话的重要途径之一就是通过广播电视来学习普通话。所以，我们期待着广播电视"村村通""户户通"计划的顺利完成与早日实现，这将成为国家通用语言文字在全国基本普及的有力的助推器与加速器，将会使国家通用语言文字的基本普及如虎添翼。

3. "推普"不限于"推普周"的需求

2017年9月，笔者有幸在中山音乐堂现场参与了我国举办的第20届全国推广普通话宣传周的开幕式。当场聆听了诸多与推广普通话有关的感人的事迹与经典作品的朗诵，也进一步明确了国家在"推普周"期间对国家通用语言文字推广普及的具体要求。"推普周"期间，全国各地纷纷开展相关的推广宣传活动。其中陕西省榆林市的子洲县在全县开展了有声有色的普通话推广与宣传活动。但是，无论是从全国范围而言，还是具体到一省和一县，普通话的推广均不能仅仅满足于一个星期七天的集中宣传与努力，而应该重在经常，体现在每日每地的日常语言生活之中。"推普周"的形式意义更大，主要是让广大的语言文字使用者树立推广普及和规范使用国家通用语言的意识，逐步努力通过各种科学、合理、合法的手段与途径来学习普通话，使自己具有规范使用国家通用语言的能力，并不断提高普通话的应用水平。就现状而言，推广普及国家通用语言"仍然在路上"。

4. "语保"工程为普及通用语言服务

从这几年国家开展的语言保护工程的进展情况来看，国内外形势一片大好，无论是联合国教科文组织等有关国际组织，还是国家语言文字工作委员会及各省语委办，尤其是诸多汉语方言与民族语文学者，都在很大程度上直接或间接地参与到了"语保"工程中来。语言普查有助于科学制定国家的语言政策及相关政策，国家建设中国语言资源有声数据库，旨在通过对该库的学术与行政开发，达到全面了解语言国情、科学制定语言规划、保存与开发国家语言资源、促进普通话推广、促进语言文字信息化、促进语言科学发展等目的（李宇明，2010）。可见，语言普查、语言保存与保护等一系列工作的最终目标是要为国家语言文字职能部门制定语言文字的方针政策和语言规划服务。从一系列国家规划角度来看，到2020年，在全国范围内要基本普及国家通用语言文字。从现在开始，要在三年左右的时间之内将国家通用语言在全国的普及率从2010年的70%提升10个百分点，使之到2020年时能够达到80%，可谓任重道远，谈何容易。中华人民共和国成立伊始，我国曾经开展过全国汉语方言和民族语言的大调查。汉语方言的调查为普通话推广打下了扎实的学术基础与人才队伍的基础，民族语言的调查则为彻底了解当时国家的语情以及培养民族语文人才打下了良好的基础。最近几年开展的"中国语言资源保护工程"是在中华人民共和国成立初期语言大调查基础上，在中国语言文字使用情况调查基础上开展的又一次全国范围的语言大调查，结合新时代的社会、政治、文化、教育、媒体、经济、科技等的发展特点，衷心希望汉语方言和少数民族语言的调查能够为推广普通话助一臂之力。从国家语言服务大局的发展所需来看，国家通用语言文字的推广与普及仍然是重中之重、当务之急。

（三）实现第一个一百年目标，打通"最后一公里"

1. 推广普及普通话任重道远，需要攻坚

"两个一百年"，是党的十八大报告中重申的奋斗目标，分别是：第一个一百年，到中国共产党成立一百年时全面建成小康社会的目标一定能实现；第二个一百年，即到中华人民共和国成立一百年时中华民族伟大复兴的梦想一定能实现。"能实现"是美好的愿望与理想，但我们想让这个目标必须实现，就需要做很多相关的工作。所以，第一个一百年目标要实现，从广大语言文字工作者角度来看，就首先要在全国范围内推广普及国家通用语言。2020年这个时间节点，距离我们并不遥远，因此，推广普通话可谓任重道远，需要攻坚。

2. 打通普及通用语的"最后一公里"

国家通用语言在全国基本普及的数据指标为 80% 以上。2010 年，全国普通话的普及率达 70% 以上，那么经过几年的发展与推进，普通话在全国的普及率达到了多少呢？现在不得而知。到 2020 年底要将普通话的全国普及率提升 10 个百分点，谈何容易。从普通话普及的地理区域来看，无法使用国家通用语言普通话与人正常或顺利交流的人，多分布在集中连片特困地区或农村、边疆民族地区，无论从时间还是地理空间角度来看，这无疑是国家通用语言推广普及的"最后一公里"。打通国家通用语言基本普及的"最后一公里"，需要广大语言文字工作者的共同努力，这也是国家语言服务的光荣使命。

3. 全面建成小康社会，一个都不能少

习近平总书记多次强调指出，开展精准扶贫，全面建成小康社会，全国 56 个民族一个都不能少。如何从语言文字事业发展角度出发，为国家分忧，通过我们的工作来造福国民，促进我国全面建成小康社会目标的尽快实现，为全面取消贫困县的设置、彻底在我国消灭贫困做出我们的贡献，是时代、国家和民族赋予广大语言文字工作者的历史使命与迫切要求。我们作为语言文字工作者，必须直面现实，放弃幻想，彻底解决问题，努力推广与积极普及国家通用语言，这样才能切实为全面建成小康社会贡献自己的力量与智慧。

随着我国国际地位的日益攀升，中国要在世界上做一个负责任的大国，旨在为建设和谐世界、人类命运共同体发挥越来越重要的作用，因此，我们必须统筹协调，安排好各个方面的工作。"一带一路"倡议的提出，对我国规划未来的国际发展发挥了极为重要的作用，其中对语言文字提出的诸多需求不言而喻。"一带一路"需要语言来铺路，但是，铺路需要的是什么语言、谁的语言以及需要什么程度的语言等问题，都是需要语言文字工作者来回答的。国家各行各业的发展对国家语言服务的需求与相互促进，也是我们必须关注的大问题。在当下国家大力开展精准扶贫，举国上下为了实现全面建成小康社会而努力的新时代，我们一定要统筹协调好各项工作，学会"弹钢琴"，让轻重缓急多重事业的快速发展共同演奏出国家腾飞的和谐乐章，共同描绘出国家语言服务的美好蓝图。

附注

1. 屈哨兵主编,《语言服务引论》,北京:商务印书馆,2016 年 8 月出版。
2. 见"首届中国北京国际语言文化博览会"网页:http://www.bjybh.org/。
3. 郭龙生,《论国家语言服务》,《北华大学学报》(社会科学版),2012 年第 2 期,第 12~19 页。
4. 参见李宇明,《论中国语言资源有声数据库的建设》,《中国语文》,2010 年第 4 期,第 356~363 页。

参考文献:

[1] 陈章太. 语言规划概论 [M]. 北京:商务印书馆,2016.
[2] 郭龙生. 中国当代语言规划的理论与实践 [M]. 广州:广东教育出版社,2008.
[3] 郭龙生. 论国家语言服务 [J]. 北华大学学报(社会科学版),2012 (2):12 - 19.
[4] 李宇明. 论中国语言资源有声数据库的建设 [J]. 中国语文,2010 (4):356 - 363.
[5] 屈哨兵. 语言服务引论 [M]. 北京:商务印书馆,2016.
[6] "首届中国北京国际语言文化博览会"网页:http://www.bjybh.org/.
[7] 许嘉璐. 语言文字学及其应用研究 [M]. 广州:广东教育出版社,1999.

近五年普通话水平测试研究概述

朱丽红

(教育部语言文字应用研究所)

一 引言

1994年10月,国家语言文字工作委员会、国家教育委员会、广播电影电视部发布《关于开展普通话水平测试工作的决定》(国语〔1994〕43号,也称"三部委《决定》"),以此为标志,普通话水平测试(Putonghua Shuiping Ceshi,简称PSC)在全国范围内正式实施。在工作领域,普通话水平测试从无到有,发展迅速,成为国家语言文字工作中的一项基本措施和重要抓手;在学术领域,普通话水平测试研究应国家推广普通话的工作之需而生,逐渐发展成为我国应用语言学学科的一个研究方向,为实践工作提供科学、规范、持续发展的保障和支撑。为全面了解和把握普通话水平测试研究的总体面貌,本文首先梳理已有的普通话水平测试研究综述。

王晖(2003)《1994年以来普通话水平测试研究概述》是目前所见的最早对普通话水平测试进行综述研究的论文。文章以1994年10月普通话水平测试正式开展至2001年7月全国的普通话水平测试研究情况为研究对象,从研究成果、研究者队伍、研究领域、具体研究课题几个方面进行了回顾。文中提出,"关于普通话水平测试的研究,并非肇始于1988年'普通话水平测试标准'课题立项之时,更不是开始于1994年三部委《决定》发布之后。普通话水平测试的提出是上世纪 80 年代初的事情"。这一观点在后来关于普通话水平测试历史发展的研究中得到了广泛认同。

其后，郑献芹（2006）发表了《2002—2004 普通话水平测试研究综述》，对 2002~2004 年普通话水平测试的研究概况、研究领域进行了论述。贺静坤（2008）《普通话水平测试研究综述》一文从九个方面对开展普通话水平测试工作 15 年来的研究情况进行了总结和评述。

2011 年，姚喜双等的《普通话水平测试概论》由高等教育出版社出版，其中第五章"普通话水平测试的研究概况"把普通话水平测试研究的起点追溯到 1980 年，具体分析中国知网（www.cnki.net）1980~2010 年的普通话水平测试研究文献，从总结性研究、研究领域、研究脉络、研究基础、研究展望五个方面进行了充分讨论。同年，该书第五章的执笔者聂丹发表《关于普通话水平测试研究走向的思考》，基于 1980~2010 年普通话水平测试 30 年研究成果的数量及分布，梳理和分析了普通话水平测试当前的研究状况及其在不同发展阶段的研究轨迹，该文还着力对普通话水平测试的未来研究走向提出设想和建议。

2012 年，聂丹的专著《普通话水平测试研究概说》由语文出版社出版。这本专题研究对中国知网 1982~2011 年的全部数据库进行了检索，获得 1335 篇普通话水平测试研究论文，从研究内容、发展脉络、发展方向几个方面进行了全面、细致的论述。

2016 年，褚程程发表《关于普通话水平测试研究现状的几点思考》，对 2012~2015 年普通话水平测试的研究概况进行描述，研究对象是中国知网中文数据库中这四年间有关普通话水平测试研究的 211 篇论文，并据此提出了一些思考。

以上研究成果构成比较连贯的时间链条，其中以聂丹的文献资料搜集最为全面，分析最为深入细致。虽然上述研究的时间节点已延伸到 2015 年，但本文在文献搜集过程中发现 2012~2015 年还有一些值得补充的研究成果。因此，本文将接续聂丹的时间节点，以 2012 年为起点，将截止时间推后到 2016 年，对近五年普通话水平测试研究的概况进行描述和分析。

二 2012~2016年普通话水平测试研究概况

(一) 总体特征

1. 延续和保持了较高的学术活力

本文以"普通话水平测试"为主题搜索了中国知网2012~2016年的文献,去掉自动搜索结果中不适合纳入研究范围的记录(比如重复发表、新闻报道、篇幅过短等),按照"期刊论文""博士论文""硕士论文""报纸""会议论文集"五个来源进行分类统计。另外,为尽量全面反映这五年来普通话水平测试研究的面貌,又从其他学术资源中搜索补充了部分图书信息。具体数据见表1。

表1 近五年普通话水平测试研究成果数量年度分类统计

年度	期刊论文(篇)	博士论文(篇)	硕士论文(篇)	报纸(篇)	会议论文集(篇)	图书(专著、教材)(部)	合计(篇/部)
2012	117	1	2	4	4	16	144
2013	118	2	3	9	3	30	165
2014	71	1	2	4	9	51	138
2015	75	0	6	4	0	25	110
2016	66	1	2	4	1	16	90
合计	447	5	15	25	17	138	647

参照中国知网的发文量总体年度趋势,普通话水平测试研究成果在2002年有大幅度增加,然后进入相对平稳的高峰期,2012~2016年共搜集到成果647篇(部),每年成果数量都在100篇(部)以上。

2. 研究内容丰富,热点突出

聂丹(2012)把普通话水平测试研究的内容分为13大类、8个研究领域,这些内容在近五年的研究成果中都得到了体现。以期刊论文来看,计算机辅助测试和信息化、普通话水平测试的界域研究、普通话培训和应试三个方面是研究的热点,三者各自成果数量大致均衡,总量约占期刊论文数量的 94%，三大研究内容的年度分布数据见表 2。

表 2　近五年普通话水平测试研究（期刊论文）的三大热点

单位：篇

年度	机辅测试和信息化	界域（地域、民族、群体）	教学、培训、应试
2012	22	50	33
2013	36	44	43
2014	21	26	19
2015	14	27	24
2016	16	23	24
合计	109	170	143
百分比	24%	38%	32%

3. 研究队伍和发表成果的阵地多样化

就研究者组成而言，直接参与普通话水平测试工作的研究人员、普通话水平测试员、相关管理人员是大多数，也有教育、新闻和传媒、计算机软件及应用等其他学科专业的研究者加入，近 50% 的研究成果发表在各级各类学报上，近 40% 发表在各类专业期刊上，《语言文字应用》在语言文字专业期刊中是最主要的发表阵地。主要数据参见表 3。

表 3　近五年普通话水平测试研究成果（期刊论文）的主要发表阵地

年度	各类学报	教育类期刊	语文类期刊	计算机、信息类期刊
2012	54	23	24	4
2013	57	23	12	5
2014	40	12	2	6
2015	38	13	2	4
2016	20	17	10	3
合计	209	88	52	22
百分比	47%	20%	12%	5%

（二）热点问题及代表性成果

1. 关于机辅测试和信息化的研究

国家语委从 2007 年开始逐步在全国范围内开展机辅测试试点工作，目前已基本实现"国家普通话水平测试全部实现计算机辅助测试，测试信息全部实现计算机系统管理"（教语用司函〔2010〕72号）的目标，现在每年参加普通话水平测试的考生中，约90%是参加机辅测试的。从全人工测试到部分测试项由机器评分，再到全面开展机器评分试点，网络技术和信息化成果的运用带来了普通话水平测试手段的重大变革。姚喜双等（2011）认为，"普通话水平测试活动是一个复杂系统，包含测试员、应试人、测试依据和测试手段等要素，这些要素互相联系、互相作用，共同构成一个完整的测试活动"。作为测试四要素中的一环，测试手段的变化会引起整个系统的变化，因此，关于机辅测试的研究涉及机辅测试的自动评测系统、信息管理系统、评分标准、测试员评测能力、测前培训等与机辅测试相关联的各个方面。

杨康（2013）的《计算机辅助普通话水平测试评测质量影响因素分析》在对2006~2012年评测数据进行比对后认为，辅测系统与人工评测整体质量保持一致，辅测系统的评测质量与计算机硬件无关，关键在于测试员的评测质量，复审方案也会对评测质量有一定的影响。李德龙（2014）的《计算机辅助普通话水平测试"命题说话"评分标准的比较与探索》从测试依据的角度，对比分析了湖北、安徽、江苏、吉林、陕西、内蒙古、广东、广西八省区采用的评分办法与国家测试中心下发的《计算机辅助普通话水平测试评分试行办法》，认为存在两类问题：一类是人工测试阶段遗留问题，另一类则是机辅测评产生的新问题。各省区的评分办法在细化和调整的过程中，在一定程度上偏离了国家标准，应及早解决遗留问题，以保证评分标准的一致性。周梅（2016）的《信息化背景下普通话水平测试管理制度研究》认为，考试安全性受到威胁、测试环境一致性差是普通话水平测试信息化阶段产生的新问题，测试的组织者和管理者需要厘清问题、寻找对策，保证普通话水平测试的质量与公平。

探讨改进和完善机辅测试系统，是这一时期机辅测试相关研究的重要主题。蒋欣欣（2013）的《论普通话水平测试信息管理系统的改进》针对当时所用的普通话水平测试信息管理系统在网上报名、费用支付、证书防伪等几个方面存在的不足提出了改进建议。张华等（2013）的《基于Hilbert-Huang算法的缺时检测问题的研究》探索了如何快速准确地对普通话水平测试的命题说话进行缺时检测的新算法。沈彩凤和俞一彪（2013）的《一种新的汉语连续语音声调评测算法》提出一种新的连续语音的声调评测算法，该算法可应用于普通话水平测试中的声调评测。张珑等（2014）的《汉语普通话水平测试中儿化音的自动检测与评价》在现有计算机辅助发音评测系统的框架下，深入分析儿化音的发音规律和声学特性，将儿化音的检测与评价转化成典型的分类问题进行处理，提出一种汉语普通话水平测试中儿化音的自动检测与评价方法。方永斌、魏刚（2015）的《语言信息处理与普通话水平测试语法研究》立足于语言信息处理对普通话水平测试的影响，重点阐述语法问题在普通话水平测试的计算机处理中的作用和地位，对目前普通话水平测试中存在的语法问题进行分析和探究。王兴忠（2016）的《普通话水平测试计算机辅助系统设置要点探讨》得到国家自然科学基金的支持，以 win7 专业版操作系统为例，结合测试站的具体情况，详细介绍了在普通话测试过程中，计算机辅助测试系统的具体安装与设置方法。这类成果反映了普通话水平测试研究的跨学科性特征，研究质量和发表成果的期刊层次都比较高，为提高机辅测试的科学性和实用性打开了思路。

2. 关于界域（地域、民族、群体）的研究

随着普通话水平测试工作的逐步推进，除《国家通用语言文字法》和《普通话水平测试管理规定》规定的应当接受测试的人员以外，有些省份还在其地方语言文字法律规章中把高等院校、中等职业学校的学生纳入了测试范围，还有些省份把公共服务行业人员也纳入了应试人员范围。与高校学生相关的研究是界域研究中数量最多的，面向不同行业、不同领域的普通话水平测试也进入了研究视野。边远地区、少数民族地区的普通话水平测试受到关注和重视。

邓敏（2012）的《窗口服务行业普通话继续教育培训的探索》以广西贵港市为例，分析窗口服务行业使用普通话的情况，提出方言区窗口服务行业继续教育中的普通话培训与测试的问题，探讨提高服务行业普通话水平的理念与措施。屠国平（2013）的《农村地区学校推广普通话工作现状与对策——基于对浙江省的调查》认为，农村学校教师的普通话水平偏低，普通话使用场合较少、范围较小，使用频率较低，国家对农村学校教师的普通话培训关注度不够，建议尽早实施农村地区推普规划，实现城乡推普一体化，建立农村地区学校推普工作长效机制。马丽红（2013）的《边疆少数民族地区高校普通话机测"说话"项应试问题及教学策略：以文山学院为例》、仁措吉（2014）的《藏族学生普通话学习中存在的问题及解决策略研究》等论文组成了各民族普通话水平测试研究的丰富画面。齐影（2013）的《香港推广普通话研究现状及思考》梳理分析了香港1980~2011年在语言规划、普通话教学、普通话课程设置及实施、普通话教材、普通话教师、普通话水平测试、普通话推广手段等诸多方面取得的研究成果。吴月芹（2015）的《视障者普通话水平测试研究》介绍了在国家普通话测试大纲的原则的基础上，结合视障者实际情况，编制盲文试卷和适合低视力者的大字试卷的情况，提出面向视障人群的普通话水平测试规程、评分细则的建议。乔丽华等（2016）的《在校大学生、中职生普通话水平测试推进工作成效、问题与思考》通过对在校大学生、中职生普通话水平测试工作推进状况的分析，为高校、中职校普通话水平测试工作的进一步完善提出意见与建议。朱丽红（2016）的《中小学生普通话水平测试研究》提出，开展中小学生普通话水平测试研究可以从五个方面着手：以等级标准和测试大纲研制为研究重点；充分借鉴和利用普通话水平测试的成果；注重与语文课程标准结合；进一步细化应试群体；注重现代信息技术的应用。

以上论文反映了普通话水平测试在多个领域、不同人群中的发展状态，丰富了普通话水平测试界域研究，是普通话水平测试界域研究的重要补充。

3. 关于普通话教学、培训、应试的研究

开展普通话水平测试工作的出发点和目标是"以测促训，以训保测"，同时又因为普通话水平测试是作为一个评价和选拔工具存在的，有考试就有应试，因此，面向考生的普通话教学和应试培训类研究从测试开展伊始就处于持续高温状态。教学、培训及应试研究的成果可以分为三大类：首先是教材，其次是关于培训课程的研究，最后是各类具体的教学方法探讨和应试技巧培训，覆盖了教材、教师、教学法"三教"问题。

普通话培训教材是图书类研究成果的大户，约占其中90%的分量。普通话水平测试研究的教材类成果一般都以普通话水平测试国家指导用书《普通话水平测试实施纲要》为蓝本，结合所在地区、行业的特征来编写。

作为普通话水平测试的具体实施机构,不少省市的普通话培训测试中心积极承担起了培训职责,组织编写了一批既符合国家统一要求,又适用于本地实际的培训用书。由于国家对普通话水平测试的形式、内容、等级标准及评分、测试组织等方面有统一要求和规范,教材的创新空间有限,因此,教材的重复性比较高。相对于更早一些的教材,这一时期教材方面主要的变化是因应机辅测试的实施补充了相应的内容。

以教材为研究对象的代表性成果如下。王彩豫等(2012)的《普通话测试教材研究》以 1994 年开展测试以后 17 年间的 44 本教材为研究对象,对教材的形式、内容、结构特点、学术质量等进行了较为深入的分析、探讨,并对这类教材的编写提出了一些看法,建议在教材的教学性、教材的个性化以及教学理论方法的革新性、教学内容和教学方法的现代化等方面加强研究。韩佳蔚(2013)的《对普通话课程教材现状的反思》批评多数教材以普通话水平测试《大纲》和《纲要》为指南,向应试培训倾斜,导致课程定位出现偏差,教材知识结构片面地以语音教学取代语言教学的丰富内涵,教材对实践教学设计不足。李超(2014)的《广西推普教材的比较研究》分析了三种教材的得与失,提出了编写符合广西这个多民族聚居地区的语言实际的普通话教材的建议。

关于培训课程的研究,湖南的多位研究者得到湖南省教育科学"十二五"科研规划的资助,在普通话课程化培训模式创建、高职院校普通话教学多元模式创建、普通话培训信息网络化平台建构、普通话水平测试培训课程的管理主体、普通话水平测试培训课程的施训主体、普通话水平测试培训课程评价体系等多个论题上进行了研究,发表论文 10 余篇,表现出明显的集团优势。杨颖(2013)的博士学位论文《普通话水平测试培训课程研究》在历史梳理和现状分析的基础上,借鉴建构主义理论,提出了普通话水平测试培训课程的常规改良、层级分类、合作互助、条块分割、内涵拓展五种教学模式,是这一时期对普通话水平测试培训课程最为全面系统的研究。

关于教学方法和应试技巧的研究,由于论题来自教学和培训一线的实际需求,有对象上的特定性和针对性,一般都比较具体,以教师面向教学对象在具体的测试项目、应试心理等方面给出建议为主。

在这类热点研究中值得注意的是，有部分研究尝试跳出普通话水平测试的圈子，强调全面的语文素养和语言文字应用能力，代表性的研究成果有：孙和平（2012）的《以普通话水平测试工作为抓手，提升师生语言文化素养》、徐珠君（2013）的《提高大学生母语素养的探索与实践——基于普通话培训与测试视角》、陈晓云（2014）的《高职院校的普通话水平测试与学生口语表达能力培养》、刘传清等（2015）的《基于普通话测试的大学生普通话口语表达流畅度研究》、张宁（2016）的《基于普通话水平测试谈大学语言能力教育》等。虽然研究数量不多，但值得肯定和鼓励，因为从长远来看，提高国民的语言文字运用能力也是普通话水平测试的目标之一。

（三）主要突破性进展

纵观从王晖（2003）到聂丹（2012）的综述性研究，可以把普通话水平测试研究需要加强或改进的问题概括为以下几个方面：第一，学科基本理论和方法论研究；第二，普通话水平测试本体研究（历史、手段、依据、功能等）；第三，比较研究；第四，测试资料的积累、整理和开发利用研究；第五，普通话本体研究（语音、词汇、语法等）。2012～2016年在这几个方面的进展并不均衡，相较而言，学科基本理论建设方面取得了突破性进展，主要体现为以下几部代表性专著。

聂丹（2012）的《普通话水平测试研究概说》是关于普通话水平测试研究的研究成果，对普通话水平测试研究的学科定位、基本领域、发展脉络、理论来源、发展方向进行了探讨，是对2012年以前的成果所做的最为全面细致的研究概述。

王晖（2013）的《普通话水平测试阐要》按内容分为"史论""理论""实践"，姚喜双教授评价说，"这种以史论为基础，以理论为先导，以解决实践问题为旨归的设计，显示出作者开阔的学术视野，这在现有的同类著作中还不多见"。《中国社会科学报》以《为普通话水平测试提供有效方法——〈普通话水平测试阐要〉评介》为题，对该书进行了专门推介，认为"该书集实践探索和理论研究于一体，为普通话水平测试提供了方法论"，"是一部很有特点的普通话水平测试研究专著"（刘玥妍，2015）。

韩玉华（2014）的《普通话水平测试发展历程》是第一部对普通话水平测试历时发展进行系统研究的专著，主要内容包括语言规划与普通话推广、普通话水平测试的酝酿研制阶段、普通话水平测试的组织实施阶段、普通话水平测试的发展创新阶段、境外普通话水平测试、普通话水平测试的发展趋势，是目前最为全面的普通话水平测试发展史研究。

姚喜双等（2014）的《普通话水平测试常用术语》是普通话培训测试的专科性工具书，主要内容包括普通话推广类、普通话语音类、普通话水平测试类、语言类和测量类五个方面的名词术语共408条，在编排上，前三类归为"普通话水平测试常用术语"315条，后两类归为"普通话水平测试参考术语"93条。该书第一次对普通话水平测试研究中的术语进行了列举、归纳和解说，进一步廓清了学术界域，建立了学术话语体系。

这几部著作上承2011年出版的《普通话水平测试概论》，是姚喜双教授带领的研究团队致力于普通话水平测试理论体系建设的部分成果，不论是研究选题还是研究组织形式，都提供了普通话水平测试研究的成功经验，值得借鉴和推广。

三 存在的问题和研究展望

（一）存在的问题

（1）研究内容分布不平衡。尽管研究主题广泛，但过于集中，冷热不均，高质量研究成果不多。关于普通话的本体研究、普通话口语能力研究、普通话水平测试作为评价工作的测量学研究、普通话水平测试的使用研究、普通话水平测试与其他大规模语言测试的对比研究等仍然少有涉及，缺乏佳作。普通话水平测试开展以来，已积累了超过5500万人次的海量语音数据，这些语料是活生生的普通话共时语音记录，如何使这些宝贵的语言资源的价值在大数据时代得到最大化的释放，也是有待深入研究的重要课题。

（2）研究方法和手段比较单一。大量的研究成果仍然主要以经验总结、教学设计等形式来表达，基于量化统计和分析的研究不多，数量和质量都有待增加和提高。缺乏对语料库、统计分析工具的运用仍然是普通话水平测试研究中的不足。

（3）研究视野相对封闭。目前的普通话水平测试研究主要局限在自给自足的内部研究，对其他语言测试的关注、对比和借鉴不够，对语言能力、母语能力等更高层面的讨论以及彼此之间的关系的讨论比较欠缺。

（二）研究展望

（1）现有研究热点会持续。随着机辅测试试点全面铺开，机辅测试成为普通话水平测试的常态化工作形式，先期开展试点的地区在实际应用中积累了经验，发现了问题，提出了改进建议；刚开始试点的地区在接受新事物的过程中不断探索保证测试质量、提高测试效率和管理水平的途径；部分地区开始试点所有测试项都由机器自动评测。处在不同发展阶段的机辅测试会不断有新的研究素材加入，总是有研究论题，可以预测这个研究课题是一个不断向前滚动的大雪球。界域研究方面，随着工作的推进，面向视障人群、面向中小学生、面向海外人群的普通话水平测试都将成为研究课题。

（2）宏观研究课题会有所增加。普通话水平测试是国家语言文字工作的一部分，相关语言文字政策法规或语言文字规范标准的修订、颁布会对普通话水平测试产生影响，比如《通用规范汉字表》的发布、新时期普通话审音工作、《普通话水平测试实施纲要》的修订，会生发新的研究课题，涌现新的研究成果。

四 结语

作为国家语言文字事业的重要组成部分，普通话水平测试从 1994 年正式启动至今，尚属弱冠，方兴未艾；作为语言学及应用语言学的一个分支学科，普通话水平测试的研究已届而立之年。苏培成（2010）的《当代中国的语文改革和语文规范》认为新时期（1986～2000 年）的普通话水平测试工作"进展迅速，但基础建设、管理和科研工作尚有待提高"。李宇明（2016）主编的《当代中国语言学研究：1949—2015》认为普通话水平测试

"研究成果非常可观"。不同的评价反映出普通话水平测试研究在不同的发展阶段的实际情况和不断前进的脚步。作为一项开创性的国家通用语口语测试,普通话水平测试研究将会以其不断积淀的学术成果在应用语言学研究领域逐渐占有一席之地。

参考文献:

[1] 陈晓云. 高职院校的普通话水平测试与学生口语表达能力培养 [J]. 湖北广播电视大学学报, 2014 (4).

[2] 褚程程. 关于普通话水平测试研究现状的几点思考 [J]. 考试研究, 2016 (3).

[3] 邓敏. 窗口服务行业普通话继续教育培训的探索 [J]. 成人教育, 2012 (5).

[4] 方永斌, 魏刚. 语言信息处理与普通话水平测试语法研究 [J]. 红河学院学报, 2015 (1).

[5] 韩佳蔚. 对普通话课程教材现状的反思 [J]. 文教资料, 2013 (2).

[6] 韩玉华. 普通话水平测试发展历程 [M]. 北京: 语文出版社, 2014.

[7] 贺静坤. 普通话水平测试研究综述 [J]. 鲁东大学学报 (哲学社会科学版), 2008 (6).

[8] 蒋欣欣. 论普通话水平测试信息管理系统的改进 [J]. 南昌教育学院学报, 2013 (10).

[9] 李超. 广西推普教材的比较研究 [J]. 语文学刊, 2014 (9).

[10] 李德龙. 计算机辅助普通话水平测试"命题说话"评分标准的比较与探索 [J]. 语言文字应用, 2014 (3).

[11] 李宇明. 当代中国语言学研究: 1949—2015 [M]. 北京: 中国社会科学出版社, 2016.

[12] 刘传清, 戴子卉. 基于普通话测试的大学生普通话口语表达流畅度研究 [J]. 三峡论坛 (三峡文学·理论版), 2015 (6).

[13] 刘玥妍. 为普通话水平测试提供有效方法——《普通话水平测试阐要》评介 [R]. 2015 - 11 - 20, http://www.cssn.cn/yyx/yyx_slqh/201411/t20141126_1416805.shtml.

[14] 马丽红. 边疆少数民族地区高校普通话机测"说话"项应试问题及教学策

略——以文山学院为例［J］．文山学院学报，2013（6）．
[15] 聂丹．关于普通话水平测试研究走向的思考［J］．语言文字应用，2011（2）．
[16] 聂丹．普通话水平测试研究概说［M］．北京：语文出版社，2012．
[17] 齐影．香港推广普通话研究现状及思考［J］．语言文字应用，2013（2）．
[18] 乔丽华，等．在校大学生、中职生普通话水平测试推进工作成效、问题与思考［J］．语文建设，2016（9）．
[19] 仁措吉．藏族学生普通话学习中存在的问题及解决策略研究——以青海民族大学藏族学生普通话测试为例［J］．时代文学（下半月），2014（12）．
[20] 沈彩凤，俞一彪．一种新的汉语连续语音声调评测算法［J］．声学技术，2013（4）．
[21] 苏培成．当代中国的语文改革和语文规范．［M］．北京：商务印书馆，2010．
[22] 孙和平．以普通话水平测试工作为抓手，提升师生语言文化素养［J］．咸宁学院学报，2012（4）．
[23] 屠国平．农村地区学校推广普通话工作现状与对策——基于对浙江省的调查［J］．绍兴文理学院学报（教育教学研究），2013（2）．
[24] 王晖．1994年以来普通话水平测试研究概述［J］．语言文字应用，2003（2）．
[25] 王晖．普通话水平测试阐要［M］．北京：商务印书馆，2013．
[26] 王彩豫，等．普通话测试教材研究［J］．湖北师范学院学报（哲学社会科学版），2012（5）．
[27] 王兴忠．普通话水平测试计算机辅助系统设置要点探讨［J］．计算机时代，2016（5）．
[28] 吴月芹．视障者普通话水平测试研究［J］．现代特殊教育，2015（2）．
[29] 徐珠君．提高大学生母语素养的探索与实践——基于普通话培训与测试视角［J］．宁波大学学报（教育科学版），2013（5）．
[30] 杨康．计算机辅助普通话水平测试评测质量影响因素分析［J］．考试研究，2013（5）．
[31] 杨颖．普通话水平测试培训课程研究［D］．湖南师范大学，2013．
[32] 姚喜双，等．普通话水平测试常用术语［M］．北京：语文出版社，2014．
[33] 姚喜双，等．普通话水平测试概论［M］．北京：高等教育出版社，2011．
[34] 张宁．基于普通话水平测试谈大学语言能力教育［J］．语文建设，2016（21）．
[35] 张华，等．基于Hilbert-Huang算法的缺时检测问题的研究［J］．沈阳师范大学学报（自然科学版，2013（1）．

［36］张珑,等.汉语普通话水平测试中儿化音的自动检测与评价［J］.声学学报,2014（5）.

［37］郑献芹.2002~2004普通话水平测试研究综述［J］.新乡师范高等专科学校学报,2006（4）.

［38］周梅.信息化背景下普通话水平测试管理制度研究［J］.河南教育学院学报（哲学社会科学版）,2016（3）.

［39］朱丽红.中小学生普通话水平测试研究［J］.现代中小学教育,2016（3）.

印度的语言规划和语言政策探析

赵成新

（河南大学研究生院）

1　印度基本情况

1.1　印度国家概况

"印度"，梵文的意思是"月亮"，中文名称是唐代高僧玄奘所著《大唐西域记》中的译法，在这以前称"天竺"。

印度面积 298 万平方公里，居世界第七位。印度的首都是新德里（New Delhi），位于德里西南，是德里的新城。印度位于亚洲南部，是南亚次大陆最大的国家，与巴基斯坦、中国、尼泊尔、不丹、缅甸和孟加拉国为邻，濒临孟加拉湾和阿拉伯海。印度分为德干高原和中央高原、平原及喜马拉雅山区三个自然地理区，属热带季风气候。印度的人口为 13.26 亿人（2016 年统计），仅次于中国，居世界第二位。其中 72% 为印度－雅利安人，25% 为达罗毗荼人，3% 为其他种族。

古印度是世界四大文明古国之一。公元前 2500 年至前 1500 年创造了古印度文明。公元前 1500 年左右，原居住在中亚的雅利安人的一支进入南亚次大陆，征服当地土著，建立了一些奴隶制小国，确立了种姓制度，婆罗门教兴起。公元前 4 世纪崛起的孔雀王朝统一印度。1600 年，英国侵入莫卧儿帝国，建立东印度公司，1757 年以后逐步沦为英国殖民地。1947 年 8

月 15 日，印度独立。1950 年 1 月 26 日，印度共和国成立，为英联邦成员国。

印度是个民族、宗教众多，文化各异的国家，是世界上"保存最完好"的"人种、宗教、语言博物馆"。

印度是一个由印度斯坦、泰卢固、孟加拉、泰米尔、马拉地族、古吉拉特族、加拿达族、马拉亚拉姆族、旁遮普族、阿萨姆、奥里萨族等约 100 个民族组成的多民族国家。

印度也是一个宗教色彩非常浓厚的国家，是众多宗教的发源地，几乎能在印度找到世界上所有的宗教，被称为"宗教博物馆"。全印度约有 80% 的人口信仰印度教，其他的主要宗教团体还有伊斯兰教（信徒占人口的 13.4%）、锡克教（信徒占人口的 1.9%）、耆那教，又因早期叙利亚基督教的传入和近现代受到英国殖民统治，基督教比较盛行，基督教徒约占总人口的 2.3%。佛教起源于印度，如今在印度的影响力比较小，佛教徒约占总人口的 5%，但佛教的传播对印度周边的国家有相当大的影响。

据 1991 年统计，印度人所操语言的比例依次为：印地语（39.85%）、孟加拉语（8.22%）、泰卢固语（7.80%）、马拉地语（7.38%）、泰米尔语（6.26%）、乌尔都语（5.13%）、古吉拉特语（4.81%）、卡纳达语（3.87%）、马拉雅姆语（3.59%）、奥里雅语（3.52%）、旁遮普语（2.76%）、阿萨姆语（1.55%）、信德语（0.25%）、尼泊尔语（0.21%）、曼尼普尔语（0.15%）、克什米尔语（0.09%）、梵语（0.01%），以及一些使用者不足 100 万人的语言。

1.2　印度古代语言的演变历史

印度可以考证的历史有 4000 多年。4000 多年来，印度语言文化传统的形成和发展，大体上经历了三次重大的演变。

（1）古代的梵语文化（约公元前 2000 年至公元 13 世纪初）

公元前 2000 年，今印度和巴基斯坦地区的原住民主要是达罗毗荼人和高尔人，他们主要使用泰米尔语、泰卢固语和坚那利语等语言，隶属达罗毗荼语系，曾创造了发达的古印度文明。

由于中亚地区的游牧民族——雅利安人的入侵，原住民达罗毗荼人和高尔人被赶到印度的南方居住。雅利安人则住在北方，他们用最古老的雅利安人的语言写出了《吠陀》本集，梵语（Sanskrit）一词本指"意愿、纯洁、完整、神圣"之意，是一种经过修饰的讲究语法规范的、高深典雅的书面语言，当时只有学者和僧侣懂得。雅利安人说的梵语是一种俗语，与书面梵语有一定距离。古代梵语俗语主要流行于印度西北地区，其他地区则通行梵语的书面语，主要是上层人物及文人学士使用。

梵语书面语与俗语之间的差距越来越大，终于成为一种死语言，但梵语文化在伊斯兰教进入印度之前的 2000 多年间是印度的主流文化，而且是现代印度文化的一个直接源头。

（2）中世纪的波斯-阿拉伯语文化与梵语文化并存（13 世纪初至 19 世纪中叶）

从 671 年穆斯林首次在印度信德省登陆，到 1026 年在印度德里建立第一个伊斯兰政权，印度的梵语文化受到来自中亚伊斯兰文化的挑战。特别是 16 世纪初期，印度的穆斯林建立了莫卧儿帝国，几乎统一了整个印度。穆斯林的语言和文化在印度次大陆迅速传播。穆斯林使用的波斯语，是当时印度次大陆统治者的日常用语，也是莫卧儿王朝的行政、法庭和贸易用语。作为官方语言，波斯语的地位日益提高，掌握波斯语言文化已成为从事公职、步入宫廷的必备条件。波斯语还是诗歌等文学的语言。

波斯-阿拉伯语言文化的崛起，并没有造成印度古代梵语文化的泯灭，只是波斯-阿拉伯语文化多用于官方，梵语文化多用于民间。梵语文化的发展极其缓慢，梵语印度教中吸收了不少阿拉伯语的伊斯兰教因素。在印度次大陆的历史上，曾多次出现异族入侵，每次入侵的结局都是文化融合。但这一次与众不同，穆斯林摧毁了印度北部几乎所有婆罗门教和佛教的僧院，波斯-阿拉伯语文化始终保持着自己独立的地位，并成为古代梵语文化强有力的竞争对手，这一切又成为 1948 年"印度巴基斯坦分治"的一个重要根源。

（3）殖民时期的英语文化（19 世纪中叶至 20 世纪中叶）

印度沦为英国殖民地，一般以 1757 年的普拉西战役为起点，到 19 世纪中叶，印度三分之二的领土由英国人直接统治，被称为"英属印度"。英国的殖民掠夺，给印度人民带来了巨大的灾难，并且使不列颠统治下的印度斯坦同自己的全部古代传统，同自己的全部历史，断绝了联系。

随着英国殖民统治的巩固和英国文化的引进，印度传统语言文化受到极大挑战，英语成为法定的高等院校教学语言，成为传播基督教、引入西方文化的媒介，成为获取政府职位、其他文职、邮政和铁路系统职位的一个必备条件。

1.3 印度古代语言文化的突出特征

（1）注重收藏和保护宗教经文。全社会投入了大量的时间、人力、物力等资源，设有世袭的祭司职位，用来保护和存储宗教经文文献。通过识字和书写的方式传递这些文献。人们认为，上帝之言神圣不可改变，通常保留在经书之中，所以经书的语言必须保持纯洁。

（2）梵语与口语脱节。古代印度有权阅读、书写梵文的，只限于雅利安人的最高种姓——婆罗门，而最低种姓"首陀罗"以及贱民或异教徒，甚至无权听到梵语。这样，梵语书面语的使用范围越来越窄，梵语新词不是从民众生活口语中产生的，而是出自学校中闭门造车式的专门讨论。梵语终于成为一种与现实民族语脱节的死语言。

（3）双语体。双语体指的是一种语言的语词有文言和白话之分，或有书面语和口语之分，或有高雅语体和低俗语体之分。印度大多数语言都有双语体。双语体非常适合印度语言文化的需要，双语体中的高雅语体是保持语言纯正和语言规范的一种方式；低俗语体则体现了语言的多样性，能够容忍多语现象，可以不受语言规范的约束。

1.4 印度的印地语现状

印地语是印度使用人数最多的语言，属于印欧语系中印度-伊朗语族的印度语支，主要分布在中部和北部，包括德里中央直辖特区、北方邦、中央邦、比哈尔邦的某些地区、拉贾斯坦邦一部分地区、哈里亚纳邦等地区。

印度在实现政治独立后，希望实现文化独立，因此，用本土语言取代英语在国家社会中的作用，重拾民族的自信和实现民族语言发展就成为印度民族主义者的一个诉求。然而在使用何种语言作为印度的民族共同语的问题上，各语族之间产生了巨大的分歧。由于印地语群体在印度人数众多，因此该语族认为印地语应该当之无愧地承担整合印度语言和文化的责任。

1950 年宪法中就明文规定印地语为印度的官方用语，英语的官方用语地位只有 15 年。这一规定实际上使印地语成为印度第一语言，其他本土语言被降到次要地位。

但在非印地语民众的眼中，印地语民众通过各种措施来抑制其他本土语言在国家中的地位和影响力，限制其他语言的使用范围，甚至把印地语凌驾于其他语言之上的做法，实质就是"印地语帝国主义"、"语言专制主义"和"文化沙文主义"。特别是在南部四邦骚乱越演越烈。1965 年当政府正式确定印地语为国语时，全印度爆发了大规模的骚乱、罢工、示威游行。因此，印度政府在 1965 年 1 月 26 日颁布《官方语言法》。该法发布声明：鉴于印地语取代英语的条件尚未成熟，决定印地语成为官方语言后，英语继续作为联邦和议会的联系语言（Associate Official Language）。

印地语自 1965 年 1 月 26 日正式定为官方语言。印度政府为了在全印度推广印地语花费了巨大的财力、物力，可是其结果仍不理想：印地语仍主要是印度北方及西北部使用的邦官方语，其他各邦仍旧很少有人操印地语。在印度东部与南方几个邦内甚至仍拒绝使用印地语。全印度普遍使用的交际语言仍然是英语。所以至令，印地语仍无法在全印度得到普遍的重视和应用。

1.5 印度英语的现状

由于连年的战争，印度莫卧儿王朝国势大衰，这给西方殖民者提供了可乘之机，经过 100 多年激烈的竞争，英国取胜。1857 年，整个印度次大陆完全沦为英国的殖民地。英国殖民者为了强化在印度的统治，便强行推广英语，他们到处建立英语学校，大量培养会讲英语的人才，给予高薪待遇，并规定在政府内求职者必须讲英语。从此，英语便在印度次大陆上迅速广泛地传播开来。至 1947 年印度独立之初，英语基本上已被广大印度国民所接受，成为全印度各邦通用的语言工具。在印度独立之后的宪法中曾写明：英语 15 年后将被取消官方用语的地位，印地语将成为唯一的全国通用的语言。可是，15 年后英语非但没有取消，反而得到进一步的发展。

尽管印度独立之后，取消英语的运动此起彼伏，在印度北方的几个邦内，虽然时常发生反对使用英语的运动，可是用英语教授学生的学校如雨后春笋般出现。目前全印度共有3000多个英语口语速成班在开课，给越来越多的要求讲英语的公民提供提高英语水平的机会。每年全印度售出的英语自学教材逾百万册。今天，印度政府的文件，马路上的指示牌，商店的招牌、广告，越来越多地被英语所代替。

英语在印度的重要性在不断增强，究其原因，有以下两个方面。

（1）客观形势发展的需要，使人们对英语有了新的认识。印度尼赫鲁大学一位教授在谈到印度英语的地位与发展前景时说："印度现在离不开英语，离开英语印度就要倒退，全印度现在只有靠英语才能交流，而不是印地语。再说，今日科学技术日新月异，国际上的科学技术及文化交流更需要英语，我们不能用狭隘的民族主义眼光去看待英语。"目前，印度普通的青年人，包括来自印地语的故乡——北方邦的大学生们，对英语所持的态度与他们的父辈不同，他们说："印地语是我们的家乡语，我们热爱它、使用它。但是，从目前国际国内发展的趋势看，英语的使用要比印地语广泛得多，这个事实，我们不得不承认。所以，我们觉得学习英语、使用英语，对国家与个人都没有坏处，只有好处，我们何必去反对学习和使用英语呢？"

（2）英语给印度带来了很大的好处

首先，在对外贸易上，由于印度人能熟练地运用英语，外商很愿意与印度人谈生意，也愿意雇用印度人与他国进行贸易洽谈。

其次，西方的企业家和一些国际组织也很愿意在印度投资设厂和建立科研机构，他们认为，由于印度人英语过关，在语言上不需要再进行培训，平时与技术人员及工人的交往也方便得多。例如，联合国的生物遗传工程研究所。

最后，在当今的信息时代，世界先进的科学技术资料大多用英语写成，而印度大学毕业生的英语基本功都很扎实，能较自由地用英语交谈，能熟练地使用英语资料，因而他们获取科技信息要比中国的同龄人快得多。这也是印度IT业居于世界领先地位的一个重要因素。

2 印度的语言规划和政策

2.1 印度在语言政策上遇到的难题

印度独立之后，开始把清理殖民语言作为民族复兴的一项重要任务。但印度在实施语言政策的过程中遇到了一些挫折，这主要包括以下三个方面。

（1）苏联语言政策模式的水土不服

印度独立之际，大多数人认为，殖民语言英语不适宜再充当独立后的印度官方语言，但用哪种语言来取代英语、如何取代，尚不清楚。语言问题是宪法涉及的一项内容，当时印度成立了一个语言委员会，对语言问题进行调研，提出大体采用一种改造过的"苏联语言政策模式"。表面看来，该模式似乎是平均主义的，是多语的，但实际并不适合印度，该模式忽略了印度语言文化的特点，忽略了印度人的语言态度和语言文化的巨大势力，特别是在印度本土根基深厚的双语体倾向。

（2）推行宪法规定的官方语言时遇到障碍

1949年11月26日，印度制宪会议通过了《印度宪法》（生效期为1950年1月1日），其中第17篇为《官方语言文字法》。关于印度的官方语言，该法第342条第1款规定，联邦的官方语言是以"天城体"字母书写的印地语；明确提出15年内以印地语全面取代英语的目标（342条第2款）。

宪法公布后，在印度中北部的印地语区，印地语得到充分的发展，但在印度其他非印地语区，不断发生一系列语言问题，甚至引发激烈的语言冲突，因此印度政府在1965年1月26日颁布《官方语言法》。该法发布声明：鉴于印地语取代英语的条件尚未成熟，决定印地语成为官方语言后，英语继续作为联邦和议会的联系语言。

（3）语言邦运动

印度非印地语诸民族在反对政府推行国语——印地语的同时，地方民族主义情绪高涨，许多地区开展了"语言邦运动"，就是按照语言原则，重新划分省邦界限。1953年10月，印度第一个语言邦——泰卢固语安得拉邦宣告成立。从此以后，在全国展开了一场争取建立语言邦的运动。印度语言邦的建立，是中央政府为缓解地方民族语言紧张关系、平息民族骚乱、稳定民族情绪而采取的行之有效的让步措施；但过分突出地方语言，则有可能助长邦一级产生分裂的民族情绪，同时也削弱中央政府与地方邦以及各邦之间的联系，对印度统一的多民族国家的建设产生一定的消极影响。

2.2 印度语言规划的发展阶段

印度独立后的语言规划经历了三个阶段。

第一阶段，限制和取代英语。这一阶段始于 1950 年。印度宪法除规定了官方语言和规划语言外，还明确提出 15 年内以印地语全面取代英语的目标。过渡期间，英语作为辅助语言继续使用。但是，印地语作为国家的官方语言，遭到了南方达罗毗荼语系各邦的强烈反对。在南方，只有万分之二的人口说印地语，他们认为选择印地语会大大伤害其他民族语言使用者的感情，也会影响他们在社会中的发展前途，因此，强烈要求保留英语。

第二阶段，保留英语，大力推广印地语。这一阶段始于 1968 年。由于南方各邦持续不断的反对，1965 年以印地语取代英语的目标未能实现。1967 年，通过修订的《官方语言法》，印度议会重新确定了印地语为国家的官方语言的地位，并确定英语为辅助的官方语言。

第三阶段，保卫既得成果，防止英语回潮。这一阶段始于 1992 年。在经济全球化的大潮中，印度的语言政策和语言教育受到了很大的冲击。英语在印度的影响仍在继续、不断增强之中，因此，保卫推广印地语的既得成果，避免英语取代印地语成为这一阶段语言规划的主要目标。

2.3 印度语言规划的内容

1949 年 11 月 26 日，印度制宪会议通过了《印度宪法》（生效期为 1950 年 1 月 1 日），其中第 17 篇为《官方语言文字法》，包括 4 章、9 条、12 款以及一个附表——《第八附表》。关于印度的国语或国家官方语言，该法第 342 条第 1 款规定，联邦的官方语言是以"天城体"字母书写的印地语。为了确保印地语的使用、丰富和发展，该宪法第 344 条规定，在本宪法实施 5~10 年内，联邦应设立一个语言委员会，负责向总统提供以下建议：（1）逐步采用印地语作为联邦的官方语言；（2）联邦的官方场合限制使用英文；（3）最高法院及高等法院使用何种语言；（4）联邦官方语言，联邦与各邦、各邦之间书面往来使用何种语言等。

关于英语，该法规定，在本宪法实施后 15 年内，即 1965 年之前，联邦各官方场合均可继续使用英语（第 342 条第 2 款），15 年以后拟用印地语完全取代英语。关于地方语言文字，该法《第八附表》列出了 15 种宪法承认的邦级官方语言。

由于全国不断发生骚乱和政治运动，反对将印地语作为国语，1963 年通过的《官方语言法》规定，将无限期地延长用印地语取代英语的期限，1965 年之后，英语将作为联邦的辅助国语继续使用。该法案规定，自 1965 年 1 月起，中央政府同印地语各邦的联络一律只用印地语；中央政府发往非印地语各邦的通令、文告等均用印地语、英语两种文字书写。

这样，印度的官方语言和公认的国家语言构成以下两个层次：

（1）印地语（官方语言）、英语（第二官方语言）；

（2）公认的印度国家语言（预定可为官方使用）。

印度规定的可为官方使用的语言（也叫规划语言）由最初的 15 种达到了现在的 22 种，包括：阿萨姆语（阿萨姆邦官方语言）；孟加拉语（特里普拉邦与西孟加拉邦官方语言）；博多语（阿萨姆邦官方语言）；多格拉语（查谟－克什米尔邦官方语言）；印地语（安达曼和尼科巴群岛、比哈尔邦、昌迪加尔、恰蒂斯加尔邦、德里、哈里亚纳邦、喜马偕尔邦、恰尔康得邦、中央邦、拉贾斯坦邦、北方邦和乌塔兰契尔邦官方语言）；卡纳达语（卡纳塔克邦官方语言）；克什米尔语；孔卡尼语（果阿官方语言）；米德勒语（比哈尔邦官方语言）；马拉雅拉姆语（喀拉拉邦和拉克沙群岛官方语言）；曼尼普尔语（曼尼普尔邦官方语言）；马拉地语（马哈拉施特拉邦官方语言）；尼泊尔语（锡金官方语言）；奥里萨语（奥里萨邦官方语言）；旁遮普语（旁遮普邦地区官方语言）；梵语；桑塔利语；信德语；泰米尔语（泰米尔纳德邦和本地治里官方语言）；泰卢固语（安得拉邦官方语言）；乌尔都语（查谟－克什米尔邦官方语言）。

3 印度的语言教育和教学语言

3.1 语言教育

印度的语言教育积极贯彻国家的语言政策，一方面致力于保护母语，尽可能使儿童接受母语教育，以保持国家语言的多元化性质；另一方面致力于印地语在非印地语地区的传播，使之成为全国教育体系的一部分，使所有学龄儿童都能掌握印地语。为此，1961 年印度中央教育咨询部（The Central Advisory Board of Education）发布公告，即任何一位印度学生必须最少学习三种语言：（1）母语；（2）在非印地语地区，学生应该学习印地语；印地语地区的学生应该学习一种其他印度语言；（3）英语。从而最终确立了英语在学习中的不可动摇的地位。1964—1966 届教育委员会进一步完善了"三语模式"。建议"三语"应该包括：（1）母语或地区性语言；（2）印度联邦官方语言（印地语）或附属官方语言（英语）；（3）除（1）和（2）以外的作为教育媒介的一门现代印度语言或外国语言。这就是后来的"三语教育方案"。

三语教育方案规定，中等学校必须讲授英语、地方语言和印地语这三种语言。在印度北部的印地语地区，除了英语和印地语之外，还应讲授另一种印度语言或欧洲语言。无论如何，多元化的三语政策要比一元化的唯印地语政策更符合印度的实际。长期以来用印地语取代英语，从而作为普遍的教学用语的尝试，既然证明是行不通的，在这种情况下，采用各种地方语言，实行母语教育，当然要比使用英语好得多。

三语教育方案的最大缺陷也许是缺少顶部的统一性，该方案没有表明哪种语言处在顶层。在制定一项语言政策、规划各种语言的地位和功能时，不可忽略语言的象征功能和工具功能。从象征功能透视，一个政体往往需要确定某种国语或官方语言作为该政体的标志。在语言的工具层面，更多注重语言的实用性，较少强调语言的纯洁性、古老性和不变性。英语越来越成为一种强有力的工具语言，英语的发展，当然会对其他语言的工具功能产生不利的影响。

3.2 教学语言

为了保持国家语言多元化的性质,印度特别重视使用母语进行教学。1968年、1986年的国家教育政策以及1992年的议会教育行动计划均重申要贯彻执行三语方案,特别强调在小学阶段应将学生的母语作为教学语言。在大多数的邦和直辖区,母语和地区语是小学阶段的教学语言。随着教育程度的提高,教学语言的数量逐渐减少。印度各年龄阶层的教学语言大致情况如下:

(1)小学低年级:母语;

(2)小学高年级:母语、英语;

(3)初中:母语、英语、印地语(非印地语邦)、现代印度语(印地语邦);

(4)高中:A 或 B 任选一种。A:①母语,②印地语(非印地语邦)、现代印度语(印地语邦),③英语;B:①现代印度语,②现代外语,③外国或印度古典语;

(5)大学无语言必修课。

4 印度语言政策的积极效应及局限性

4.1 积极效应

印度语言政策的积极效应体现在以下两个方面。

(1)《三语政策》适应了文化多元性、平衡性的发展需求

语言邦运动过后,经过多股势力的多次相互博弈,最终产生了令各方都可以接受的《三语政策》方案。该方案的出台和实施意味着:一直被印度教精英阶层所热捧的印地语取得了国家官方语言的地位,英语作为中介语言的地位得以保留,与此同时,民族地方的语言文化事业也取得了一定的发展。此举不仅使印度民族地方语言多样性的特点与该国联邦制的权力形成了相互呼应与互动的事实,而且在客观上,也使各民族地方邦在其职权范围内的有关语言文化事务的议程与印度中央政府之间找到交集。虽然

地方民族语言一直身处印地语与英语间狭小的空间之中,以尼赫鲁为代表的国家领导人,在国家语言政策方面的做法和态度,也一直保持着谨慎与理性,但基于国家政治运转的实际需要,印地语的普及和推广还是取得了一定的成效。当今印度国内的言语情况是各民族地方言语与英语一道,阻止了印地语一家称霸与独大的局面出现。尤其近些年以来,随着区域一体化、经济全区化的趋势不断深化,无论是在都市还是在广袤的乡村,越来越多的家庭把英语当成了子女学习的"首要语言"。这种趋势与印地语的膨胀和扩张,从某种层面上来讲已经形成了强有力的竞争之势。除此之外,印地语、英语又和许多民族地方性语言一道阻止了各民族地方邦极端民族主义文化的传播和扩散,从而在客观上建构了不同语言文化间的相互平衡关系,这无疑会对保持整个印度社会长期的团结与稳定起到积极的作用。

(2)《三语政策》便于各民族参与国家政策的制定,有利于民主发展

就现实而言,《三语政策》的实施,虽然会使某些极端且狭隘的地方民族主义者假借民主的旗号,将狭隘的地方民族主义思想带入国家或地方政治运行的某些环节。但是,印度境内各地方邦的不同民族,通过使用本地区民族语言,参加国家政权机构录用选拔考试的机制,被保留了下来。在文盲率居高的部分偏远农村地区,多数民众能够通过地方民族语言录制或直播的广播、电视节目,了解和掌握民族地方政治人物、民意代表的见解和看法,而在信息渠道及沟通机制方面,有利于地方邦级政府与地方民众以及印度中央政府间的沟通和对话。从普世民主的角度来看,印度《三语政策》的出台及实施,无疑会为处于贫困、落后、偏远地区的民族群体,提供一个使用本地方民族语言,参与现代代议制民主决策机制的坚实的保证。《三语政策》的出台及实施,维护了整个国家各民族间的团结与稳定。与此同时,《三语政策》对国家行政管理及现代代议制民主机制的发展和建立起到了积极的促进作用。《三语政策》对发展及促进民族地方语言文化的发展发挥了政策性保障作用,同时也提高了各地方邦不同民族群体参与现实政治的积极性和主动性,从而在客观层面上使邦级地方权力,从以往说英语的政治精英团体向更多使用地区民族语言的本地民众开放。此种政策性作用的好处在于,从根本上夯实了地方民族群体参与国家民主政治的基础,减少了行政运行成本,提高了行政运行效率。此外,该

种政策性保障作用还有利于保护民族地方语言文化的多元性,从而促使全印境内的各个民族地方邦,成为一个联系更加紧密的命运共同体的一员。

4.2 局限性

印度语言政策的局限性体现在以下三个方面。

(1) 国语地位的缺失,不利于民族团结

《三语政策》是印度当局为稳定族群,防止地方势力分裂与地方邦妥协的产物,通过语言政策在一定程度上起到强化国民政治文化认同、维护印度国家统一与安全稳定的作用。然而由于印度根深蒂固、由来已久的种姓问题,印度东北部民族分离主义不断发生,缺乏民族整合的历史,复杂多样的语区和族群,在国语缺失背景下的《三语政策》没有有力地发挥其预期的整合族群、防止地方邦动乱的作用。试图通过语言整合来消除印度社会中异质文化的方式过于理想化,事实证明推行印地语为国语的方式不仅没有带来整个印度的国家认同感,反而使印地语的实施不断受挫,造成更多的分裂、抗议。印度宪法制定者小心翼翼制定的《三语政策》,至今仍然在印度社会存在大量争议,主要反对的声音来自精英阶层,他们认为推行学习印地语是对印度其他语言的镇压,因为尽管实行三语教育,但印度的外交、政治、经济、司法、工业、商业等重要领域依然是由英语和印地语把持。构建统一稳定的国家,面临的重大难题之一就是承认国家构成的国民成分复杂多样,传统民族主义理论倡导的"一国一族"理论对印度来说更是天方夜谭。

(2) 各地的语言差异造成了不同地区民众沟通的障碍

三语政策规定在印度不同的邦使用自己邦的语言,导致下层没有接受过教育的民众和仅仅掌握一门自己方言的民众无法与其他邦的民众进行交流。位于语言体系上层的语言——印地语和英语起到交际沟通的作用,而位于下层的语言,如各邦自己的方言母语则承载着传承文化、表达共同身份的责任。那些没有资源去学习上层语言的民众,就失去了与其他族群沟通交流的机会,同时仅仅掌握了自己邦语言的民众,又无法与其他邦的民众进行交流,因为各个邦使用不同的官方语言。比如只懂孟加拉语的西孟加拉邦的人,到了泰米尔纳德邦就无法交流。所以,在印度有种说法,如果懂英语甚至葡萄牙语,可以去印度的任何地方,但如果只懂本邦的语言,那就不知道还能去哪里了。《三语政策》在各邦使用不同本土语言的背景下,依然存在语言的真空,底层的民众如果不走进学堂,不识文学字,不去习得精英语言——英语和印地语,那么就只能使用本土方言,这会造成求职、沟通、向城市流动的困难。

综上所述,《三语政策》的出台和实施是印度地方民众集体斗争所取得的胜利。但是,借助此项政策,过度传播和宣扬地方极端民族语言文化主义的努力,被印度的国家政治结构顶层设计所抵消,中央政府对邦级政府的管控,有利于不同语言文化在全国政治运转过程中相互掣肘,保持整个印度社会的安定与团结。

(3)复杂的历史、社会、政治因素使得三语政策未能达到预期效果

对于当代的任何一个国家而言,构建民族国家的统一性和全民族对这个民族国家的认同性,都是这个国家执政当局孜孜渴求的执政目标之一。在脱离英国的殖民统治之后,印度的宪政目标就是建立一个"印度民族"。那些把持印度政坛的精英阶层们,希望用建立"印度民族"的举措来试图消除原本各个民族间所存在的种种差异,以促进民族的团结和国家的统一。但是,就这一举措产生的实际效果而言,印度缺乏"大一统"的民族国家历史根基是其不能完成这一举措的内在因素。除此以外,缺乏强有力的中央集权的现实困境,也决定了该国对幅员辽阔的整个国土实施有效的管理及监控是非常困难的,所以印度不得不选择联邦制这样的国体。此种略显无奈的选择,虽然使印度在总体上保持了国家领土完整,但是,这种国体中所特有的"因分享权力而使得国家联邦体制得以运行"的实质则是客观上产生了两个层级的政治(印度中央政治和地方邦政府),它们各自享有真正的自治权力,每个层级的政府都必须对自己的选民负责。此种联邦体制在很大程度上以语言文字为载体,激发及刺激了地方民族主义情绪的滋生和蔓延。因此,印度的民族主义是大印度教民族主义与语言邦地方民族主义这两个参与变量的博弈。

语言文化的多样性、种姓制和复杂的宗教因素,使印度各地方邦之间的民族异质性更加突出地显现了出来。风起云涌的"语言邦"运动席卷全国之后,印度中央政府为了平衡各方利益、防止国家分裂,适时地推出了

三语政策。但代议制民主选票的实际诱惑力，使地方民主政党为了吸引地方选民的选票，不得不在拉票竞选的过程中借语言、文字"说事"。并且，有些带有强烈地方主义背景的政党上台执政后，还会利用自己在地方议会中占多数议席的优势，出台一些看似有利于"发展本地方民族语言文字"的法案，以弱化《三语政策》原有的促进民族团结、统一融合的功能。此种复杂的社会、政治环境，使印度的民族语言关系呈现"小邦化"的趋势，即各地方民族政党为了获得政治上的好处，将民族语言文字作为选举造势的议题，打着"三语政策必须尊重和保护在大邦中弱小民族的言语文化诉求""细化民族语言文字教学与保护"的幌子，逼迫中央政府答应他们成为新的小邦，并且在新的小邦中强化本地民族语言的教学及推广，制造新一轮的民族隔阂与冲突。

参考文献：

[1] Biswas, A., Agrawal, S. P., Development of Educationin India: A Historical Survey of Educational Documents before and after Independence [M]. New Delhi: Concept Publishing Company, 1986: 12 – 19.

[2] Dua, HansR. Patterns of languageuse and print media: implications for language spread. [J] Paper presented at the International Colloquiumon Language Spread and Social Change: Dynamics and Measurement [J]. Quebec, Canada, 1989.

[3] 郭化龙. 印度语言政策研究 [D]. 中国海洋大学, 2012.

[4] 李红英. 英国殖民统治对印度教育的影响 [J]. 安徽文学（下半月）. 2011 – 2.

[5] 李红毅. 印度语言政策与语言民族间的冲突与争论 [J]. 贵州大学学报. 2008 – 4.

[6] 刘颖. 印度语言政策与族群关系的探究——以印度三语政策为例 [D]. 云南大学, 2015.

[7] 皮明城. 印度语言规划对其民族建构的影响 [D]. 江西师范大学, 2012.

[8] 司玉英. 印度的语言政策与语言教育 [J]. 扬州大学学报, 2008 – 6.

[9] 张立芳. 英语在印度的传播历程研究 [D]. 山东大学, 2009.

[10] 周庆生. 印度语言政策与语言文化 [J]. 中国社会科学院研究生院学报, 2010 – 6.

[11] 王辉, 周庆生. 国家、民族与语言——语言政策国别研究（续）[M]. 北京：中国社会科学出版社, 2015.

言语社区多语能力研究

——以澳门为例*

阎 喜

（华侨大学外国语学院）

1 引言

作为社会语言学研究的关键词之一，言语社区是社会语言学主要的研究对象。言语社区在本质上是多语的（阎喜，2016a），人口流动、殖民主义、政治联邦、边境（Fasold，1984：9~12），以及现代教育、传媒、新兴技术以及旅游（Pietikäinen，2012：164）等多种因素单独或联合对言语社区的多语现象产生影响，从而形成各种不同类型的多语社区。多语现象是从古至今人们生活中的一个普遍现象，也一直受到结构语言学、社会语言学、社会学、心理语言学、社会心理学和人口学等众多学科的关注。言语社区多语现象不仅研究视角多种多样（包括言语社区的要素、类型、框架、模式、结构等），而且研究方法多种多样（如交际民族志、批评话语分析、叙说分析、语料库研究等）（Li and Moyer，2008）。本文主要关注的是言语社区的多语能力。

以往中国学者的不少研究主要关注语言能力（例如，夏中华，2015；

---

* 本文发表在《外国语言文学》2017 年第 1 期。

徐大明，2013），而对多语能力的研究并不多。"多语能力"是过去 20 多年来应用语言学领域新兴的一个重要概念。在过去的 20 多年里，多语能力这一术语已经经历了多个不同的发展阶段（Franceschini，2011）。在 20 世纪 90 年代初期，由于第二语言习得研究领域受到乔姆斯基的普遍语法的影响较大，忽视了一个大脑里同时存在两种语法的问题。多语能力这一术语主要是针对普遍语法导向的第二语言习得研究，指的是"人的头脑中两种语法并存的复杂状态"（Cook，1991：112）。经过 20 多年的发展，现在多语能力主要是指"在同一个大脑或者社区里一种以上语言的知识"（Cook，2013：3768）。目前多语能力研究正处在第六个阶段，即从社会语言学多语现象的角度研究多语能力。

澳门位于中国大陆东南沿海，地处珠江三角洲西岸，由澳门半岛、氹仔岛和路环岛组成。澳门东面与香港隔海相望，成掎角之势，共扼珠江口的咽喉；西面与广东省珠海市的湾仔一衣带水；南面过内、外十字门后便是浩瀚的南海；北边与中国内地接壤，以关闸为界。葡萄牙人在 16 世纪中叶入居澳门，并在 19 世纪中叶利用中国在鸦片战争中的失败，采取一系列措施夺得澳门的管治权。1999 年 12 月 20 日澳门回归中国，澳门特别行政区成立。澳门在四百多年的历史发展过程中，已经逐渐形成了一个多语多方言的社会。程祥徽注意到在澳门，"酒楼的筵席上夹杂着上海话、客家话、福建话、海南话以及海外归来的华侨的华语，好像是汉语方言的展厅"（程祥徽，2002：23）。事实上，在澳门，人们使用的语言不仅有汉语（包括粤语、闽语、客家话、上海话等），还有各种外语（如葡语、英语、日语、韩语、法语等）。总的来说，澳门的社会语言格局是"汉语的多语现象与英语和其他外语的多语现象的交织"（Bolton，1992：28）。

Nortier（2008）指出，多语研究可以借助宏观层次的人口普查和样本调查、中观层次的问卷调查以及微观层次的观察法来了解语言使用者和语言使用情况。我们认为 Nortier 提出的多语研究的三个层次也同样适用于言语社区的多语能力研究。过去 30 多年里，学者们从不同的角度研究澳门多语现象，展现澳门丰富多彩的语言生活（Yan and Moody，2010；阎喜，2011a，2012b）。本文以澳门为例，从不同的层次分析澳门言语社区的多语能力并探讨不同层次多语能力研究的优势和不足。

2 宏观层次的言语社区多语能力研究

以往的言语社区研究多以地域来划分言语社区。一个言语社区既可以包括多个国家在内（Snow，2010），也可以是一个国家或一个城市（Labov，1966）。对于地域范围较大的言语社区，要想从宏观层次上研究该言语社区成员的多语能力，需要借助人口普查和样本调查。此外，世界上许多国家开展的语言普查也是从宏观层次研究言语社区多语能力的一个重要途径（张璟玮，2012；张天伟，2015）。

澳门虽然没有专门的语言普查，但有人口普查。虽然澳门人口普查的历史较为悠久，但直到1991年，澳门人口普查才开始包括调查澳门人口的语言使用。不少学者通过对历次澳门人口普查中有关澳门人口语言使用的数据进行分析，来研究澳门的语言生活和澳门人口的多语能力（例如，程祥徽，2003；张桂菊，2010；阎喜，2012a）。以澳门2011年人口普查为例，《2011人口普查详细结果》（统计暨普查局，2012：12~13）显示，在澳门，在汉语方面，有90.0%的澳门人口能讲粤语，41.4%的澳门人口能讲普通话，6.9%的澳门人口能讲福建话，8.8%的澳门人口能讲其他中国方言；在外语方面，有21.1%的澳门人口能讲英语，2.4%的澳门人口能讲葡萄牙语，7.2%的澳门人口能讲其他语言。而从日常常用语言角度来看，普查结果显示，在汉语方面，澳门人口主要以粤语为日常常用语言（83.3%），其次是普通话（5.0%）和福建话（3.7%），最后是其他中国方言（2.0%）；此外，澳门人口使用外语作为日常常用语言的并不多，主要是英语（2.3%）、葡萄牙语（0.7%）以及其他语言（3.0%）。

3 中观层次的言语社区多语能力研究

中观层次的言语社区多语能力研究与社会语言学调查有不少重合之处，但社会语言学调查包括但不局限于语言能力调查，它还包括语言使用、语言态度等多方面的调查。中观层次的言语社区多语能力研究主要通过问卷调查的形式，涉及抽样的随机性、样本的代表性、对象选择的针对性与人口类别的差异性等多个问题（郭骏，2013；张斌华，2015）。

在澳门，中观层次的言语社区多语能力研究并不多。较大规模的研究是 2012 年澳门语言文化研究中心立项资助、教育部语言文字应用研究所承担的"澳门普通话使用情况调查"（苏金智等，2014）。该研究对澳门大中小学生语言使用情况的调查结果显示，澳门的大中小学生一般能使用 2~4 种语言或方言，少数人能说 5 种语言或方言，而且绝大多数学生认为自己最流利的语言是粤语，其次是普通话和英语，再次是葡萄牙语（苏金智等，2014：52）。该研究对澳门公众场合从业人员的调查结果显示，18.4% 的被调查者只会一种语言，而 81.6% 的被调查者能够使用至少两种语言与他人交流（苏金智等，2014：73）。另外，99.4% 的被调查者能使用粤语交谈，77.6% 的被调查者能使用普通话交谈，36.3% 的被调查者能使用英语交谈，3.4% 的被调查者能使用葡萄牙语交谈（苏金智等，2014：74）。此外，Young（2009）在对澳门科技大学 185 名澳门本地大学生进行语言态度调查的时候，让受试者自我评价语言能力，调查结果显示学生的粤语水平最高，中文水平次之，然后是普通话水平，英语水平排第四，而葡语水平排最后。我们曾在 2012 年对澳门大学大一新生进行过语言使用、语言能力和语言态度的问卷调查（Yan，2014a），调查结果显示，参加调查的学生都掌握多种语言，他们的粤语水平最高，中文读写水平次之，普通话和英语水平分列第三和第四位，而他们的葡萄牙语水平最低。总的来说，Yan（2014a）对学生多语能力的调查结果与 Young（2009）的结果一致。

4 微观层次的言语社区多语能力研究

在过去的十多年里，全球各地的人们大量聚集在城市生活，而这一时期人们聚集在城市的速度和数量也是前所未有的。世界范围内各种各样的人口流动已经改变了世界许多国家和地区人口的组成与分布。一些学者（如 Vertovec，2007）用"超多样性"来形容多样性的相互融合与交织。在超多样性的格局下，不同民族以及各种变量相互交织并影响着不同流动人口群体的构成、社会地位和发展轨迹。不少学者（如 Blommaert and Rampton，2011）已经注意到当代社会的超多样性，并开始将超多样性引入语言研究。Blommaert（2013）指出，社会语言学研究已经开始从传统的稳定的分布式社会语言学研究向移动的复杂的社会语言学研究转向，这就要求社会语言学研究者采用民族志的研究方法，从微观的角度深入细致地研究当今社会复杂多变的社会语言现象。

　　具体而言，我们可以通过观察、访谈和话语分析等多种方法深入研究言语社区成员的多语能力。我们曾经邀请几名在中国内地某大学就读的澳门籍学生，填写一份有关语言能力和语言使用的开放式问卷，随后邀请这些学生以语言自传的方式叙述自己的语言学习历史和语言使用模式。通过对问卷和个人叙述进行分析，可以发现这些学生普遍具有多语能力，而且他们的语言使用和语言能力是动态变化的。以学生 A 为例，她在开放式问卷中列举自己可以说粤语、普通话、英文和（少量）泰文，会读写中文和英文，能听懂中文和英文。从学生 A 对自我语言能力的评价来看，她的各种语言能力并不是平衡的，如她的中文和英文水平较高，而泰语水平较低。

　　　　在我的记忆，我记得爸爸跟我说过我的曾祖父是英国人，曾祖母是外地人，然后生下我的太公，他去了外地工作，也娶了一个外地的，再然后生下我爷爷，我爷爷娶的也是外地人，然后生下我爸。由于我爷爷跟奶奶在大陆居住，所以我爸在外地出生，然后娶了我妈，但不知道什么原因来到澳门，然后生下我和我哥。由于我的爷爷跟我奶奶在我哥出生的时候就回到了英国，然后到了我 1~3 岁时，我爸带我去英国待了三年，然后回澳门，所以我 1~3 岁时，我爷爷跟我奶奶都跟我说英语的，都教我说英语。然后到了 4 岁回到澳门开始上学，老师和我家都说广东话，一说说了 17 年了，要我说很流畅的英语也很难了，反正在澳门也只是需要用到广东话。在澳门，要说普通话的机会很少，英文也就是"Thank you""OK""Yes""No""Bye"。自己也会听懂一点点泰语，因为每年我爸、我妈都会带我去泰国，去久了就学会了，可是就写不会，只会读一点。在澳门的时候都是说广东话的，从开始读书到上大学都基本在用广东话，然后今年到了 B 大学（中国内地某高校）要说普通话也是很难的，因为毕竟我只学了一年普通话，来到这里最不习惯的就是说普通话吧！在上课的时候都是普通话，有时候也会用一下英语，然后和境内生聊天也只能用普通话，用广东话他们都听不明白，然后对于境外生大多数都用广东话，跟他们说广东话都特别爽，然后都不用想这句话要怎么说出口，反正用广东话就特爽，骂人的时候也特爽，来到了 B 大学真的就是不习惯用普通话来聊天。

学生 A 的语言能力发展轨迹与她的家庭流动的历史和她个人流动轨迹的关系较为密切。从她对自己家庭的个人叙述中可以看出，她的家庭成员的流动性较大（英国、中国内地、中国澳门等）。虽然她出生在中国澳门，但她最开始学习的语言并不是澳门本地主要的语言——粤语。她在 1~3 岁的时候随父母来到英国，在此期间，她的爷爷奶奶教她说英语，可以说，英语是学生 A 最早开始学习的语言。之后她回到中国澳门，使用英语的条件和机会减少，这就使她的英语能力逐渐下降。与之相对应的是，在澳门粤语环境下，她的粤语水平逐渐上升。现在她来到中国内地某高校英语系学习英语，英语水平又开始上升。学生 A 英语能力变化的轨迹从（在英国）上升到（在中国澳门）下降，再到（在中国内地）上升，可以看出一个人的语言能力是动态变化的，这是宏观层次人口普查和中观层次问卷调查所无法发现的。此外，从学生 A 的个人叙述中我们也可以看到，流动也给学生 A 带来了学习各种语言的机会。例如，学生 A 在泰国旅游的时候，有机会学习少量泰语；而来到中国内地某高校英语系读书以后，有机会学习和使用英语和普通话，到了大二以后，由于中国内地高校英语专业设置的要求，她需要学习一门第二外语（如日语、德语、法语、西班牙语等），这样她可以有机会发展另一种语言的能力。

与此同时，当人们从一个地方流动到另一个地方的时候，由于语言资源在不同的空间里分布不均衡，并具有不同的指示作用，流动者原来掌握的语言变体往往受到限制。正如 Blommaert、Collins 和 Slembrouck（2005：197）所说，"多语者并不是指一个人会什么语言和不会什么语言，而是指社会语言环境与交际过程使个人能够和不能够的"。例如，学生 A 在过去 17 年里主要生活在澳门，她的粤语能力较强，但当她来到中国内地读书的时候，她的粤语只能用于跟来自港澳地区的境外生交流使用。"今年到了 B 大学要说普通话也是很难的，因为毕竟我只学了一年普通话，来到这里最不习惯的就是说普通话吧!"中国内地过去几十年的普通话推广使中国内地正式场合(包括教育领域)主要使用普通话,而粤语是港澳地区日常生活主要使用的语言,这样,中国内地和港澳地区形成两套不同的社会语言体系,当人们从一个地方来到另一个地方的时候,他们原来的语言能力就会受到限制,暂时无法发挥作用。如学生 A 来到中国内地某高校求学,她的粤语能力受到限制,与不会讲粤语的内地老师和学生进行交流的时候会遇到困难。

学生 A 只是澳门言语社区中的一员,但我们可以从她的语言自传中看出她的多语能力并没有反映她的出生,而是反映了她的生活流动轨迹。出生地、国籍以及最早掌握的语言并不能用来有效预测语言使用和语言能力。学生 A 的流动轨迹是不容易预测的,同样,她的多语发展轨迹也具有不确定性,而她的多语能力也不是均衡发展的。澳门自古以来就是一个移民城市,学生 A 的个人叙述在某种程度上反映了澳门言语社区多语现象的复杂性。

5 评价

人口普查和语言普查是宏观层次研究言语社区多语能力的主要手段。Lieberson(1967:134~135)指出,人口普查中的相关语言调查数据对于社会语言学研究来说是不可或缺的。这是因为:第一,这类数据是在大范围内搜集到的;第二,如此大的数据是在固定的时间间隔搜集而来的,可以用于发现长期的趋势;第三,此类数据是唯一可用于与其他国家和地区进行比较的大范围数据。需要指出的是,宏观层次的言语社区多语能力研究也存在一些问题。首先,这种方法没有考虑到双语家庭内部存在多种语言混用的现象,也无法考察双语家庭内部语言维持和语言转移现象。其次,受到时间和人力的限制,这种方法只是笼统地询问参与者能使用几种语言,无法对参与者进行实际的语言能力测试,因而无法确定得到的数据是否能够真实反映受试者的多语能力。

中观层次的言语社区多语能力研究能够较为深入地研究言语社区成员的多语能力。与宏观层次的言语社区多语能力研究相似,中观层次的言语社区多语能力研究通过使用问卷可以较快地在短时间内搜集大量的数据。如果问卷设计科学合理,那么问卷数据的处理也是比较快的。此外,问卷调查成本不高，可以在多种环境下使用。但与宏观层次的言语社区多语能力研究相似，这类研究倾向于静态研究，无法关注多语能力的动态发展以及影响多语能力发展的各种因素。

微观层次的言语社区多语能力研究给我们带来了不同的视角，使我们能够发现个人多语能力是动态变化的，也使我们注意到个人的多语能力是受限于环境而不仅是缺乏使用一些语言的能力。通过从微观层次对言语社区的多语能力进行研究，我们可以发现言语社区成员的多语能力是动态变化的，而不是静止不变的。人们掌握的各种语言变体只有一部分得到充分的发展，另一部分则只是得到基本的发展。流动既给个人带来了学习新的语言的机会，但与此同时新地方的社会语言体系也使个人原来的一些语言能力暂时"失灵"。此外，个人多语能力发展受到多种因素的影响，微观层次的研究有助于揭示这些因素。需要指出的是，微观层次言语社区多语能力研究多采用定性研究方法，在数据搜集和分析方面难度较大。例如，通常定性研究中的数据不是简单的数字，而是包括各种形式且互相关联的文本（话语、意象、声音、姿势等），研究者在分析定性数据的时候需要深深扎根在语言实践中。

6 结语

言语社区多语能力研究正在吸引广大学者的普遍关注。本文以澳门为例，从宏观、中观和微观三个层次分析澳门言语社区的多语能力并探讨不同层次多语能力研究的优势和不足。言语社区三个层次的多语能力研究的不同之处，不仅在于研究对象的多与寡，更在于研究方法和对语言认识的不同。例如，宏观和中观层次的多语能力研究侧重于定量研究，这类研究倾向于把语言看作静止不变的系统，而微观层次的言语社区多语能力研究则把语言视为动态的实践，多采用定性研究。

需要指出的是，言语社区三个层次的多语能力研究不是互相排斥的，而是互相补充的。从理论上来说，三个层次多语能力研究的结合有利于研究者既有深度又有广度地研究言语社区的多语能力。但从实践上来说，一位研究者擅长一种研究方法，并不意味着他也擅长另外一种研究方法。在选择研究方法调查语言能力的时候,研究者需要衡量各个研究方法的优势与不足,并根据自己的研究问题选择合适的研究方法。

言语社区多语能力并不是孤立存在的,研究者需要从国家、地区、学校、家庭和个人多角度以及政治、经济、文化、教育、传媒等多方面研究言语社区多语能力,如澳门回归以后普通话在澳门普及程度的提高与澳门人对祖国的认同、澳门社会经济快速发展、内地到澳门的大量移民、广东地区社会语言变迁、澳门教育领域的积极推动等多个因素有关(阎喜,2011b)。另外,虽然葡语是澳门殖民时期的官方语言,也是回归后澳门特别行政区的正式语言之一,但回归前后澳门人口的葡语水平普遍较低,这与葡语在澳门的语言活力、语言政策和语言规划以及澳门的语言生态等多个因素有关(阎喜,2016b)。此外,不少研究(例如,Yan,2013,2014b)发现语言意识形态对语言能力产生一定的影响,这都需要研究者从多角度、多层次深入研究言语社区的多语能力。

参考文献:

[1] Blommaert, J. Ethnography, Superdiversity and Linguistic Landscapes: Chronicles of Complexity [M]. Clevedon: Multilingual Matters, 2013.

[2] Blommaert, J., B. Rampton. Language and Superdiversity [J]. Diversities, 2011 (2): 1–22.

[3] Blommaert, J., J. Collins, S. Slembrouck. Spaces of Multilingualism [J]. Language & Communication, 2005 (3): 197–216.

[4] Bolton, K. Sociolinguistics Today: Asia and the West [A]. In K. Bolton & H. Kwok (Eds.), Sociolinguistics Today: International Perspectives [C]. London: Routledge, 1992: 5–66.

[5] Cook, V. The Poverty of the Stimulus Argument and Multi-competence [J]. Second Language Research, 1991 (2): 103–117.

[6] Cook, V. Multicompetence [A]. In C. A. Chapelle (Ed.), The Encyclopedia of Applied Linguistics [C]. Malden, MA: Blackwell, 2013: 3768–3774.

[7] Fasold, R. The Sociolinguistics of Society [M]. Oxford: Blackwell, 1984.

[8] Franceschini, R. Multilingualism and Multicompetence: A Conceptual View [J]

. The Modern Language Journal, 2011 (3): 344 – 355.

[9] Labov, W. The Social Stratification of English in New York City [M]. Washington, D. C.: Center for Applied Linguistics, 1966.

[10] Li, W., M. G. Moyer. (Eds.) The Blackwell Guide to Research Methods in Bilingualism and Multilingualism [C]. Malden, MA: Blackwell, 2008.

[11] Lieberson, S. Language Questions in Censuses [A]. In S. Lieberson (Ed.), Explorations in Sociolinguistics [C]. The Hague: Mouton, 1967: 134 – 151.

[12] Nortier, J. Types and Sources of Bilingual Data [A]. In W. Li, M. G. Moyer (Eds.), The Blackwell Guide to Research Methods in Bilingualism and Multilingualism [C]. Malden, MA: Blackwell, 2008: 35 – 52.

[13] Pietikäinen, S. Experiences and Expressions of Multilingualism: VisualEthnography and Discourse Analysis in Research with SamiChildren [A]. In S. Gardner & M. Martin-Jones (Eds.), Multilingualism, Discourse and Ethnography [C]. London: Routledge, 2012: 163 – 178.

[14] Snow, D. Diglossia in EastAsia [J]. Journal of Asian Pacific Communication, 2010 (1): 124 – 151.

[15] Vertovec, S. Super-diversity and Its Implications [J]. Ethnic and Racial Studies, 2007 (6): 1024 – 1054.

[16] Yan, X. English Ants Are Digging Holes in the Chinese Levee: Language Ideological Debates in the Chinese Media [J]. Language Problems and Language Planning, 2013 (1): 30 – 45.

[17] Yan, X. A Study of Macao Tertiary Students' Attitudes to Languages, Language Planning and Language Policy in Macao [D]. Macau: University of Macau, 2014a.

[18] Yan, X. A Meta-discursive Analysis of Online Comments of Chinese Netizens on Huang Xiaoming's Appropriation of English [J]. Language, Culture, and Curriculum, 2014b (2): 151 – 162.

[19] Yan, X., A. Moody. Language and Society in Macao: A Review of Sociolinguistic Studies on Macao in the Past Three Decades [J]. Chinese Language and Discourse: An International and Interdisciplinary Journal, 2010 (2): 293 – 324.

[20] Young, M. Y. C. Multilingual Education in Macao [J]. International Journal of Multilingualism, 2009 (4): 412 – 425.

[21] 程祥徽. 澳门社会的语言生活 [J]. 语文研究, 2002 (1): 22 – 26.

[22] 程祥徽. 新世纪的澳门语言策略 [J]. 语言文字应用, 2003（1）: 19-26.

[23] 郭骏. 关于城市语言调查的几点思考 [J]. 语言文字应用, 2013（4）: 30-39.

[24] 苏金智、朴美玉、王立、谢俊英、陈茜、刘朋建、郭龙生、张瀛月. 澳门普通话使用情况调查 [M]. 澳门: 澳门理工学院, 2014.

[25] 统计暨普查局. 2011 人口普查详细结果 [R]. 澳门: 统计暨普查局, 2012.

[26] 夏中华. 关于语言能力与汉语教学问题的思考 [A]. 李向玉（编）澳门语言文化研究（2014）[C], 澳门: 澳门理工学院, 2015: 60-67.

[27] 徐大明. 语言能力、语言意识和语言素质 [A]. 李向玉（编）澳门语言文化研究（2012）[C], 澳门: 澳门理工学院, 2013: 26-37.

[28] 阎喜. 澳门社会语言研究三十年 [A]. 李向玉（编）澳门语言文化研究（2010）[C], 澳门: 澳门理工学院, 2011a: 175-192.

[29] 阎喜. 普通话在澳门: 历史与现状 [J]. "一国两制"研究, 2011b（4）164-170.

[30] 阎喜. 澳门回归前后居民语言使用与多语能力研究 [J]. "一国两制"研究, 2012a（3）: 150-157.

[31] 阎喜. 澳门社会语言学研究三十年（1980-2009）[J]. "一国两制"研究, 2012b（4）: 154-162.

[32] 阎喜. 言语社区的多语本质—以澳门为例 [J]. 外国语言文学, 2016a（1）: 20-27.

[33] 阎喜. 葡语在澳门: 历史与现状 [J]. "一国两制"研究, 2016b（2）: 149-159.

[34] 张斌华. 论城市语言调查的理论和方法—从郭骏的《关于城市语言调查的几点思考》谈起 [J]. 集美大学学报（哲社版）, 2015（3）: 28-35.

[35] 张桂菊. 澳门语言状况与语言政策 [J]. 语言文字应用, 2010（3）: 43-51.

[36] 张璟玮. 世界语言普查概览 [J]. 中国语言战略, 2012（1）: 160-169.

[37] 张天伟. 我国语言使用情况调查的回顾、问题与展望 [J]. 中国社会语言学, 2015（1）: 65-74.

南北疆维吾尔族国家通用语言使用情况对比研究[*]

李志忠　游千金
（新疆师范大学文学院）

天山山脉把新疆分为南、北两部，南部是塔里木盆地，北部是准噶尔盆地。人们习惯上把天山以南称为"南疆"，天山以北称为"北疆"。一直以来南北疆就存在地域、经济、民族、文化、语言等各方面的差异。南疆地域辽阔，以沙漠地貌为主，经济发展长期相对落后，文化交往也相对封闭，是维吾尔族的传统聚居地，语言生态相对单一；北疆地区多山地、草原和湖泊，自然条件相对优越，经济较南疆发达，文化交往相对开放，哈萨克族、维吾尔族、蒙古族等多个民族广泛交叉分布，语言生态相对复杂。南北疆语言生活存在明显的差异，在对国家通用语言的掌握即"懂汉语"这一点上，尤其突出。

新疆是少数民族聚集区，语言使用情况比较复杂，主要世居少数民族如维吾尔族、哈萨克族、蒙古族、柯尔克孜族、锡伯族、塔吉克族等都有自己的母语和本民族文字。与此同时，掌握和使用国家通用语言也是每一个少数民族公民的权利和义务。2000年前后，国家曾在全国范围内进行过一次语言文字使用情况调查，也拿到了新疆各民族的数据，但是，那次调

---

[*] 本文系国家语委重大招标项目"新疆少数民族普通话普及度抽样调查研究"（ZDA125 – 11）和国家社科重大招标项目"新疆国家通用语言文字抽样调查研究"（14ZDB100）的阶段性研究成果。

研反映的是整体概貌，在地区上没有细致区分，也没有考虑相同民族在不同地域使用语言时事实上存在各方面差异（中国语言文字使用情况调查领导小组办公室，2006）；而且，当时双语教育在新疆也还没有全面铺开，当时的调研结果显然已经不能反映新疆各民族今天的语言现实，尤其是国家通用语言使用的现实。最近几年，国家出于西部大开发和"一带一路"倡议的考虑，立项多个重大课题，调研新疆各少数民族尤其是维吾尔族、哈萨克族等人口众多的民族对国家通用语言文字的使用情况，为国家语言规划和语言战略设计提供基础依据。本文的研究就是立足于这一现实需求进行的。我们以南疆喀什市和北疆伊宁市维吾尔族对国家通用语言使用情况的数据为依据，提出南北疆维吾尔族的语言生活存在明显地域差异，全面调查应该分别开展，中小学双语教育以及青壮年劳动力语言培训应该因地制宜的观点。

一 新疆的屯垦移民与新疆汉语的发展

新疆的汉语是随着大量移民进入新疆而发展起来的。中国古代称新疆及其周边地区为西域。早在先秦时期，内地就与之建立了亲密的联系，随着汉、唐、元、清等朝代在西域的屯垦，新疆的汉语也经历了由无到有、由少到多的过程。

两汉在新疆的屯垦移民前后共250年，屯民人数虽少，但分布点较多，分布面积较广，先后垦殖于伊犁、轮台、库尔勒、若羌、吐鲁番、莎车、沙雅、阿克苏、喀什、和田等地（高莉琴，2004）。总体来看，屯垦点主要集中在南疆，此时，汉语汉文在西域有了初步使用、传播。

唐朝在新疆屯垦移民161年，屯垦点涉及巴里坤、准噶尔盆地、天山南麓等地，遍及新疆东西南北。在此期间，朝廷提倡内陆官员携带家属亲眷移居边疆，准许内陆百姓跨越中亚进行商业贸易来往，这些人成为当时新疆使用汉语和传播汉语的主体。这个时期，新疆的汉语汉文得到了进一步的发展。

元朝是我国历史上第一个少数民族统治全国的王朝，相比其他朝代，其控制疆域也最为广阔。元朝在新疆的屯垦时间虽然只有短暂的20年，但其屯垦地点均是战略要地和交通要道。不过，这一时期的屯垦移民不全是汉族人，其中有大量的蒙古族人群，但正是因为各民族的交相混杂，汉语汉文成为当时新疆各民族交往的主要语言。

明朝闭关自守，西域孤悬嘉峪关外，几百年来，由于没有新的汉族人口从内地迁移到新疆，以前在新疆屯垦的汉族移民绝大部分被当地少数民族所同化。

清朝在新疆的屯垦移民前后共经历195年。清朝政府为了更好地管治新疆，在伊犁设置伊犁将军，陆续从全国各地抽调官兵进驻新疆镇边守土，政府鼓励内地官员赴任新疆时携亲友同往（马大正，2006）。清朝在新疆的官员配置北重南轻，军事、政治、经济逐渐呈现北强南弱的特点，汉语文分布也呈现相应特点。1884年新疆建省后，政局逐渐稳定，政府遂改兵屯为民屯，让内地军士就地转业，成为新疆永久性居民，同时吸引内地百姓赴新疆耕作，采用"听民开采，纳课归官"的政策（厉声，2006），调动百姓的积极性。清朝后期，内地大量汉族人口到新疆谋生定居，他们大都选择定居在作为军事和政治中心的北疆地区，特别是乌鲁木齐地区。此后这一地区迅速成为全疆最大的屯垦基地、商业中心和汉文化区。由于汉民族生产力水平相对占优，新疆其他各民族纷纷向其讨问耕作之道、为商之道，以此来增强和提高本民族的生产能力和生活质量，北疆的各民族开始逐渐学习用汉语交谈（马大正，2006）。另外，当地各民族以物易物的群体也多为汉族，更强化了汉语成为族际交际语的势头。

二　南北疆维吾尔族的来源及其各自的语言环境

《新疆统计年鉴》（2015年）数据显示：截至2014年年底，新疆总人口为2298.47万人，其中汉族为859.51万人，占总人口比例的37.4%；少数民族为1438.96万人，占总人口比例的62.6%。新疆13个世居民族中，维吾尔族人口最多，为1127.19万人。9世纪中叶（840年前后），大量回鹘（约10万人）西迁，与当地土著经过长期的血缘、文化融合，到16世纪初期，形成了现代意义上的维吾尔族群体。关于维吾尔族先民的历史记载，《魏书》中有《高车传》，《北史》中有《高车传》和《铁勒传》，《隋书》中有《铁勒传》，《旧唐书》中有《回纥传》和《铁勒传》，《新唐书》中有

《回鹘传》（可参阅孟宪范、冯小双，2005）。

（一）南疆的维吾尔族及其语言环境

南疆地区指的是巴音郭楞蒙古自治州、克孜勒苏柯尔克孜自治州、阿克苏地区、喀什地区、和田地区五个地州和阿拉尔市、图尔舒克市两个自治区直辖市。截至 2014 年年底，南疆地区总人口为 1161.79 万人，其中汉族为 189.61 万人，占南疆人口的 16.3%；少数民族为 972.19 万人，占南疆人口的 83.7%，其中维吾尔族为 930.72 万人，占南疆少数民族人口的 95.7%。显然南疆是维吾尔族的主要聚居地，也是世居地，尤其是喀什、和田、阿克苏三个地区。

一直到清朝，维吾尔族主要生活在南疆。南疆维吾尔族基本是聚居，人们的交往基本限于族内，都以母语进行交流。清朝以前，历朝积累的汉族后裔基本同化于维吾尔族人群，残存的汉族人口屈指可数，其他少数民族人口也较少。清朝派往南疆的零星汉族官员，根本不足以影响维吾尔族的语言生活。南疆地区的其他一些聚居民族，如克州的柯尔克孜族和喀什地区塔什库尔干县的塔吉克族，长期受当地交际条件的影响，也主动去学习当地强势语言——维吾尔语，大多能够和维吾尔族人一样流利地使用维吾尔语，于是，维吾尔语实际上成为地区通用语言。长期以来，由于南疆的汉族人口所占比例较低，与汉族之间的交往只占少数民族语言交往的极少比例，因此，除了一些特殊职业或受教育程度较高的知识分子，大部分少数民族对汉语的实际需求并不那么迫切。可以说，汉语在交际中的实际地位不高，正是在南疆开展推广国家通用语言文字工作比较困难的历史症结。

（二）北疆的维吾尔族及其语言环境

北疆地区包括伊犁哈萨克自治州、昌吉回族自治州、博尔塔拉蒙古自治州、哈密地区（2015 年地改市）、吐鲁番地区（2014 年地改市）五个地州和乌鲁木齐市、克拉玛依市、五家渠市、石河子市四个自治区直辖市。截至 2014 年年底，北疆地区总人口为 1160.76 万人，其中汉族为 699.91 万人，占北疆人口的 57.7%；少数民族为 490.86 万人，占北疆人口的 42.3%，其中维吾尔族为 196.47 万人，占北疆少数民族人口的 40.0%。北疆汉族人口较多，汉语使用场合也多，而北疆维吾尔族不像南疆那样集中，维吾尔语的使用也不如南疆那样普遍。

9世纪西迁之后，作为维吾尔族先民的回鹘在北疆地区总数不足万人，主要点状分布于哈密、吐鲁番等地。北疆人口较多且相对聚集的时期不过是元朝屯垦移民短暂的20年，此后人烟相对稀少，直到清朝康熙、雍正时期，北疆各地区的维吾尔族人口才开始有所增加。但由于整个北疆被准噶尔部控制，同时满族以统治者的身份出入各地，北疆成为蒙古族、满族的地盘。不过，这些人群属于马背上的民族，缺乏农业经营能力，农业生产能力严重不足。为了满足屯垦供给的需要，乾隆年间（1760年前后）伊犁大将军开始把南疆的牢犯和一些地位低下的维吾尔族人从阿克苏等地区强制性地移民到伊犁地区（厉声，2006），后来这些移民被称为"塔兰奇"（意为"种地人"），他们在伊犁肥沃的土地上辛勤劳作，促使当地农业快速发展，与此相伴随，伊犁的维吾尔族人口也迅速繁衍增长。随着生产力的发展和伊犁地区政权地位的提升，其周边如塔城、阿勒泰等地区的维吾尔族人口也在迅速增加。清朝统一新疆后，北疆的维吾尔族分布格局并没有显著变化，但在分布区域上大大扩展了。哈密、吐鲁番地区原本就是维吾尔族的聚居地，随着北疆地区的农业开发和社会发展，迁徙到此处的维吾尔族人口又有增加。同时，乌鲁木齐、阜康、乌苏等地一些游耕的维吾尔族人慢慢开始定居并繁衍生息，人口也不断增加。至清末，整个北疆地区的维吾尔族已达几十万人。正是由于这种多民族聚居、杂居的分布格局，北疆的维吾尔族在语言生活上很难像南疆那样取得主体地位，只能和哈萨克语分享强势地位。在北疆的一些地、县，如昌吉地区的呼图壁县和木垒县、哈密地区的巴里坤县、阿勒泰地区的哈巴河县等，哈萨克语甚至明显强势于维吾尔语。北疆多个少数民族都有自己的语言文字，族内交往都用母语，但这些语言彼此并不相通。各族杂处的生活，需要有通用的语言的出现，历史上，汉语、哈萨克语、维吾尔语都不同范围、不同程度地被选作族际交际语，帮助各族人民达到交际的目的，比较而言，近代以来汉语作为族际交际语的地位更为突出。中华人民共和国成立后，大批内地的建设者来到北疆，带动北疆经济快速发展，也进一步巩固了汉语的地位。经济的快速发展，以及随之而来的文化、旅游业的发展，必然带动更加频繁的交流，也必然促使作为族际交际语的汉语快速普及。下面我们以吐鲁番地区为例说明。

截至2014年年底,吐鲁番地区总人口为65.31万人,其中汉族为13.85万人,占地区人口的21.2%;少数民族为51.46万人,占地区人口的78.8%,其中维吾尔族为47.40万人,占地区人口的72.6%。吐鲁番是个特殊的地区,它和南疆地区一样具有维吾尔族人口集中的特点,但由于地处北疆,受北疆大的语言环境影响,维吾尔语的地位远不如在南疆强势,反而是汉语成为事实上的族际共同语。吐鲁番地区的少数民族的汉语水平整体较高,这主要有两个原因。一是吐鲁番的地缘优势。吐鲁番是新疆连接内地的桥梁,很早就和内地建立了紧密的联系,同时它又是南北疆的交通枢纽。高昌时期,吐鲁番的汉族人就很多,到了清乾嘉时期,汉族人口更是达到了历史高点。二是吐鲁番的旅游资源优势。吐鲁番是新疆最重要的旅游地区,诸多著名旅游景点吸引着国内外游客。发达的旅游业以及与此密切相关并同样发达的商贸业,促使当地少数民族学习汉语,以便获得汉语交际带来的经济利益。尽早掌握并流利使用汉语,已成为吐鲁番维吾尔族的生活经验和文化共识,在祖辈、父辈、子辈中代代相传。后代们受此影响,骨子里早就渗透了主动学习汉语的文化基因。在吐鲁番,学习汉语早已成为维吾尔族群众的现实需求和文化自觉,政府的提倡,不过是顺水推舟。

总体来说,北疆推广国家通用语言相对容易。在心理上,少数民族基本没有排斥感,反而会心平气和地接受汉语成为他们族际交流的首选语言。

三 喀什市和伊宁市维吾尔族国家通用语言使用现状

南北疆维吾尔族国家通用语言实际情况的差距,我们采用南疆喀什市和北疆伊宁市的调查数据进行对比说明。

(一) 喀什市、伊宁市概况

喀什是我国西部重镇,也是南疆地区的政治、经济、文化中心。喀什市作为一个多民族聚居的城市,语言环境为:主体民族——维吾尔族使用维吾尔语,其他民族如塔吉克族、柯尔克孜族等使用本民族语言,但这些民族为了生存、交际的需要，自发学习当地强势语言维吾尔语；汉族、回族均使用汉语普通话或新疆汉语方言（晏坤，2016）。复杂的人口分布情况以及聚居、杂居、散居并存的民族格局，使喀什市的语言状况呈现"一主多从"即维吾尔语为主要语言、其他语言为辅助语言的特点。喀什市的语言状况在南疆具有代表性。

伊宁市位于伊犁河谷的中心，是伊犁哈萨克自治州的首府，也是伊宁、塔城、阿勒泰三个地区的政治、经济、文化中心和交通枢纽。伊宁市有哈萨克族、汉族、维吾尔族、回族、蒙古族、锡伯族等多个民族，语言生活相对复杂。虽然各个世居民族都有自己的语言，但由于汉族人口相对较多、经济相对发达，当地的少数民族也都主动学习汉语（段宁芬，2016）。在伊宁市，汉语实际上自然获得了族际通用语言的地位。伊宁市的语言状况在北疆具有代表性。

选取喀什市和伊宁市的维吾尔族，了解他们说汉语的情况，描述他们的语言能力、语言使用、语言态度的现状，可以大致说明南北疆地区维吾尔族的国家通用语言使用存在明显差异的基本事实，为科学地进行新疆语言生活调查摸索出一些规律，也为今后在新疆不同地区因地制宜地推广国家通用语言文字，制定提高少数民族教育质量的规划提供参考。

（二）喀什市、伊宁市调查数据分析

截至 2014 年年底，喀什市全市人口 60.71 万人，其中汉族 8.72 万人，占总人口的 14.4%；维吾尔族 51.50 万人，占总人口的 84.8%。伊宁市全市人口 55.97 万人，其中汉族 20.40 万人，占总人口的 36.5%；维吾尔族 26.97 万人，占总人口的 48.2%。根据随机抽样方法，最终获取喀什市有效样本 305 个，设为 N_1；伊宁市有效样本 127 个，设为 N_2。抽样结果具体如表 1 所示。

表 1 样本分布基本数据（$N_1 = 305$，$N_2 = 127$）

背景类别	类别选项	喀什市（305）样本数（百分比）	伊宁市（127）样本数（百分比）
性别分布	男	166（54.4%）	62（48.8%）
	女	139（45.6%）	65（51.2%）

续表

背景类别	类别选项	喀什市（305）样本数（百分比）	伊宁市（127）样本数（百分比）
年龄分布	15~29	143（46.9%）	24（18.9%）
	30~44	87（28.5%）	33（26.0%）
	45~59	58（19.0%）	45（35.4%）
	60~65	17（5.6%）	25（19.7%）
受教育程度	小学及以下	44（14.4%）	6（4.7%）
	初中	92（30.2%）	9（7.1%）
	高中（含中专）	96（31.5%）	61（48.0%）
	大专及以上	73（23.9%）	51（40.2%）
是否在外地生活两年以上	是	75（24.6%）	45（35.4%）
	否	228（74.8%）	82（64.6%）
	无法回答	2（0.7%）	0
职业	教师	9（3.0%）	18（14.2%）
	教师以外的专业技术人员	21（6.9%）	4（3.1%）
	公务员中的负责人	1（0.3%）	8（6.3%）
	普通公务员	6（2.0%）	7（5.5%）
	企事业单位负责人	6（2.0%）	2（1.6%）
	企事业单位中的办事等有关人员	27（8.9%）	15（11.8%）
	农、林、牧、渔、水利业人员	9（3.0%）	3（2.4%）
	商业、服务人员	102（33.4%）	42（33.1%）
	工业生产、运输设备操作等有关人员	36（11.8%）	9（7.1%）
	学生	44（14.4%）	17（13.4%）
	不在业人员	39（12.8%）	2（1.6%）
	其他	5（1.6%）	0

1. 语言能力情况

（1）母语情况

如表2所示，喀什市样本中97.4%的人的母语为维吾尔语，2.3%的人的母语为维吾尔语和普通话，0.3%的人的母语为维吾尔语和其他民族语言，这说明喀什市样本中，母语为本民族语言的比例为100%。伊宁市样本中100%的人的母语为本民族语言，小时候不会说普通话和其他民族语言。两市的母语保存情况都非常完美，不存在任何母语危机。

表 2 小时候最先会说的语言（$N_1=305$，$N_2=127$）

地区		小时候最先会说的语言			
		维吾尔语	维吾尔语和普通话	维吾尔语和其他民族语言	合计
喀什市	样本数（百分比）	297（97.4%）	7（2.3%）	1（0.3%）	305（100%）
伊宁市	样本数（百分比）	127（100%）	0	0	127（100%）

（2）交际语言能力情况

如表3所示，两市样本分别有70.2%和96.1%的人认为自己能够使用普通话与人交流。这个结果让人吃惊。喀什市70.2%的比例，与75%的"基本普及"目标（谢俊英，2011）已经非常接近，到2020年和全国同步实现"基本普及"的目标，应该问题不大。伊宁市96.1%的比例，则过于理想，比我们的实际感受还高，这可能是抽样的偶然因素所导致的，但伊宁市少数民族普遍掌握汉语普通话，确实已经成为一个事实。尽管两市的这一数据让人振奋，但喀什、伊宁两市样本存在25.9个百分点的巨大差距，的确反映了南北疆维吾尔族的国家通用语言的普及率存在明显差距的语言现实。

表 3 目前交际时能够使用的语言（$N_1=305$，$N_2=127$）

地区		目前能用那些语言与人交流		
		普通话	维吾尔语	其他语言
喀什市	样本数（百分比）	214（70.2%）	305（100%）	13（4.2%）
伊宁市	样本数（百分比）	122（96.1%）	127（100%）	70（55.1%）

两市样本目前100%能使用本民族语言进行交流，说明不存在推广普通话就削弱母语的情况。一段时间以来，部分学者中始终有一种声音，认为全面推进少数民族中小学双语教育（包括双语幼儿园教育）使少数民族的国家通用语言水平整体提高，但母语学习相应被弱化。我们的调查数据至少在量上完全可以回答这种质疑。

喀什市样本中4.2%的人能够用其他民族语言进行交流，伊宁市的这一数字是55.1%，说明喀什市维吾尔族在学习其他民族语言方面的表现明显逊于伊宁市。喀什维吾尔族聚居程度高，交往主要是在本民族内部，缺少学习其他语言的现实需求。反观伊宁市，竟然有55.1%的维吾尔族会其他民族语言。经详细访谈，我们发现这些人大多掌握的少数民族语言是哈萨克语——毕竟，伊犁是哈萨克自治州，哈萨克语在其自治州所辖市县具有优先使用的优势。伊宁市的哈萨克族人口、汉族人口有很多，蒙古族、锡伯族、柯尔克孜族、俄罗斯族等其他民族也长期在此生活，包括维吾尔族在内的各民族要想在不同民族之间自由交流，就必须学会普通话或者其他民族的语言。

（3）普通话能力情况

前项"交际语言能力情况"主要是根据样本自陈，因此，70.2%和96.1%两个数字还不能被认为是真正的普通话普及率。本项"普通话能力情况"以调查员的评测判断样本的普通话水平，可以更准确地计算出相应地区的普通话普及率，也可借此检验答卷人回答问题的信度。

根据2000年的调查，新疆少数民族的国家通用语言普及程度远低于全国平均水平，因此，我们在设计调研方案时，相应地降低一个水平，即在普通话水平7个层级中，1~5算作具有使用普通话能力的水平，6~7算作不具有使用普通话能力的水平。1~5这五个层级中，1、2、3三个层级为普通话较好的水平，4、5为普通话较差的水平。

如表4所示，喀什市样本中具有普通话能力的（1~5）有206人，占样本的67.5%；不具有普通话能力的（6~7）有99人，占样本的32.5%。其中普通话水平较好的（1~3）有108人，占具有普通话能力的（1~5）52.4%；伊宁市样本中具有普通话能力的（1~5）有120人，占样本的94.5%；不具有普通话能力的（6~7）有7人，占样本的5.5%。其中普通话水平较好的（1~3）有81人，占具有普通话能力的（1~5）67.5%。如果把普通话水平从1级到7级分别从高到低进行赋分，即1级为7分，7级为1分，经计算得出喀什市样本普通话平均水平约为3.69分，是高于5级、低于4级的水平，即属于"能听懂但不太会说""基本能交谈但不太熟练"之间的水平；伊宁市样本普通话平均水平约为4.87分，是高于4级、低于3级的水平，即属于"基本能交谈但不太熟练"与"能熟练使用但口音较重"之间的水平。显然，喀什市样本部分具有一定的普通话能力，但普及度不够高，水平也较低；伊宁市样本大部分具有普通话能力，普及度较高，水平也相对较高，普及比例和实际水平均比喀什市高。

表 4　普通话水平基本情况（$N_1=305$，$N_2=127$）

类别		喀什市		伊宁市	
		样本数（百分比）	合计	样本数（百分比）	合计
普通话水平	能流利准确地使用	27（8.9%）	206 (67.5%)	11（8.7%）	120 (94.5%)
	能熟练使用但有些音不准	37（12.1%）		37（29.1%）	
	能熟练使用但口音较重	44（14.4%）		33（26.0%）	
	基本能交谈但不太熟练	43（14.1%）		25（19.7%）	
	能听懂但不太会说	55（18%）		14（11.0%）	
	能听懂一些但不会说	59（19.3%）	99 (32.5%)	6（4.7%）	7 (5.5%)
	听不懂也不会说	40（13.1%）		1（0.8%）	
	总计	305（100%）	305(100%)	127（100%）	127(100%)

对比表 3、表 4 可以发现，两地实测的普及率都较自陈比例有所下降，喀什由 70.2% 下降到 67.5%，伊宁由 96.1% 下降到 94.5%，但幅度都不大。这也说明调查有足够的信度。喀什、伊宁两市样本实测值存在 27 个百分点的巨大差距，与自陈结果可以相互印证，进一步证明南北疆维吾尔族国家通用语言普及率存在明显差异的语言现实。

（1）性别分布情况

不同性别的数据显示（见表 5），喀什市样本中具有普通话能力的男性有 106 人，占样本男性的 63.9%；女性有 100 人，占样本女性的 71.9%。伊宁市样本中具有普通话能力的男性有 57 人，占样本男性的 91.9%；女性有 63 人，占样本女性的 96.9%。数据表明，伊宁市样本中男性具有普通话能力的人占比高于喀什市男性 28 个百分点，女性具有普通话能力的人占比高于喀什市女性约 25 个百分点，均显示伊宁市具有普通话能力的人远高于喀什市，两地性别均表现为"女胜于男"（与 2000 年新疆数据呈现的"男胜于女"正好相反。当然，2000 年数据中包含汉族样本）。

表 5　普通话能力与性别交叉表（$N_1=305$，$N_2=127$）

类别		具有普通话能力		不具有普通话能力		合计
		男	女	男	女	
喀什市	样本数（百分比）	106（63.9%）	100（71.9%）	60（36.1%）	39（28.1%）	305（100%）

续表

类别		具有普通话能力		不具有普通话能力		合计
		男	女	男	女	
伊宁市	样本数（百分比）	57（91.9%）	63（96.9%）	5（8.1%）	2（3.1%）	127（100%）

（2）年龄分布情况

不同年龄段的数据显示（见表6），喀什市样本中具有普通话能力的60~65岁样本为7人，占此年龄段的41.2%；45~59岁为26人，占此年龄段的44.8%；30~44岁为55人，占此年龄段的63.2%；15~29岁为118人，占此年龄段的82.5%，表现为会说普通话的比例随着年龄的下降而递增，这种年龄段分布趋势与国家和新疆推普历史一致。数据明显表示，年轻一代具有普通话能力的人较多，表明即使是在维吾尔族高度聚居的喀什市，年轻一代为适应现代社会、满足个人生活需求，也会努力去学习普通话，显然他们逐渐认识到了普通话的价值。伊宁市样本中具有普通话能力的60~65岁样本为23人，占此年龄段的92%；45~59岁为42人，占此年龄段的89.4%；30~44岁为31人，占此年龄段的93.9%；15~29岁为24人，占此年龄段的100%，各年龄段的相应比例都比较高。两市相比，伊宁市样本中各年龄段会说普通话的人占比均远高于喀什市各年龄段。

表6 普通话能力与年龄交叉表（$N_1=305$，$N_2=127$）

类别		年龄段				合计
		15~29	30~44	45~59	60~65	
喀什市	具有普通话能力	118（82.5%）	55（63.2%）	26（44.8%）	7（41.2%）	206（67.5%）
	不具有普通话能力	25（17.5%）	32（36.8%）	32（55.2%）	10（58.8%）	99（32.5%）
伊宁市	具有普通话能力	24（100%）	31（93.9%）	42（89.4%）	23（92.0%）	120（94.55%）
	不具有普通话能力	0	2（6.1%）	3（10.6%）	2（8.0%）	7（5.5%）

(3) 职业分布情况

不同职业的数据显示（见表7），两市中"教师以外的专业技术人员""公务员中的负责人"都具有普通话能力。差距较大的是"普通公务员""企事业单位负责人""企事业单位中的办事人员及有关人员""学生""商业、服务人员"五个职业人群，其中伊宁市前四个职业均具有普通话能力，但喀什市具有普通话能力的比例相对较低。

表7 普通话能力与职业交叉表（$N_1=305$，$N_2=127$）

类别	喀什市 具有普通话能力	喀什市 不具有普通话能力	伊宁市 具有普通话能力	伊宁市 不具有普通话能力
教师	8（88.9%）	1（11.1%）	17（94.4%）	1（0.56%）
教师以外的专业技术人员	21（100%）	0	4（100%）	0
公务员中的负责人	1（100%）	0	8（100%）	0
普通公务员	5（83.3%）	1（16.7%）	7（100%）	0
企事业单位负责人	4（66.7%）	2（33.3%）	2（100%）	0
企事业单位中的办事及有关人员	21（77.8%）	6（22.2%）	15（100%）	0
农、林、牧、渔、水利业人员	2（22.2%）	7（77.8%）	1（33.3%）	2（67.7%）
商业、服务人员	64（62.7%）	38（37.3%）	41（97.6%）	1（3.4%）
工业生产运输设备操作及有关人员	26（76.5%）	8（23.5%）	8（88.9%）	1（11.1%）
学生	41（93.2%）	3（6.8%）	17（100%）	0
不在业人员	9（23.1%）	30（76.9%）	0	2（100%）
合计	206（67.5%）	99（32.4%）	120（94.5%）	7（5.5%）

具有普通话能力比例的高低与职业有密切关系。职业的差别意味着工作环境（包括语言环境）的差别。两市中具有普通话能力者大都集中在脑力劳动者和具有频繁交际工作性质的人群。脑力劳动者之间在工作中交际交往的机会当然会比较多，同时脑力劳动者更善于根据不同对象选择适宜语言，长此以往，自然也就容易成为"多语人"。调查了解到，由于喀什是全疆各地区中族群成分最为单一的地区之一。喀什市维吾尔族学习普通话遇到的最主要的困难就是周围说普通话的人特别少。样本普遍反映，自己在生活中完全能够使用本民族语言完成各种交往交流，满足生活需求；无论在日常生活中，还是在更高层次的经济、文化交往中，都严重缺乏使用

国家通用语言的环境。伊宁市各个职业人群具有普通话能力的比例相对较高，其原因之一就是伊宁市为民族杂居地区，经济、文化相对发达和开放，族际文化交往和融合比较频繁、迅速，多语环境，刚好给了国家通用语言"用武之地"。

（4）迁徙分布情况

如表 8 所示，喀什市样本中有迁徙情况的为 75 人，其中具有普通话能力的有 58 人，占有迁徙情况的 77.3%；不具有普通话能力的有 17 人，占有迁徙情况的 22.7%；无迁徙情况的为 228 人，其中具有普通话能力的有 147 人，占无迁徙情况的 64.5%；不具有普通话能力的有 81 人，占无迁徙情况的 35.5%。有迁徙经历的样本具有普通话能力的比例对比高出 12.8 个百分点，说明喀什市样本中维吾尔族的普通话能力与是否发生迁徙具有明显关联。迁徙是语言发生变异的重要因素，语言迁徙时个人所经历的是一个相互融合、借鉴、平衡的教育过程（杜秀丽，2011），在语言上也是使一个经过迁徙接触外界的人的语言产生变化并使其最后成为语言获得者的过程。喀什市发生迁徙的人群的普通话能力比例相对较高，显然支持迁移导致语言变异的理论。

表 8　普通话能力与迁徙交叉表（$N_1 = 305$，$N_2 = 127$）

	类别	有迁徙情况	无迁徙情况	无法回答	合计
喀什市	具有普通话能力	58（77.3%）	147（64.5%）	1（50.0%）	206（67.5%）
	不具有普通话能力	17（22.7%）	81（35.5%）	1（50.0%）	99（32.5%）
伊宁市	具有普通话能力	41（91.1%）	79（96.3%）	0	120（94.5%）
	不具有普通话能力	4（8.9%）	3（3.7%）	0	7（5.5%）

伊宁市样本中有迁徙情况的为 45 人，其中具有普通话能力的有 41 人，占有迁徙情况的 91.1%；不具有普通话能力的有 4 人，占有迁徙情况的 8.9%。无迁徙情况的 82 人，其中具有普通话能力的有 79 人，占无迁徙情况的 96.3%；不具有普通话能力的有 3 人，占无迁徙情况的 3.7%。迁徙与否差别不大，甚至未发生迁徙的样本具有普通话能力的比例反而比发生迁徙的比例高，这在一定程度上说明伊宁市本身复杂的多民族杂居的格局对少数民族学习普通话起着非常重要的作用，而迁移到其他地区反而可能丧

失这种杂居的语言交往优势——当然，伊宁市维吾尔族94.5%的普通话普及率，本来就几乎没有进一步提高的空间了。

2. 语言在不同场合的使用情况

本次调研将普通话使用场合分为家庭、本地集贸市场、本地医院、本地政府部门、工作劳动场合5种不同的交际场合（见表9）。

表9 不同交际场合使用语言的情况（$N_1=305$，$N_2=127$）

类别		家庭	集贸市场	本地医院	政府部门	工作劳动
只说普通话	喀什市	2（0.7%）	1（0.3%）	15（4.9%）	25（8.2%）	25（8.2%）
	伊宁市	2（1.6%）	19（15%）	48（37.8%）	44（34.6%）	23（18.1%）
只说维吾尔语	喀什市	303（99.3%）	127（41.6%）	117（38.4%）	110（26.1%）	119（39.0%）
	伊宁市	125（98.4%）	32（25.2%）	16（12.6%）	15（11.8%）	59（46.5%）
选择对方使用的语言	喀什市	0	176（57.7%）	172（56.4%）	168（55.1%）	156（47.9%）
	伊宁市	0	76（59.8%）	63（49.6%）	66（52.0%）	45（35.4%）
无此情况	喀什市	0	1（0.3%）	1（0.3%）	2（0.7%）	15（4.9%）
	伊宁市	0	0	0	2（1.6%）	0

家庭交流发生在家庭成员之间，是母语的传统使用场合，显然"正式"程度最低，两市"只说普通话"的比例均非常低（分别为0.7%、1.6%），这很正常。本地集贸市场买卖双方也多为本社区成员即所谓"熟人"，发生本民族内部交往的可能性最大，"只说普通话"的比例也相对较低（分别为0.3%、15%）。而到了"本地医院""政府部门""工作劳动"等场合，"正式"程度明显提升，社会交往色彩明显增强，使用通用语的需求明显增加，"只说普通话"的比例也就成倍增加了。另外，两市"选择对方使用的语言"中，除了"家庭"这种内部场合，其他几个场合的比例均为35%～60%，比例相对较高，这种情况说明，喀什市和伊宁市样本中的双语人或多语人较多。

两市相比，"只说普通话"一项，伊宁市样本在"集贸市场""本地医院""政府部门""工作劳动"几个场合中的比例都远高于喀什市，这应该是整体普通话水平差距和普通话语言环境差距的综合反映。

3. 语言态度

语言态度方面的数据，主要通过"您认为本地小学最好使用哪种语言教学""您认为本地中学最好使用哪种语言教学""您认为普通话在您交往中的作用怎么样""您认为普通话在全国的影响力怎么样""今后在全国各地交往中,您认为哪种语言最重要"以及"你希望自己的普通话达到什么程度"6个问题获得。

(1) 教学语言

数据显示(见表10),"小学教学语言"中,喀什市和伊宁市选择"民汉双语"教学的比例均在60%以上,选择普通话教学的比例均在20%以上;"中学教学语言"中,两市在民汉双语教学上的比例没有太大差别,但选择普通话教学的比例有所上升。经过深入访谈,他们表示希望自己的孩子能够在学校同时习得本民族语言和国家通用语言。国家通用语言是必须学的,这是义务,而维吾尔语是母语,也是必须学的。显然,"民汉双语"教学在两市样本中已成为首选。

表10 本地小、中学最好使用的教学语言($N_1 = 305$,$N_2 = 127$)

类别		喀什市	伊宁市
小学教学语言	普通话	72(23.6%)	28(22.0%)
	少数民族语言	44(14.4%)	18(14.2%)
	民汉双语	184(60.3%)	81(63.8%)
	其他	5(1.7%)	0
中学教学语言	普通话	95(31.1%)	37(29.1%)
	少数民族语言	20(6.6%)	10(7.9%)
	民汉双语	182(59.7%)	80(63.0%)
	其他	8(2.6%)	0

(2) 普通话的作用

如表11所示,在"普通话在交往中的作用"中,喀什市和伊宁市样本中选择"非常大"的均在70%以上。在"普通话在全国的影响力"中,选择"非常大"的喀什市为87.2%,伊宁市为92.9%。经了解得知,选择"一般"和"没有作用"的这部分人群,基本从未离开过本地,且平时交往的对象为本民族人群,汉语在他们的实际生活中的确作用不大。表12数据中,认为在全国各地交往中普通话最重要的喀什市为90.8%,伊宁市为

94.5%。表11和表12均说明样本人群中大部分人已经明确认可普通话在全国范围内的作用和极大影响力。

表11 普通话在交往中和在全国的作用（$N_1=305$，$N_2=127$）

类别	普通话在交往中的作用		普通话在全国的影响力	
	喀什市	伊宁市	喀什市	伊宁市
非常大	219（71.8%）	101（79.5%）	266（87.2%）	118（92.9%）
一般	66（21.6%）	24（18.9%）	35（11.5%）	5（3.9%）
没有作用	10（3.3%）	2（1.6%）	0	1（0.8%）
无法回答	10（3.3%）	0	4（1.3%）	3（2.4%）

表12 全国交往中最重要的语言（$N_1=305$，$N_2=127$）

类别	普通话	少数民族语言	其他	无法回答
喀什市	277（90.8%）	17（5.6%）	6（2.0%）	5（1.6%）
伊宁市	120（94.5%）	5（3.9%）	1（0.8%）	1（0.8%）

（3）普通话期望值

如表13所示，喀什市样本中希望自己的普通话能够"熟练准确地使用"的有50.2%，"比较熟练准确地使用"的有15.4%，"进行一般交流就行"的有26.2%，"没什么要求"的有8.2%。伊宁市样本中希望自己的普通话能够"熟练准确地使用"的有73.2%，"比较熟练准确地使用"的有12.6%，"进行一般交流就行"的有11.8%，"没什么要求"的有2.4%。希望自己普通话达到"熟练准确地使用"和"比较熟练准确地使用"水平的，应该看作积极的态度。合并这两项，两地比例分别为65.6%、85.8%，这与两城市各自的普通话普及率基本一致，显示了两市维吾尔族人希望自己普通话水平不断提高的积极态度——要知道，目前两市达到"熟练准确地使用"的实测样本比例仅分别为8.9%、8.7%（见表4）。而通过对选择"进行一般交流就行"和"没什么要求"的样本进行访谈，发现这部分人群对自己普通话期望值不高的原因主要有二：一是样本长期生活在单一母语环境中，交往对象也相对单一，目前自己的普通话能够应对一般交流，不需要进一步学习；二是部分样本人群为老人和家庭妇女，他们认为学了普通话对自己没有什么用处。

表 13　希望自己的普通话水平达到的程度（$N_1=305$，$N_2=127$）

类别	熟练准确地使用	比较熟练准确地使用	进行一般交流就行	没什么要求
喀什市	153（50.2%）	47（15.4%）	80（26.2%）	25（8.2%）
伊宁市	93（73.2%）	16（12.6%）	15（11.8%）	3（2.4%）

四　调查初步结论

通过以上数据分析，可以得出以下初步结论。

（1）交际语言能力上，两市样本中除了都能用本民族语言进行交流外，自陈能用普通话进行交流的喀什市有 70.2%，伊宁市有 96.1%；能用其他语言进行交流的喀什市有 4.2%，伊宁市有 55.1%。数据表明，目前伊宁市大部分为双语人，喀什市也有一部分双语人，但相比伊宁市有一定差距。

（2）普通话能力上，喀什市具有普通话能力的有 67.5%，平均水平为 3.69 分，在高于 5 级、低于 4 级的等级上，也即属于"能听懂但不太会说""基本能交谈但不太熟练"之间的水平；伊宁市具有普通话水平的有 94.5%，平均水平为 4.87 分，在高于 4 级、低于 3 级的等级上，也即属于"基本能交谈但不太熟练""能熟练使用但口音较重"之间的水平。整体来说，喀什市样本具有一定的普通话能力，但普及度不高，水平较低；伊宁市样本大部分具有普通话能力，且普及度较高，水平比喀什市高一个等级。

（3）普通话能力在各因素之间的样本分布情况是，伊宁市具备普通话能力的人，男性、女性均明显高于喀什市；伊宁市具备普通话能力的人，各年龄段均明显高于喀什市，但差距随着年龄的降低而减小，说明喀什市推广国家通用语言的效果正在逐年提高；伊宁市具有普通话能力的人，各职业的比例都高于喀什市；迁徙情况上，喀什市维吾尔族的普通话能力与是否发生迁徙有明显关系，说明语言环境的改变能改变语言能力。伊宁市维吾尔族的普通话能力与是否发生迁徙没有明显关系，这与该市本身多语环境较优且普通话已经普及有关。

（4）语言态度上，本地中小学教学语言的选择中，选择"民汉双语"教学的比例均在 59.7% 以上，超过一半的人认为在学习母语的同时一定要学会国家通用语言，并强调这是义务。在普通话的作用中，认为普通话在生活中的作用非常大的均在 70% 以上，认为普通话在全国范围影响力非常大的均在 85% 以上。两市样本中均有超过 65.6% 的人希望自己的普通话能够更好。

[附注]

此次调查是 1999 年教育部等 11 部委联合开展的语言文字使用情况和语言生活状况调查，是我国第一次大规模的语言文字抽样调查。调查的最终成果《中国语言文字使用情况调查资料》作为国家语委"语言生活绿皮书 B 系列 2"，已由语文出版社正式出版。

②③④⑤⑥数据来源于新疆维吾尔自治区统计局，http://www.xjtj.gov.cn.

⑦文中所有表格数据显示均为"样本数（百分比）"形式。

⑧根据《中国语言文字使用情况调查资料》（2006 年），2000 年的全国普通话普及度平均为 53.06%，新疆普通话普及度为 37.49%。

⑨《〈新疆国家通用语言文字抽样调查研究〉开题报告》，根据预调查并充分考虑新疆少数民族说汉语的现实情况，在设计调查方案以及拟定评判标准时，相应地把《中国语言文字使用情况调查资料》中的评判样本普通话标准降低一个水平。

⑩普通话平均分值就是样本人群的各等级分值之和除以全部样本数，其计算方式为：普通话水平 =（$D_1 \times 7 + D_2 \times 6 + D_3 \times 5 + D_4 \times 4 + D_5 \times 3 + D_6 \times 2 + D_7 \times 1$）/N，其中 D 表示普通话等级，N 表示样本总数。

⑪《中国语言文字使用情况调查资料》显示，2000 年新疆分性别使用普通话占比，男女分别为 39.46%、35.45%，呈现"男胜于女"的状态。

参考文献：

[1] 段宁芬. 伊犁州直维吾尔族国家通用语言文字抽样调查研究 [D]. 新疆师范大学，2016（5）.

[2] 杜秀丽. 新疆汉哈语言接触影响现状调查分析 [M]. 乌鲁木齐：新疆人民出版社，2011.

[3] 高莉琴. 新疆的屯垦移民与新疆汉语 [J]. 语言与翻译（汉文），2004（3）.

[4] 厉声. 中国新疆：历史与现状 [M]. 乌鲁木齐：新疆人民出版社，2006.

［5］马大正．新疆史鉴［M］．乌鲁木齐：新疆人民出版社，2006．

［6］孟宪范、冯小双．中国社会科学文丛·民族学·人类学·宗教学卷［M］．北京：中国政法大学出版社，2005．

［7］谢俊英．普通话普及情况调查分析［J］．语言文字应用，2011（3）．

［8］晏坤．喀什市维吾尔族国家通用语言文字抽样调查研究［D］．新疆师范大学，2016（5）．

［9］中国语言文字使用情况调查领导小组办公室．中国语言文字使用情况调查资料［C］．北京：语文出版社，2006．

教育用字研究历史述评

陈黎明

（聊城大学语文教学论研究所）

一　引言

  2001 年 1 月 1 日起施行的《中华人民共和国国家通用语言文字法》规定："学校及其他教育机构以普通话和规范汉字为基本的教育教学用语用字。"教育用字是接受教育者应当学习掌握的汉字，是整个"教育教学用语用字"的重要组成部分，代有更迭，惜至今未见对其做历史性梳理。但自有学校教育以来，教育用字就客观存在于历朝历代的教育教学领域，而从教育价值的角度择取汉字自古及今绵延不绝。尤其从 1930 年傅葆琛发表《汉字"基本字"研究的初步》，到 1945 年国民政府教育部发布《暂用国民通用基本字表》，再到 2012 年中华人民共和国教育部颁行《识字、写字教学基本字表》《义务教育语文课程常用字表》，集中体现了汉语教育用字研究由民间自发提升为国家意志的过程。

  本文认为，教育用字是国家通用文字在教育领域的应用，即接受教育者应当学习掌握的汉字。在本文中，教育用字特指接受初级教育者（小学生、程度相当于小学生的成人）应当学习掌握的汉字，不仅具有规范性、常用性，而且具有基础性、优先性、教育性，主要涉及字种选择、分级定量、分类定序等问题。本文主要从如下四个方面对我国的教育用字研究历史做概要述评。

二 术语变换与选字标准的科学化

古代的教育用字研究多以"正字""需用字"等为名进行。班固《汉志》称:《急就篇》用字"皆《仓颉》中正字也"。1918年后,晏阳初等自觉开展教育用字研究并将其称为"最通用字""基础字""基本汉字""基本字",其后还出现了"应用字""常用字""实用字""急需字"等术语。成立于1923年的中华平民教育促进会,在总干事晏阳初的领导下最早开展了教育基本字的系统研究工作。21世纪以来,教育用字研究多以"基本字""常用字""基础字""教材用字"等名目进行。民国期间,晏阳初称"基本字"即"日常生活必需的文字"(宋恩荣,1989),傅葆琛(1930)称"我们所谓的'基本字',就是人人必须识的最低限度的汉字",赵荣光(1947)称"基本字是不分籍贯、性别、职业和教育程度,凡已及学龄的国民,都有学习和应用之必要的"。中华人民共和国成立后,教育部称"常用字的确是一般书报上使用最普遍的一部分单字",国家语委称扫盲用字就是"每一个有初等文化的人都应当掌握的"汉字,王宁(2012)称"'基本字'也就是汉字教学从零开始时需要优先选择的字"。这些术语及阐释反映了教育观念的更新。

古代的蒙学读物缺乏明晰的选字标准。1930年,傅葆琛(1930)首次提出"代表思想必不可少的符号"等9条选字标准;其后,张公辉(1946)提出"常用""笔画少"等7条选字细则,赵荣光(1947)提出择取基本字应满足"最易学习的和最难忘记的""有供一般字典词典作注释之功用的"等5个先决条件,艾伟(1949)提出"各书上最常见""其笔画数应在一与十之间"等6项教学用字选择原则。中华人民共和国成立后,国家语委提出"字频""使用度"等4条标准,戴汝潜(2003)提出"高频音形""构字力强"等遴选语文教学基本字的5项原则,王宁(2012)提出"字频与覆盖率""儿童心理词典""构字频度"等5个选取基础字的条件。

此外,早在1948年徐锡麟就注意到教育用字与"常用字"的不同之处。21世纪以来,李宇明(2001)、王宁(2004)、王敏(2009)、陈黎明(2010)等也都重新认识到"常用字并不等同于教育用字",并且倡导"根据教育规律制订分等级的《基础教育当用字表》""建议研制'教育用字字种表'和'教育用字等级表'"（邵怀领，陈黎明，2010）。2012年苏娟更明确地提出："是否可以考虑将引入教育用字，并将教育用字的年级分布进行整合这个问题提到议事日程上了。"遗憾的是，直到2009年，《中国大百科全书》仍认为"常用字是教育用字，通用字是印刷出版用字"，这种观点至今仍见于不同学者的论著之中。

总之，教育用字研究总是受社会发展状况和教育学、文字学水平的制约。民国期间的教育用字研究，已经注意到"学用一致"问题。到目前为止，已有的研究已经注意到教育用字的规范性、常用性、基础性、优先性、教育性，但尚未提出并界定"教育用字"概念；教育用字的选字标准更加切近初学者，更加清晰科学，但多注意文字的逐步扩展而较少注意学习者的语言发展。

三　语料范围的不断扩大与字种字量逐步明确

古代的教育用字研究只关注蒙学读物，清代王筠的《文字蒙求》甚至只关注《说文解字》；20世纪20年代，陈鹤琴开始将儿童用书、报章、杂志等6种语体文材料作为语料来源，30年代艾伟更将"算术、常识等课本"等纳入其中，但由于全靠手工操作，语料规模都较小；70年代后，借助计算机的应用，语料规模越来越大，其范围涵盖自然科学、社会科学等领域。

自古及今，教育用字的字种呈现由少到多，再由多到少直到稳定的趋势。不同时期相关论著所涉教育用字的基本情况，可参见表1。

表1　相关论著教育用字情况一览

	作者	论著名	字数	备注
古代	（汉）闾里书师	《仓颉篇》（合秦"三仓"）	3300	全文
	（汉）史游	《急就篇》	2140	全文
	（汉）扬雄	《训纂篇》	5340	全文
	（梁）周兴嗣（宋）王应麟等	"三百千"（《三字经》《百家姓》《千字文》全文2708字）	1474	以下字数均为字种
	（清）潘子声	《养蒙针度》	8505	1735年
	（清）王筠	《文字蒙求》	2504	1846年
	（清）刘树屏	《澄衷蒙学堂字课图说》	3310	1901年

续表

	作者	论著名	字数	备注
民国时期	陈鹤琴	《语体文应用字汇》	4261	1922 年
	晏阳初等	《基本字表》	1320	1926 年
	敖弘德	《语体文应用字汇研究报告》	4339	1929 年
	庄泽宣	《基本字汇》	5262	1930 年
	王文新	《小学分级字汇研究》	3799	1930 年
	杜佐周、蒋成堃	《儿童与成人常用字汇之调查及比较》	4117	1933 年
	教育部	《小学初级分级暂用字汇》	2711	1935 年
	洪深	《一千一百个基本汉字使用教学法》	1350	1935 年
	教育部	《暂用国民通用基本字表》	1320	1945 年
	金轮海	《中国国字整理研究的初步报告》	2573	1946 年
	辛安亭	《群众急需字分类表》	4117	1946 年
	黄贵祥	《文盲字汇研究》	1504	1947 年
	李廉铭	《中华基本教育小字典》	1600	1948 年
中华人民共和国时期	教育部	《常用字表》	1500	1952 年
	吴玉章等	《现代必读汉字》	3166	1964 年
	北京市教育局	《常用字表》	3100	1965 年
	张卫国	《小学语文用字表》	3071	1983 年
	人民教育出版社	《六年制小学语文统编教材生字表》	3189	1984 年
	娄警予、王贵文	《现代汉语常用字表》	5623	1987 年
	国家语委汉字处	《现代汉语常用字表》	3500	1988 年
	国家语委语用所	《扫盲用字表》	2000	1993 年
	教育部	《义务教育语文课程常用字表》	3500	2011 年
	陶本一	《小学教学基础汉字等级字表》	3060	2012 年
	陈黎明	《汉语基本字汇研究》	3500	2012 年

总之，传统的各种蒙学教材使用字数多少不一，如汉代闾里书师《仓颉篇》3300 字，汉代史游《急就篇》2140 字，汉代扬雄《训纂篇》5340 字，且篇中多有重复字；即使《千字文》也并非无复字，但一般要求掌握 2000 字左右。民国期间大都只要求掌握"重要的文字"，也没有明确的数量规定。但大致说来，民众教育用字大致为 1400 个，如《基本字表》与《暂用国民通用基本字表》均收字 1320 个，《文盲字汇研究》收 1504 字；小学

教育用字大致为 3500 个，如《小学分级字汇研究》选定 3799 字（6 个年级），《小学初级分级暂用字汇》收字 2711 个（4 个年级）。中华人民共和国成立后才逐步有了明确的字量要求，儿童教育用字约为 3000 个，成人扫盲用字约为 2000 个；《义务教育语文课程常用字表》颁行后，我国的教育用字不仅有了 3500 字的数量标准，而且有了相对应的字种标准。

四　分级排序的稳步推进与用字分类的不断深入

古代最著名的蒙学教材"三百千"的排序已经蕴含教育用字的分级排序观念，清代潘子声《养蒙针度》按蒙书难易程度排列生字体现了朴素的分级思想，《澄衷蒙学堂字课图说》"识字之序，则分浅深二级，先浅后深"，体现了自觉的分级排序意识。民国期间，王文新《小学分级字汇研究》将收字分小学初级 4 年、高级 2 年后"又定出各年级之识字范围"，这就将教育用字分级落到实处。21 世纪以来，苏新春《基础教育阶段小学语文教材生字位序表》以及教育部《识字、写字教学基本字表》《义务教育语文课程常用字表》，在明确字量、字种的基础上也对其做了初步的分级、排序。

周秦时期《史籀篇》《仓颉篇》已经体现了"以类相从"的特点，西汉《急就篇》"罗列诸物名姓字、分别部居不杂厕"更成为教育用字分类的自觉意识，但这只是按生活、字形、字义的直观分类。清末《澄衷蒙学堂字课图说》"略以名动静状及虚字为次"，民国期间洪深《一千一百个基本汉字使用教学法》分收字为实物辞、助话辞等 4 类，体现了抽象的语言分类特点。中华人民共和国成立后吴玉章等《现代必读汉字》、张学涛《快速集中识字手册》先后注意到教育用字的组词、构字特点，《汉语基本字汇研究》从生成性角度将其分为构字、组词、造句 3 种，为教育用字的类型分类奠定了基础。

总之，分级排序最能体现教育用字的"教育性"特点，这方面的工作还有待加强；教育用字分类日趋深入，更加切合教学实际，但其类型分类尚须进一步加强。

五　研究方法的愈益精进与最新成果的美中不足

　　古代的教育用字研究主要凭借学养与经验。民初陈鹤琴开字频统计之先河，晏阳初等采用"经验的方法与科学的方法"研究基本字，但还只限于手工操作，采集语料规模也较小，统计法、文献法、比较法成为具体的研究方法。20世纪70年代后逐步采用"以计算机统计为主、人工干预为辅"的研究方法，语料规模也越来越大，数据库成为重要的研究手段。

　　21世纪以来，所用语料库既有多学科的科技综合语料库，也有中小学实用教材语料库，定量统计与定性分析的结合愈益紧密，教育用字研究成果也日益丰富，日益切近初学者，如教育部《识字、写字教学基本字表》《义务教育语文课程常用字表》、陶本一《小学教学基础汉字等级字表》。教育部的基本字表（300字）与常用字表（表一2500字、表二1000字），大致对应第一、第三、第四学段，第二学段无明确对应，从300字直接攀升至2500字，梯度明显不合理，缺乏连贯性；尤其后者也不是专为小学生研制的，而是面向社会的《通用规范汉字表》中的"一级字表"。

　　总之，虽然教育用字研究的方法日趋精进，但研究成果仍有诸多问题需要解决。

六　结论

　　教育用字不同于常用字、教材用字。数量上，教育用字略同于常用字，但少于教材用字；适用群体上，教育用字、教材用字适用于受教育者，常用字适用于全体社会成员；本质上，教育用字更能体现教育价值和教育规律，是教材用字的核心，具有相对的稳定性，而教材用字是教育用字的具体运用，具有相对的灵活性；常用字是社会通用字的核心，主要取决于使用频率。

　　教育用字（基本字、基础字）与常用字关系密切，数量基本一致，但具有先易后难、由浅入深、循序渐进的特点，应当作为一个独立的研究领域提出。教育用字是教材用字的核心，主要取决于教育价值和教育规律，相对于教材用字的现实性和相对灵活性,具有明显的理想性和相对稳固性;常用字是通用字的核心,主要取决于字频统计和使用度。汉语中客观存在三种(构字、组词、造句)具有生成性的"基本字"(根本字),不仅是常用字的核心,更是教育用字的核心。

总体而言,中国的教育用字研究历经如下嬗变:(1)研究意识:自发→自觉→科学;(2)研究视点:实用性→常用性→教育性;(3)研究要素:字种字量→字种字量、分级分类→字种字量、分级分类、定位排序;(4)研究方法:经验→手工统计+经验→定量统计+定性分析。

参考文献:

[1] 班固. 汉书 [M]. 中华书局,1962.

[2] 宋恩荣. 晏阳初全集 [M]. 湖南人民出版社,1989.

[3] 傅葆琛. 汉字"基本字"研究的初步 [J]. 教育与民众,1930,2(2).

[4] 赵荣光. 基本字和民众课本用字的研究 [J]. 中华教育界,1947,1(8).

[5] 中央人民政府教育部. 常用字表 [M]. 人民教育出版社,1952.

[6] 国家语委语言文字应用研究所. 扫盲用字表 [J]. 语言文字应用,1993(3).

[7] 王宁. 儿童与成人阅读语料的差距催生了字表 [J]. 基础教育课程,2012-1,2012-2(97-98).

[8] 张公辉. 国字整理发扬的途径 [M]. 台湾新生报社新生印刷厂,1946.

[9] 艾伟. 汉字问题 [M]. 中华书局,1949.

[10] 国家语委汉字处. 现代汉语常用字表 [M]. 语文出版社,1988.

[11] 戴汝潜. 大成全语文教育 [M]. 机械工业出版社,2003.

[12] 王敏. 新中国常用字问题研究概述 [J]. 语言文字应用,2007(2).

[13] 李宇明. 通用语言文字规范和标准的建设 [J]. 语言文字应用,2001(2).

[14] 邵怀领,陈黎明. 中国当代识字教材:现状及建议 [J]. 教育导刊,2010(4).

[15] 苏娟. 浅谈如何提高小学语文识字教学成效 [J]. 读与写(教育教学刊),2012(3).

[16]《中国大百科全书》总编委会. 中国大百科全书 [M]. 中国大百科全书出版社,2009.

[17] [清] 王筠. 文字蒙求 [M]. 中华书局,1962.

[18] 史游. 急就篇 [M]. 岳麓书社, 1989.

[19] 潘子声. 养蒙针度 [M]. 上海广益书局, 1921.

[20] 叶澄衷. 澄衷蒙学堂字课图说（影印再版）[M]. 新星出版社, 2014.

[21] 陈鹤琴. 语体文应用字汇 [M]. 最初发表于《新教育》1922, 5（5）, 1928 年又由商务印书馆出版单行本.

[22] 孙伏园. 定县的平民文学工作略说 [J].《艺风》, 1933, 1（9）.

[23] 敖弘德. 语体文应用字汇研究报告 [J]. 教育杂志, 1929, 20（2-3）.

[24] 庄泽宣. 基本字汇 [M]. 民智书局, 1930.

[25] 王文新. 小学分级字汇研究 [M]. 民智书局, 1930.

[26] 杜佐周, 蒋成堃. 儿童与成人人常用字汇之调查及比较 [J].《厦门大学教育学院研究丛刊》之三, 厦门大学, 1933.

[27] 教育部. 小学初级分级暂用字汇 [J]. 小学教师半月刊, 1935, 3（24）.

[28] 洪深. 一千一百个基本汉字使用教学法 [M]. 生活书店, 1935.

[29] 金轮海. 中国国字整理研究的初步报告 [J]. 教育世界, 1946（2-3）.

[30] 辛安亭. 教材编写琐忆 [M]. 陕西人民出版社, 1981.

[31] 黄贵祥. 文盲字汇研究 [M]. 交通书局, 1947.

[32] 吴廉铭. 基本字的又一尝试 [J]. 中华教育界, 1947（3）.

[33] 中国人民大学语言文字研究所. 现代必读汉字（研究本）[M]. 中国人民大学语言文字研究所, 1964.

[34] 北京市教育局. 常用字表 [M]. 北京市教育局中小学教材编审处, 1965.

[35] 张卫国. 小学语文用字表 [J]. 教育研究, 1983（5）.

[36] 人民教育出版社. 六年制小学语文统编教材生字表 [M]. 人民教育出版社, 1984.

[37] 娄警予, 王贵文. 现代汉语常用字表 [M]. 北京教育出版社, 1987.

[38] 教育部. 义务教育语文课程标准（2011年版）[M]. 北京师范大学出版社, 2012.

[39] 陶本一. 小学教学基础汉字等级字表 [M]. 上海辞书出版社, 2012.

[40] 陈黎明. 汉语基本字汇研究 [M]. 华东师范大学, 2012届研究生博士学位论文.

[41] 国家语委. 2009年语言生活报告 [M]. 商务印书馆, 2010.

[42] 张学涛. 快速集中识字手册 [M]. 新华出版社, 1982.

[43] 国务院. 关于公布〈通用规范汉字表〉的通知 [Z]. http://www.gov.cn/zwgk/2013-08/19/content_2469793.htm.

东南亚华裔学生的语言使用情况与文化认同调查

朱媞媞

(华侨大学文学院)

一 引言

东南亚是华侨华人最主要的聚居地。20世纪初,全球华侨华人总数为400万~500万人;20世纪50年代初,总数增加至1200万~1300万人,其中90%集中在东南亚;到2007~2008年,在全球4543万华侨华人中,东南亚占比有所下降,但仍有73%左右。[①]

华人漂洋过海到东南亚谋生的历史由来已久,明清两代闽粤琼三地之人更是大规模下南洋,这在闽南各地的家史族谱与侨批中都能找到明确记载,在一些地方文学里也有体现,如刊行于1566年的闽南话戏文明嘉靖本《荔镜记》中就有"走在南洋"的说法。早期华人在南洋多因血缘地缘等关系聚族而居,族群内交流使用自己的方言母语,同时也学些当地语言以应付生活需要。第二代、第三代华人大多从小习得方言母语与居住国通用语言,同时掌握华语以便于不同族群之间的交流。

语言是文化最重要的载体,也是传播文化的主要工具。在新形势下,特别是在"一带一路"倡议下,东南亚华人的语言使用现状具有哪些总体特征,它与文化认同之间又有哪些联系,这些问题值得引起我们的关注。

---

① 参见《约5000万:全球华侨华人总数首次得出较明确统计数字》,新华网,http://news.xinhuanet.com/fortune/2011-11/30/c_111206719.htm,2011年11月30日。

二 东南亚华裔学生语言使用情况调查

本次调查采取问卷调查和访谈相结合的方法，调查对象是目前在福建高校就读的东南亚华裔留学生（以下简称东南亚学生）。调查组 2017 年 4 月在华侨大学、厦门大学和福建师范大学三所高校发放问卷。本次调查一共发放问卷 350 份，实际回收问卷 312 份，回收率 89.14%；其中有效问卷 301 份，有效率 96.47%。考虑到学生的汉语水平，问卷使用中英文两种语言。调查材料结合 EXCEL 和 R 语言来进行统计分析。

受所在国华人政策与华语政策的影响，东南亚各国的华人语言使用情况各不相同。但与欧美非等其他地区相比，东南亚华人的语言使用情况又有其总体特征。因此，本文着重描写马来西亚、菲律宾、泰国、缅甸、越南、老挝和印度尼西亚七国留学生的语言使用与文化认同情况，分析总体特征及其成因。这几个国家也是目前福建留学生人数最多的国家。

在 301 份有效问卷中，男生 101 人，占 33.55%；女生 200 人，占 66.45%。年龄跨度从 17 岁到 36 岁，这一年龄跨度是语言的主要使用时期，这一时期的主要任务是发展专业语言，制定语言规划。这一时期的人思想最活跃、语言最活跃、语言的吸纳能力和创新能力最强，故而也最能体现社会语言竞争的总体状况（李宇明，2016）。

语码形式主要涉及普通话、汉语方言、居住国通用语言和英语。语码（code）在社会语言学中指的是语言或语言的任何一种变体。如汉语方言即汉语的地域变体，它并不是独立于汉语之外的另一种语言。所以本文在谈及几种语言或其变体时，较多采用"语码"的说法。海外华族的共同语一般称"华语"，它是以普通话为标准的海外汉语共同语。因本文的调查对象主要是国内高校的留学生，所以采用"普通话"的说法。

（一）语言能力与语言习得情况调查

1. 语言能力调查

东南亚学生目前所具有的语言能力是我们调查的第一个问题，题目设计为"您现在都能说哪些话"，答案有"A 普通话、B 汉语方言、C 英语、

D 居住国语言、E 其他语言"共五个选项。答案统计结果显示，同时选择"普通话、英语和居住国语言"的学生最多，一共有 74 人，占总数的 24.58%；其次是同时选择"普通话、汉语方言、英语和居住国语言"的学生，共 57 人，占总数的 18.94%，其他统计结果如图 1 所示。

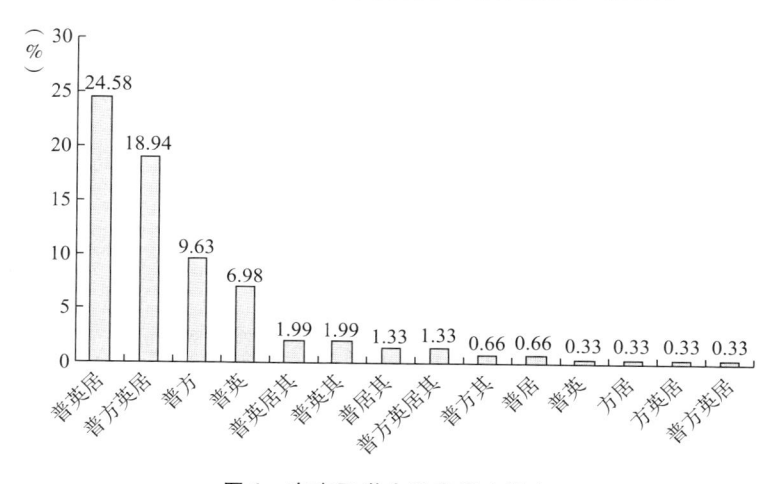

图 1　东南亚学生语言能力调查

注：图中每种语码以其名称的第一个汉字作为其简称，如"普通话"简称"普"。下同。

东南亚是典型的多民族、多元文化地区，通行的语言也很复杂，当地华人为了适应环境大多是多语者。数据结果显示，东南亚学生掌握两种以上语码的有 292 人，占总数的 97%；掌握两种至三种语码的有 224 人，占 74.42%；掌握四种至五种语码的也有 68 人，占 22.59%。

在几种语码的选择中，普通话与居住国语言的掌握率都很高，分别为 98.33%（296 人）与 73.75%（222 人）；其次为英语与汉语方言，分别为 58.80%（177 人）与 39.20%（118 人）。

2. 第一语言调查

第一语言指人出生以后首先接触并获得的语言；第二语言指人们在获得第一语言以后再学习和使用的另一种语言。母语是指本国、本民族的语言；外语是指外国的语言。一般情况下母语是人们的第一语言；但对一些移居国外的人来说，其子女出生后首先接触并获得的语言有可能是居住国的语言而不是母语（刘珣，2002：1~2）。

对第一语言的调查，我们设计的问题是"您最先学习的语言是什么"，统计结果如图 2 所示。对于新生代华裔而言，在第一语言的习得中，母语已不占优势，更多人首先习得的是居住国语言。答案中只选择"居住国语言"的人数最多，有 119 人（39.53%）。其次是普通话、方言与英语。此外，还有 15.61% 的学生是两种或两种以上的语言同时习得。

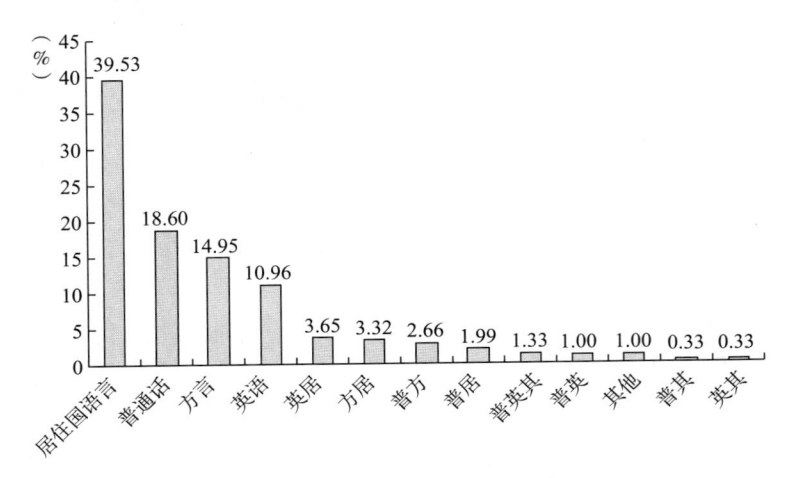

图 2　东南亚学生第一语言调查

综合所有选项来观察，在第一语言的习得中，选择了"居住国语言"的人数也是最多的，有 150 人，占总数的 49.83%。其次是普通话，占 25.91%，以方言为第一语言的有 63 人，占 20.93%。选择英语的也有 52 人，占 17.28%。

3. 学习普通话的时间与地点调查

为了进一步了解东南亚学生的普通话学习情况，我们对他们开始学习普通话的时间与地点进行了调查。在"您是什么时候开始学习普通话的"这一问题中，2 人未作答，其余 299 人中，选择"开始学说话时"的有 44 人，选择"幼儿园"的有 39 人，选择"小学"的有 89 人，选择"中学"的有 62 人，选择"大学"的有 65 人（如图 3 所示）。

在"您学会普通话的地点是哪里"这一问题中，4 人未作答，其余的 297 人中，选择"家里"的有 53 人，选择"学校"的有 228 人，选择"家里＋学校"的有 16 人（如图 4 所示）。

与第一语言已替换为居住国语言的情况相对应，东南亚学生学习母语的时间主要是在入学后，学习地点也主要是在学校。

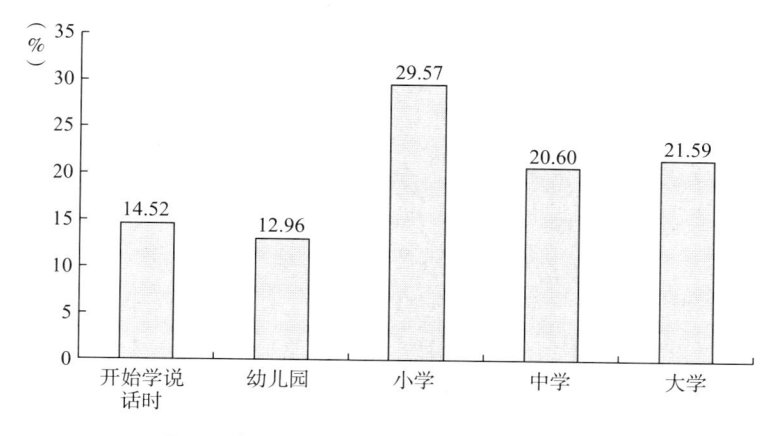

东南亚华裔学生的语言使用情况与文化认同调查 // 163

图 3 东南亚学生开始学习普通话的年龄段

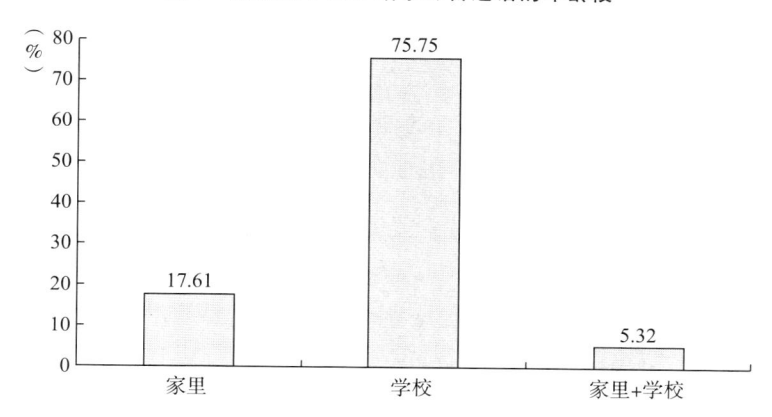

图 4 东南亚学生学会普通话的地点

（二）语言使用情况调查

1. 与不同对象交谈时的语码选择

在语言使用情况的调查中，我们设计了几种不同的交谈对象与交谈场合。在"您与家人交谈使用什么语言"这一问题中，只选择"居住国语言"的有 148 人，占 49.17%；只选择"方言"的有 48 人，占 15.95%；选择"居住国语言+方言"的有 22 人，占 7.30%。另有"普通话+方言""居住国语言+普通话+方言+英语""其他语言"等 13 种不同的选择，但每种选择的人数都较少，皆不超过 5%，这 13 种其他选择的占比合计只有 22.26%。

在与家人的交谈中，居住国语言的使用率最高，有213人只选择了居住国语言或是同时选择了居住国语言与其他语码；方言居其次，有109人选择；普通话与英语的选择人数分别为54人与27人（如图5所示）。多语现象在东南亚家庭中普遍存在，有74人（24.58%）选择了两种以上的语码。

在"您与朋友交谈时使用什么语言"这一问题中，只选择"居住国语言"的有81人，占26.91%；只选择"普通话"的有66人，占21.93%；选择"居住国语言+普通话"的有41人，占13.62%。另有只选择"方言""普通话+英语""居住国语言+方言"等其他14种，但每种选择的人数都较少，这14种选择的占比合计只有24.91%。

在与朋友的交谈中，选择居住国语言的人数也是最多的，有204人的选项中出现了居住国语言。与家庭环境不同的是，新生代华裔之间的交流，普通话取代了方言的地位，成为与居住国语言使用率接近的常用语，有187人的选项中出现了普通话。而方言的使用人数甚至少于英语，前者为62人，后者为66人（如图5所示）。多语现象在新生代华裔之间的交流中更为常见，选择多语的有139人，占46.18%，有近一半的学生在与朋友交流时存在多语并用的情况。

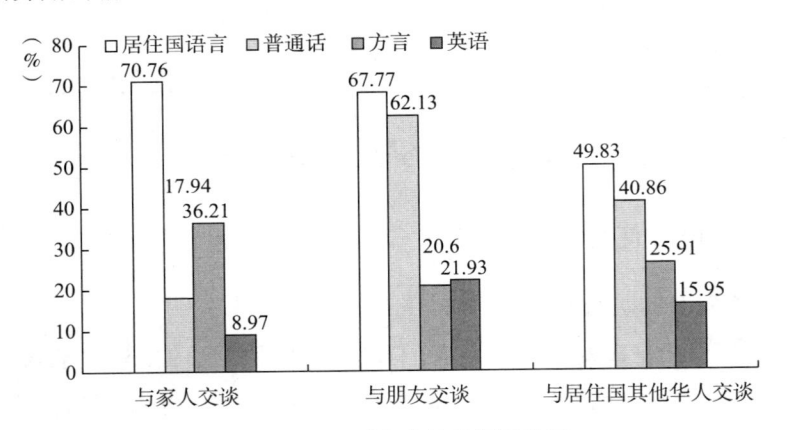

图5 与不同对象交谈的语码选择

在"您和居住国其他华人之间交流时使用的语言是什么"这一问题中，只选择"居住国语言"的有94人，占31.23%；只选择"普通话"的有64人，占21.26%；只选择"方言"的有35人，占11.63%；只选择"英语"的有16人，占5.32%。另有"普通话+居住国语言""方言+居住国语言"

"普通话+英语"等其他11种选择，合计占比29.88%。

与居住国其他华人之间交流时，使用得最多的同样是居住国语言，有150人的答案中出现"居住国语言"这一选项；其次是普通话，选择的有123人；方言居第三，选择的有78人；英语有48人选择（如图5所示）。多语现象在东南亚学生与居住国华人之间的交流中同样存在，多语选择的有90人，占29.90%。

综上分析，新生代华裔在与不同的对象交谈时，居住国语言的使用率都是最高的。即使是与家人交谈时，也有高达70.76%的学生选择居住国语言或是居住国语言混合其他语码。方言在家庭内部仍有重要地位，但呈现萎缩趋势。普通话则呈现明显的增长趋势，特别是年青一代华裔之间已越来越多地选择普通话作为交际用语。英语的使用在华裔青年中也呈上升趋势，年轻人掌握英语是为了更好地适应全球化的发展。

2. 不同场景的语码选择

为了进一步了解东南亚学生的语言使用情况，我们还设置了"买东西""看书报""看影视剧""听音乐""上网"五个不同的场景进行调查。数据统计的结果如图6所示。

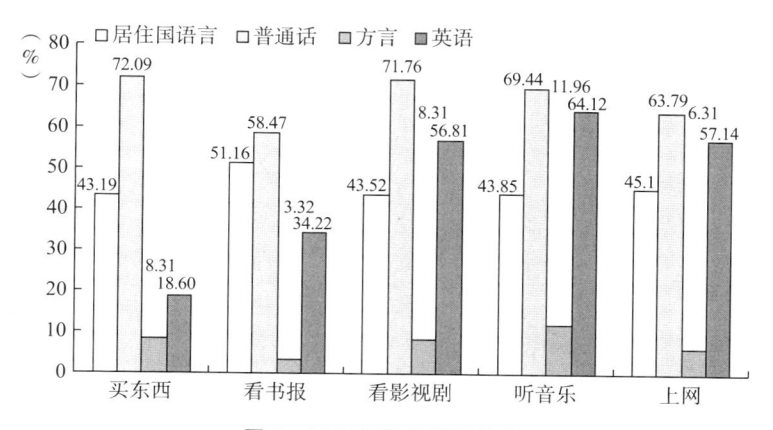

场景	居住国语言	普通话	方言	英语
买东西	43.19	72.09	8.31	18.60
看书报	51.16	58.47	3.32	34.22
看影视剧	43.52	71.76	8.31	56.81
听音乐	43.85	69.44	11.96	64.12
上网	45.1	63.79	6.31	57.14

图6 不同场景的语码选择

因为这些学生目前在中国学习，受环境影响，普通话的使用率会较高，但仍然可以观察到一些趋势。在上述几个场景中，普通话的使用率都是最高的，而方言萎缩现象更为明显。同时英语的使用呈明显的上升趋势，在"看影视剧"、"听音乐"和"上网"等场景中使用率都很高。在上述几个场景中，多语现象同样普遍存在，答案中出现两种以上语码的人数分别为：买东西时 89 人，占总数的 29.57%；看书报时 106 人，占总数的 35.22%；看影视剧时 106 人，占总数的 35.22%；听音乐时 156 人，占总数的 51.83%；上网时 149 人，占总数的 49.50%。

互联网时代人们的交际方式发生了很大的转变，社交软件成了年轻人交流的重要方式。为此，我们也调查了东南亚学生使用几款中文社交软件的情况。调查结果显示，微博、微信和 QQ 在东南亚学生中都有较高的使用频率，90% 以上的学生经常使用微信。用微信聊天、刷朋友圈成了这些学生最主要的社交方式。这些中文社交软件的使用有助于东南亚学生更好地融入中国的学习生活，也有助于他们语言与文化的学习。

随着互联网的发展，大量的网络语言产生，并且受到网民们的青睐而发展迅速，成了汉语词汇中发展演变最快的一部分。有些网络语言具有较好的表意功能，且流传时间长、使用范围广，最后被收录进规范词典，成为一般词汇。为了调查东南亚学生对中文网络语言的了解，我们设计了"以下几个网络用语的意思，您知道的有几个"这一问题，提供的一组网络用语是"粉丝、山寨、雷人、颜值"。前三个词语《现代汉语词典》第 6 版就已收录，"颜值"到第 7 版也已收录。

答案统计结果显示东南亚学生对这几个网络用语都有一定程度的了解，数据分别为：知道"粉丝"词义的有 200 人，占 66.45%；知道"颜值"词义的有 151 人，占 50.17%；知道"山寨"词义的有 103 人，占 34.22%；知道"雷人"词义的有 92 人，占 30.56%。通过访谈也发现东南亚学生对汉语新产生的语言现象持积极接受的态度，对新词新义以及新的语法形式都能较快地接受与模仿。这一方面有利于他们更快地学习汉语，另一方面却可能影响他们汉语使用的规范性。

（三）语言态度调查

"语言态度（language attitude）是指个人对某种语言或方言的价值评价和行为倾向。"（游汝杰、邹嘉彦，2004）语言态度对于语言习得具有很大影响。为了了解东南亚学生对几种语言（或方言）特别是普通话的语言态度，我们从认知和行为倾向等方面进行了调查。

1. 认知因素

在"在中国的学习生活中，您听周围人讲普通话有困难吗"这一问题中，2人未作答，其余299人中，有65人表示"完全没有困难"，171人选择"偶尔有困难"，43人选择"经常有困难"，只有20人选择了"很困难"（如图7所示）。有78.40%的学生在普通话的听辨上持积极态度。

在"您觉得普通话易于掌握吗"这一问题中，2人未作答，其余299人中，14人选择了"很容易"，36人选择了"容易"，97人选择了"一般"，107人选择了"比较难"，45人选择了"很难"（如图8所示）。在普通话的掌握方面持积极态度的学生只有16.61%。

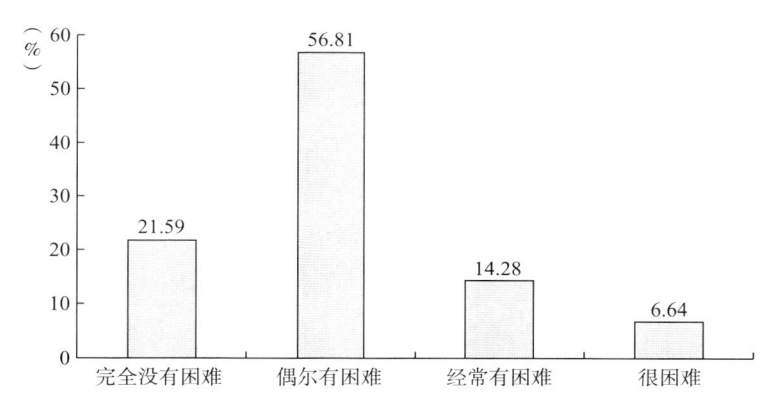

图7　普通话听辨能力调查

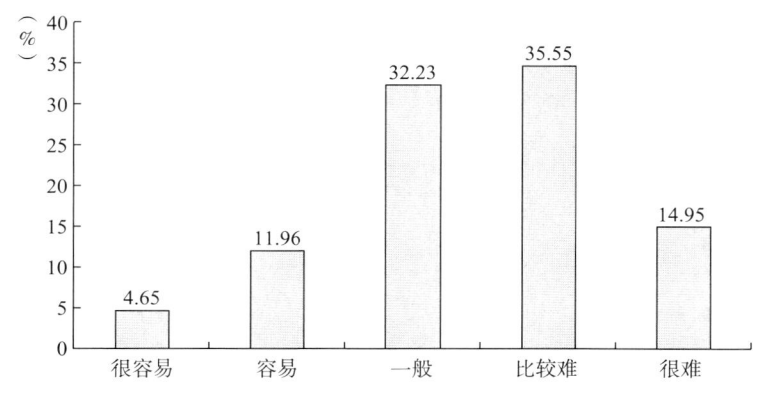

图8　普通话难易程度调查

东南亚学生大都具有闽粤客等南方方言背景，东南亚的华语虽然以普通话为标准,但实际上深受南方方言的影响。东南亚学生在学习普通话的过程中具有南方方言区的学生学习普通话的一些特点,如发不好轻声、儿化和翘舌音,边音、鼻音不分,前后鼻韵相混等。东南亚学生在学习普通话的过程中,其方言背景是需要考虑的一个因素。

在普通话水平的自我评价中,3人未作答,其余298人中,选择"很流利"的有19人,选择"流利"的有103人,选择"不太流利"的有146人,另有30人选择了"总觉得说不好"(如图9所示)。在普通话水平的自我评价中,持积极态度的学生只有40.53%,这一结果与学生对普通话学习难易度的评价是一致的。语言学习时的焦虑情绪会形成强弱不同的心理障碍,从而影响学习的效果。

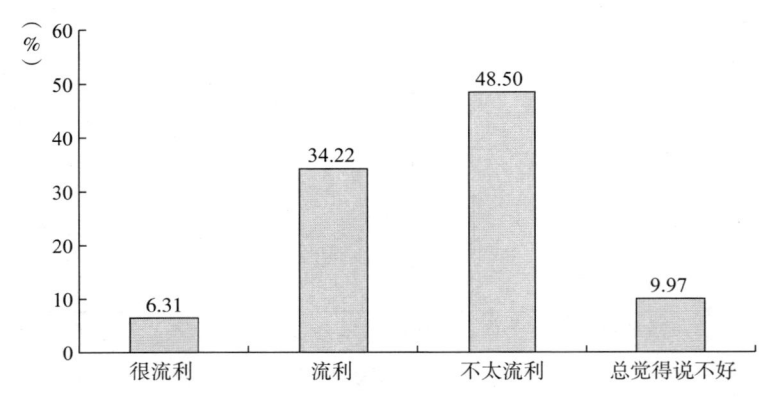

图 9 普通话水平自我评价调查

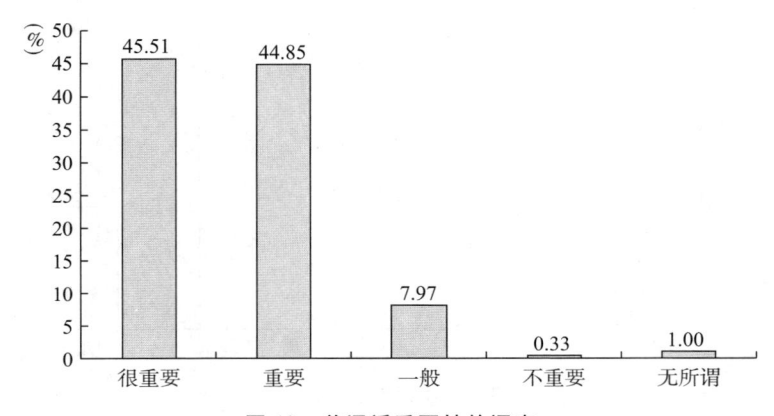

图 10 普通话重要性的调查

在"您认为学习普通话重要吗"这一问题中,1人未作答,其余300人中,选择"很重要"的有137人,选择"重要"的有135人,选择"一般"的有24人,只有1人选择"不重要",3人选择"无所谓"(如图10所示)。对普通话的价值评价,持积极态度的学生多达90.36%。

尽管在掌握普通话与普通话自我评价方面,持积极态度的学生并不多,但对于普通话的重要性,学生大多给了很高的评价。

2. 行为倾向

与对普通话的价值评价相对应,在学习普通话的行为倾向上,东南亚学生也大都持积极的态度。在"您愿意继续提高自己的普通话水平吗"这一问题中,4人未作答,其余297中,选择"很愿意"和"愿意"的共266人,选择"一般"的有25人,无人选择"不愿意",6人选择"无所谓"(如图11所示)。持积极态度的学生多达88.37%。

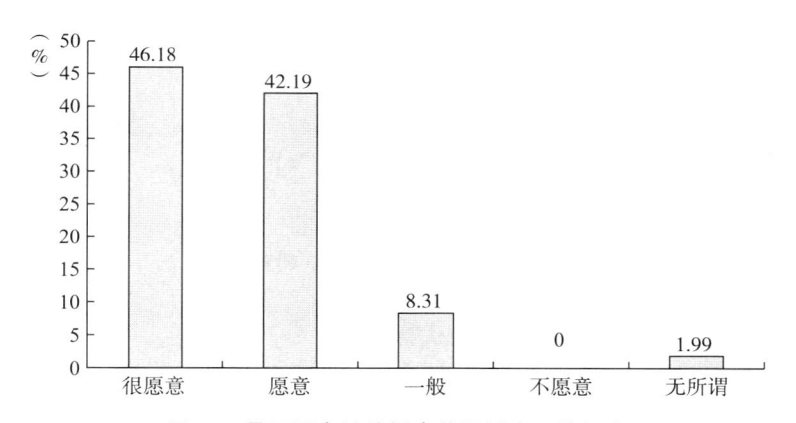

图11 是否愿意继续提高普通话水平的调查

为了综合考察东南亚学生在语言选择方面的行为倾向,我们设计了"您认为在您未来的学习、工作和生活中,哪种话的使用率会更高"这一问题。数据显示,只选择"普通话"的人数最多,有105人;选择"普通话+英语"的有69人,只选择"英语"的有62人,只选择"居住国语言"的有17人。其他数据如图12所示。

在未来的语码选择中,选择普通话的人数最多,合计203人(67.44%);其次是英语,选择人数为160人(53.16%);选择居住国语言的有51人(16.94%),而选项中出现方言的只有16人(5.32%)。答案中,多语选择的人数有 106 人，占总数的 35.22%。在未来的语码选择中，普通话的地位进一步提高，英语的上升趋势更加明显，方言衰弱的问题进一步凸显。

同时我们还设计了"父母亲更希望您说哪种话"这一问题，以考察长辈对东南亚学生的语言期望。统计结果显示，父母的语言期望与学生未来语码的选择总体是一致的。选择人数最多的四种答案也是"普通话"（101人）、"普通话 + 英语"（41人）、"英语"（39人）和"居住国语言"（38人）。其他数据如图 13 所示。

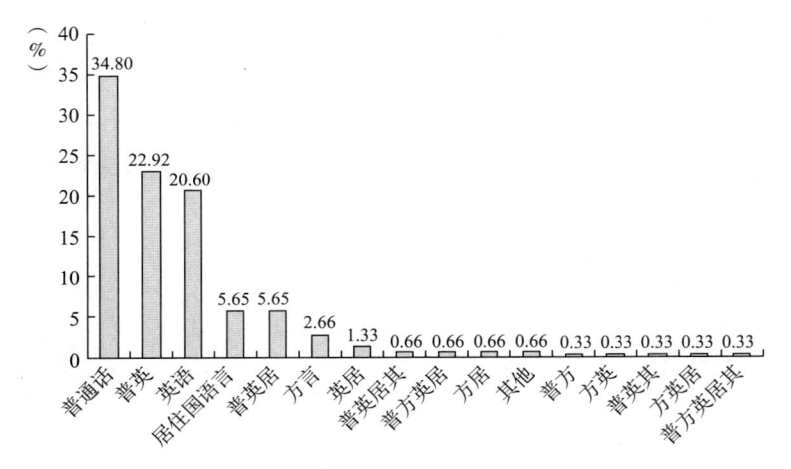

图 12　未来的语码选择调查

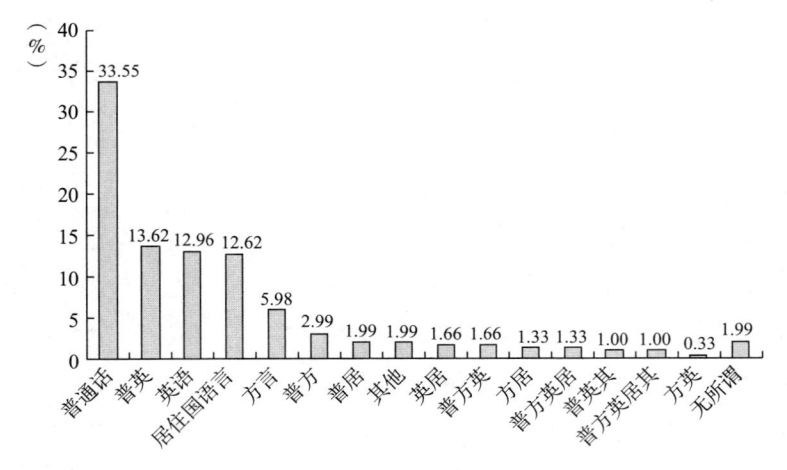

图 13　父母的语言期望调查

在父母的语言期望中，选择普通话的人数同样是最多的，有 181 人（60.13%）；其次是英语和居住国语言，分别为 110 人（36.54%）和 69 人（22.92%）；选择方言的有 47 人（15.61%），比学生选择方言的人数略高，但与前三种语码相比，选择方言的比例仍然最低。答案中多语选择的有 90 人，占总数的 29.90%。

在"您认为您的下一代应该学习和掌握普通话吗"这一问题中，选择"作为华人的后代应该掌握华语"的有 74 人，选择"多学一门语言比较有竞争力"的有 111 人，同时选择前两者的有 74 人，选择"无所谓，看他们自己的兴趣"的有 27 人，选择"与其他语言相比通用性不大，先学其他语言"的有 15 人（如图 14 所示）。

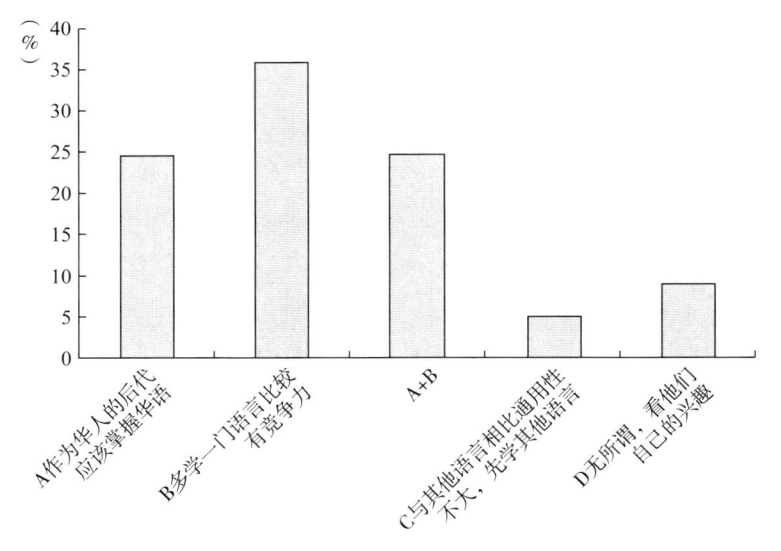

图 14　东南亚学生对下一代的语言期望调查

在对下一代的语言期望中，希望下一代学习普通话的有 259 人，占总数的 86.05%，大部分被调查者有意愿让自己的下一代学习普通话。但这种语言期望出于实用性的考虑多于身份认同的考虑。

三　东南亚华裔学生文化认同调查

认同（identity）是源于心理学的术语，现在也广泛地应用于其他人文社会学科中，用于表示个体或群体的"归属感"。在东南亚华人族群认同中起主导作用的是族群文化意识，这种文化意识是族群的群体行为特性的概括，高度表现为自我的"华人意识"（Chineseness）（庄国土，2002）。

通常情况下，母语习得伴随着儿童的智力成长，并在此过程中形成自己的民族心理与民族性格，因此对于母语文化的认同感与归属感也是十分明确而强烈的。然而目前东南亚学生的第一语言大多已不是自己的母语，他们首先习得的往往是居住国语言。在这样的语言习得背景下，东南亚学生对于自己母语文化的认同又是怎样的？为此，我们从祖籍地、中文姓名、饮食习惯、中医诊疗、岁时节令、亲属称谓几个方面进行了调查。

（一）祖籍地与中文姓名

1. 祖籍地调查

20世纪50年代之后，随着东南亚华人华侨社会由落叶归根型转变为落地生根型，并逐渐归化于所在国，华人对于祖籍地的情感也在一定程度上发生了变化。在"您是否知道自己的祖籍地"这一问题中，知道自己祖籍地的学生有217人，占总数的72.09%；不知道的学生有84人，占总数的27.91%。

与此相应的，在"您认为应该回祖籍地看看吗"这一问题中，认为应该回祖籍地看看的学生有202人，占总数的67.11%；认为不需要的有21人，占总数的6.98%；认为无所谓的有78人，占总数的25.91%。本次调查的东南亚学生多为第四代华裔，都是已加入所在国国籍的土生华人，对于祖籍地的情感显然已不如他们的祖辈强烈。

以上数据是将马来西亚、菲律宾、泰国、缅甸、越南、老挝和印尼七国的学生作为一个东南亚学生群体进行考察的一个总体结果。具体到不同的国家，受所在国华人与华语政策的影响，该国学生所表现出来的对祖籍地的情感也存在差异。其中马来西亚学生对于祖籍地的情感最深，知道自己的祖籍并且认为应该回祖籍地看看的学生占总数的96.43%。"马来西亚华人向来族群认同意识强烈，战后以来，一直为维护华人文化和华文教育权利不懈奋争。马来西亚华人长期热衷于华文教育和华语的使用，成效斐然……其华文水平在东南亚首屈一指，迄今仍保存较完整的华人传统习俗"

(庄国土，2002)。

而菲律宾和老挝知道祖籍的学生的比例都较低，前者为57.69%，后者为62.86%。菲律宾的华人以混血华人为主，同化于当地的程度较深，因此华人意识也相对较弱。老挝的华人数量少，华文教育的发展相对缓慢，这些因素都可能影响该国华裔学生的华人意识与中华文化认同。

2. 中文姓名调查

对于中文名字的调查，问题涉及是否有中文名字、什么时候取的中文名字、谁取的中文名字这三个方面。结果显示95.35%（287人）的学生有中文名字。有中文名字的287名学生中，有52.61%的学生出生时就取了中文名字；取中文名字的也多为家中长辈（如图15、图16所示）。

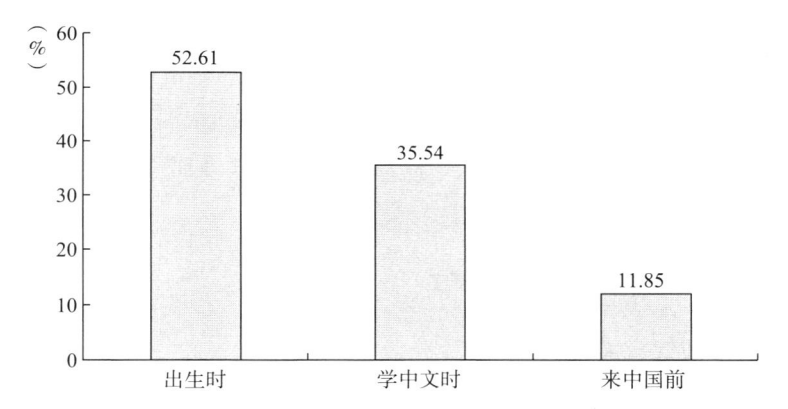

图 15　取中文名字的时间调查

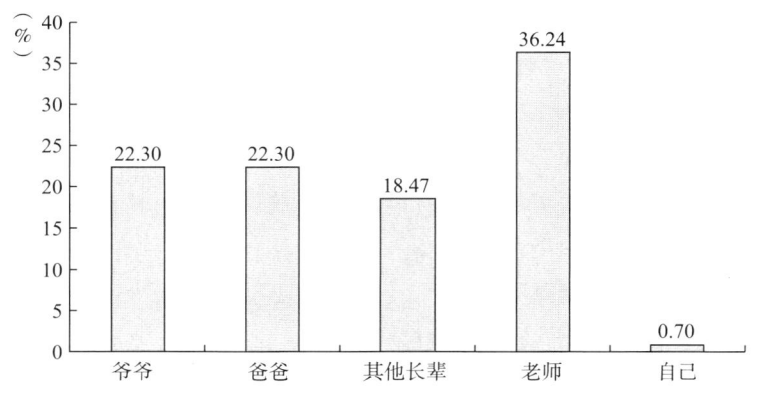

- 出生时：52.61
- 学中文时：35.54
- 来中国前：11.85

图 16　谁取的中文名字

- 爷爷：22.30
- 爸爸：22.30
- 其他长辈：18.47
- 老师：36.24
- 自己：0.70

姓名在中国人的传统观念中意义重大，它可以序长幼、辨贵贱、别嫌疑，是礼之大者，同时还寄托了长辈对美好生活的愿望。姓名作为最重要的族群标记之一，大部分华人还是非常重视的，东南亚学生基本上都有自己的中文名字，通过访谈也了解到，学生大都知道自己中文名字的寓意。从我们收集到的 173 份东南亚学生姓名中可以发现，这些姓名大多遵循中国人取名字的传统做法，寄寓着长辈的美好愿望。男孩最常用的是"明、仁、文、俊、伟、福、祥"等字，女孩最常用的是"雅、丽、秀、珍、美、玲、芬"等字。

通过调查我们也发现，对姓名的重视程度，在新一代华裔中有所消减。在取中文名字的时间上，有 11.85% 的学生是来中国前才取的。而在"谁取的中文名字"这一问题中，有 36.24% 的学生是老师取的中文名字，这与 35.54% 的学生是学中文时取的中文名字这一数据基本相符。甚至还有 2 名学生是自己取的中文名字。随着老一辈华人的离世，第二代、第三代华人对于中文姓名的神圣性与庄重感已有所减弱，因此在给子女取中文名字时也往往不像祖辈和父辈那样慎重。

（二）饮食习惯与中医诊疗

1. 喜爱的饮食类型调查

在饮食喜好上，选择喜欢"居住国饭菜"的人数最多，有 219 人，占总数的 72.76%；其次是选择"中餐"的，有 143 人，占总数的 47.51%；选择"西餐"的有 102 人，占总数的 33.89%；选择"其他"的有 50 人，占总数的 16.61%。在饮食喜好上，东南亚学生更多地倾向于居住国饭菜，同时也有近一半的学生喜欢中餐。

中医的"药食同源"理论在中华食文化中占有很重要地位。食物不仅有苦、辣、酸、甜、咸五味，还有温、凉、寒、热、平五种属性。这些观念是许多外国人难以理解的。因此，在饮食方面，我们还设计了"您知道以下哪些水果吃多了容易上火吗"这个问题来调查东南亚学生对食物属性的了解。答案有"苹果、荔枝、梨子、桂圆、香蕉"五个选项。其中荔枝和桂圆性热，也就是吃了容易上火。而苹果性凉，梨子和香蕉性寒。

答案中同时选择了"荔枝+桂圆"的有 87 人（28.90%），只选择"荔枝"或"桂圆"的分别为 58 人（19.27%）和 61 人（20.27%）。共有 206 人（68.44%）至少选对了其中一项。通过访谈也了解到，许多东南亚家庭在饮食上会注意食材的属性，因为东南亚天气炎热，家里长辈对于热性食品也就是容易上火的食品会特别注意，提醒晚辈不要过多食用。

2. 中医诊疗调查

对于中医诊疗的调查，我们设计的问题有两道，分别是"您相信中医吗"和"您知道或使用过哪些中医疗法"。

在第一个问题中，有 11 人未作答。其余 290 人中，选择"相信"的有 184 人，占总数的 61.13%；选择"不相信"的有 22 人，占总数的 7.31%；另有 84 人选择"没看过"，占总数的 27.91%。

在第二个问题中，答案有"中药、膏药、拔火罐、针灸、刮痧"共五个选项。其中选择全知道的学生有 39 人，选择"中药"的有 171 人，选择"针灸"的有 139 人，选择"膏药"的有 129 人，选择"拔火罐"的有 109 人，选择"刮痧"的有 104 人（如图 17 所示）。知道或使用过两项以上中医疗法的学生有 169 人，占总数的 56.15%。通过调查可以发现，东南亚学生对于中医诊疗的了解与认同程度还是较高的。

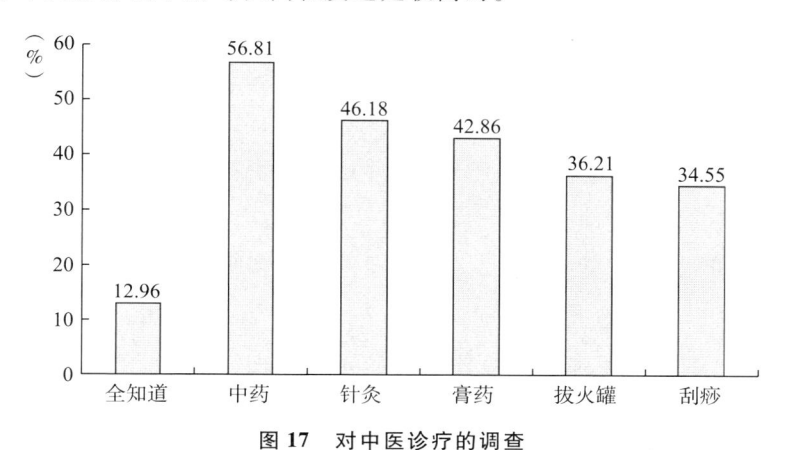

图 17 对中医诊疗的调查

（三）岁时节令

岁时节令是指与周期性的天时、物候转换相适应，人们约定俗成的一些集体性习俗活动。中国传统的岁时节令习俗是中华文化不断积淀的结果，带有鲜明的文化特征。

对于岁时节令的调查，我们首先询问的是学生过哪些节日。答案有"春节、元宵、清明、端午、中元（七月半）、中秋、冬至"共七个选项，都是中国重要的传统节日。统计结果显示东南亚学生对于中国的传统节日都比较熟悉，几个节日中过春节的人数最多，有264人，过中秋的有195人，过端午的有190人，选择其他节日的人数也不少（如图18所示）。在这七个节日中会过两个以上节日的学生有234人，占总数的77.74%；选择所有节日全过的学生有73人，占总数的24.25%。

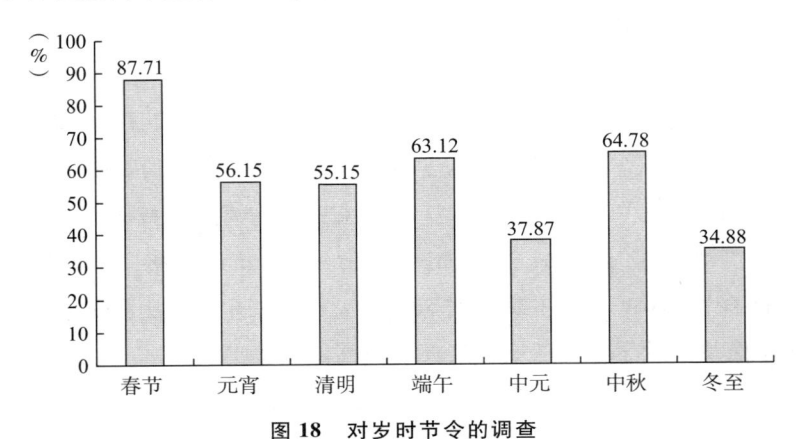

图 18　对岁时节令的调查

在这些节令中，"中元节"比较特殊。农历七月十五是中国道教的"中元节"，这一天"地官"当令，为地狱中的鬼魂进行超度，赦罪乞恩。同时这个节令还与佛教的盂兰盆会有关，盂兰盆会是佛教祭祀祖先的一大节日，佛家在庙中诵"盂兰盆经"，并且布施食物给孤魂野鬼。这两个宗教节日在闽南地区结合成了独具特色的民俗——"中元普度"，也称"鬼节"，或"七月半"。闽南的中元普度持续时间长达一个月，从七月初一开地门始，到七月卅关地门结束。其间会举行各种祭祀活动，不仅祭祀祖先，还超度孤魂野鬼，称这些无主孤魂为"好兄弟"，带有浓郁的悲悯情怀。中元节如今在北方许多地方都已不再被重视，但在闽南地区仍然是一个重要的民俗节日，并且随着闽南人的足迹被带到了中国台湾及东南亚地区。通过访谈了解到，许多东南亚华人都过中元节，而且非常隆重。参加访谈的几位马来西亚、印尼与缅甸的学生表示家里都过中元节，而且是当地的华人集体过,对于"起灯脚""拜路边""祖先超度""平安宴会""普度公送圣回宫"等仪式学生们都能清晰而生动地描述。学生也反映这一节令在名称上,东南亚更多的是叫"七月半"、"鬼节"或"普度",带有明显的闽南特征。本次调查选择过中元节的学生有 114 人,而实际人数应该更多。

　　春节是中国最重要的节日,为此我们设计了"您家怎么过春节"这一问题,答案有"贴春联、收压岁钱、给长辈磕头拜年、放鞭炮、祭拜祖先、吃年夜饭、守岁、拜天公"七个选项。结果显示东南亚学生家中过春节时仍保留了许多传统的习俗。能收到压岁钱的学生有 206 人(68.44%),会吃年夜饭的有 201 人(66.78%),选择会"拜天公"和"放鞭炮"的都是 126 人(41.86%),其他数据如图 19 所示。这些春节习俗,家里保留两项以上的有 228 人,占总数的 75.75%;所有习俗都保留的有 21 人,占总数的 6.98%。

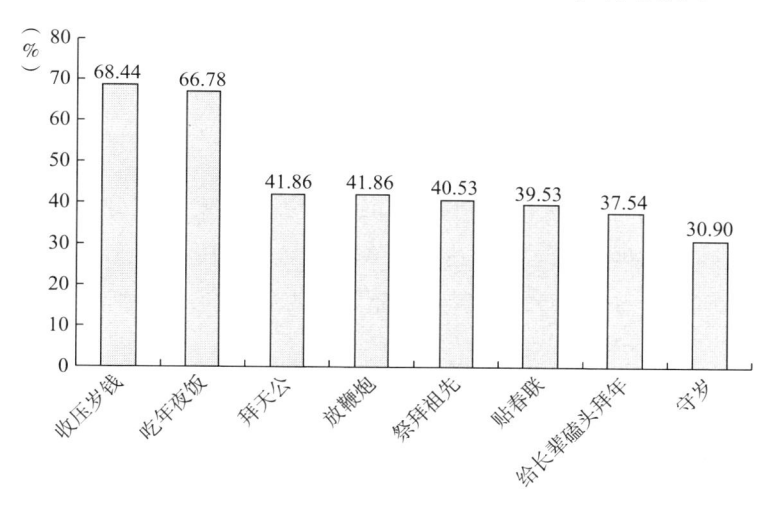

图 19　过春节习俗的调查

　　其中"拜天公"是闽台的春节民间习俗,并随着闽南人下南洋被带到了东南亚。正月初九"拜天公"是春节期间最隆重的仪式之一,从访谈中了解到许多学生的家中都保留着"拜天公"时供奉"五牲""五果""六斋"等闽南传统。

(四) 亲属称谓

　　汉语的亲属称谓系统严格繁复,不仅长幼有序,而且内外有别。我们设计了几组亲属称谓以调查东南亚学生对此的了解情况。问题是"您能分清以下哪些关系",涉及祖辈、堂表兄弟、姑舅等几组关系。统计结果如图20所示。

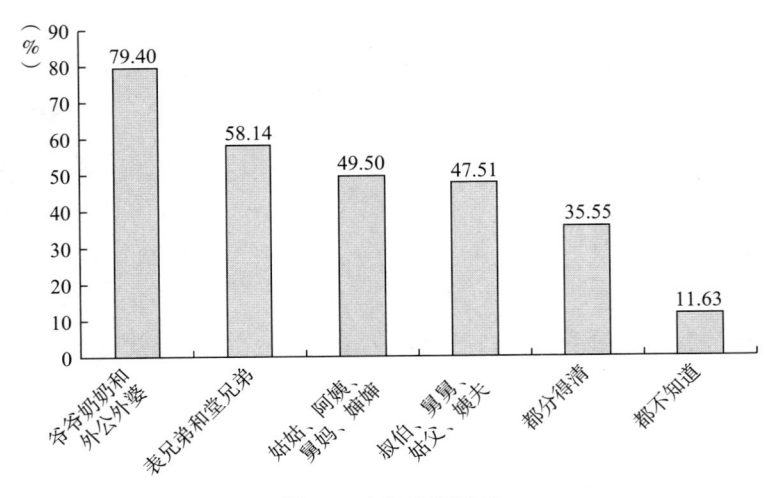

```
(%)
90
80    79.40
70
60            58.14
50                    49.50   47.51
40
30                                    35.55
20
10                                            11.63
 0
    爷爷奶奶和  表兄弟和堂兄弟  姑姑、阿姨、  叔伯、舅舅、  都分得清  都不知道
    外公外婆              婶婶、舅妈   姑父、姨夫
```

图 20　亲属称谓调查

大部分东南亚学生可以分清上述几组关系,其中可以分清爷爷奶奶和外公外婆这组祖辈称谓的比例达 79.40%,上述亲属称谓全部能区别的达 35.55%。但是也有 11.63% 的学生已经无法区分这些亲属称谓。

四　文化认同与语言使用情况相关性分析

"语言传承教育是为了实现认同的目标,而掌握母语又要有认同作为强烈的动机。(郭熙,2016)"第一代华人对于故土的眷恋相当强烈,在文化传承上也付出了巨大的努力。但是到了第二代以后,对于祖籍国文化的记忆已开始淡化。特别是随着语言使用情况的改变,汉语不再是这些华裔的第一语言,他们对于中华文化的认同感也有所减弱。尽管如此,通过问卷调查并结合个别访谈,我们发现东南亚学生对于中华文化仍有较强的认同感。祖辈们通过中文姓名、亲属称谓、饮食习惯等中华文化元素与岁时节令等民俗仪式来进行文化传承,加强文化认同感,因此东南亚学生对于中华文化仍有较浓厚的兴趣。这也使得东南亚学生对于普通话的评价与语言期望都持积极态度。这种文化认同感也有助于东南亚学生在学习普通话的过程中克服障碍，不断提高普通话水平。

　　文化认同与语言使用情况的这种相关性我们既可以通过访谈并结合学生平时的语言学习情况观察到，也可以在问卷调查的基础上进行统计分析得出结论。我们运用散点图，从祖籍地、中文姓名、亲属称谓、饮食习惯、中医诊疗、岁时节令等方面来度量这些文化因素与东南亚学生对普通话重视程度之间的关系。散点图是统计中常用的一种直观分析方法，将样本数据绘制在二维平面或三维空间上，根据这些数据点的分布特征能够直观地观察到变量之间的简单统计关系，即看出变量之间的相关性和变化趋势。同时变量之间的密集程度可以用来刻画变量之间的相关性。

　　我们运用统计中常用的 R 软件来处理调查得到的数据，画出散点图（如图 21 所示）。图中每个圆圈代表一个调查对象。横坐标代表对普通话的重视程度，从 1.0 到 4.0 代表重视程度逐级增高；纵坐标代表对几项中华文化因素的重视程度，从 1.0 到 3.0 代表程度逐级增高。

　　以图 21 中的第一个小图为例，对普通话的重视程度与对祖籍地了解及重视程度都达到最高程度的人数是最多的。在另外几个小图中，对普通话的重视程度与对其他几项文化因素的重视程度都达到最高程度的人数也都最多。所以我们可以判断，对中华文化的认同度与对普通话的重视程度具有很强的相关性，即文化认同度会影响东南亚学生对普通话的重视程度，二者的影响成正比关系。

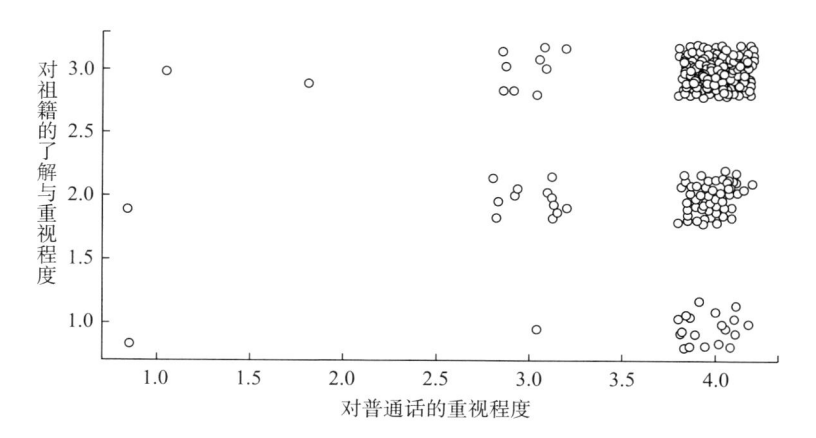

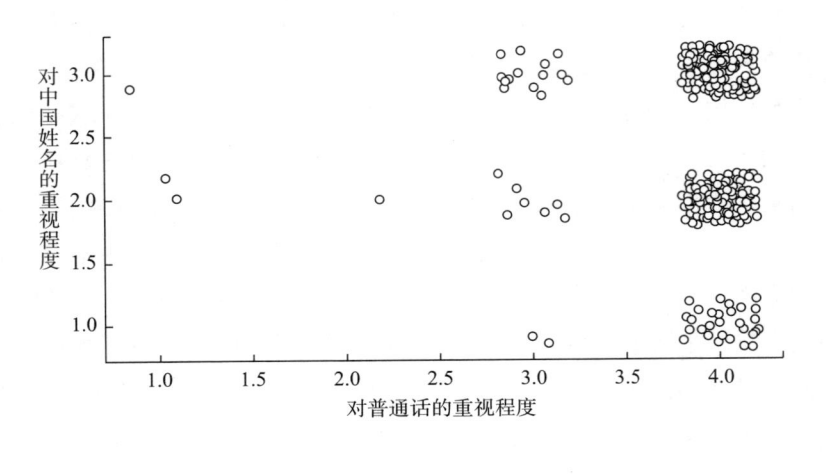

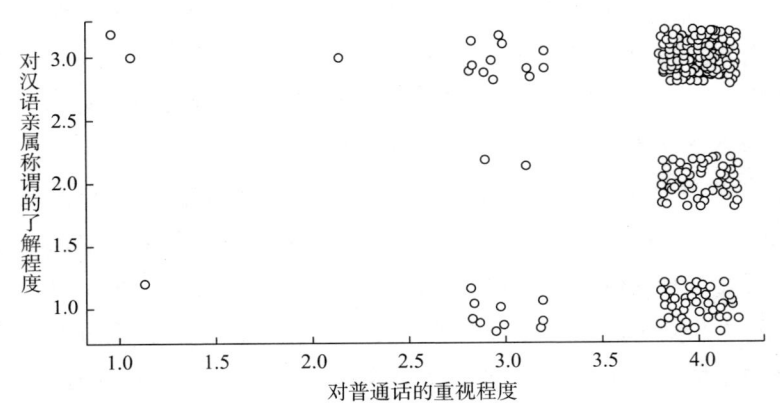

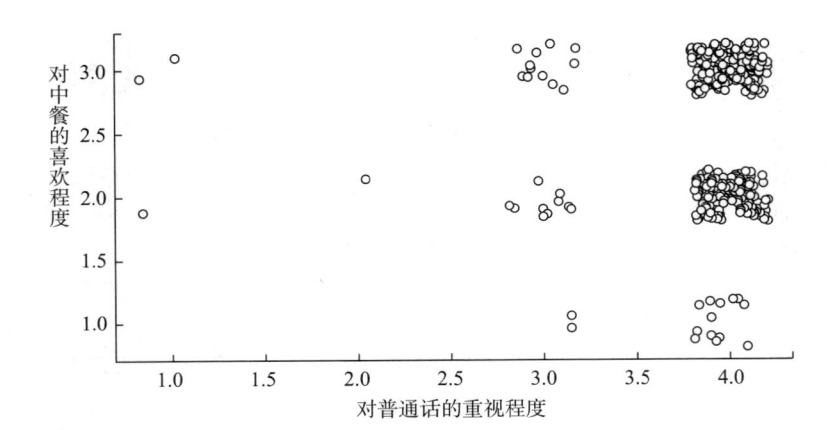

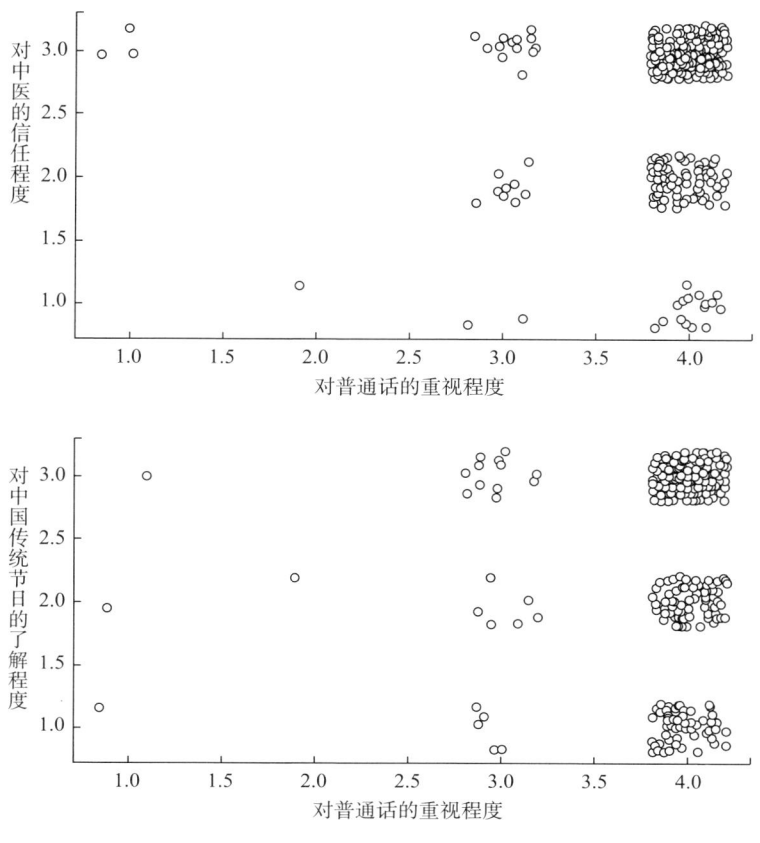

图 21 文化因素与普通话重视程度散点图

另外，我们还选取文化因素中的"祖籍地了解与重视程度""取中文名字的时间"这两项内容来与东南亚华裔学生的语言能力进行对应分析。对应分析是因子分析的一种，它是解释多元变量之间相关度的一种分析技术，即通过定性变量构成的交互汇总数据来解释同一类变量之间的内在联系，揭示不同类别之间的对应关系。它最大的特点是能将众多的变量同时绘制到同一张图中，将样品的大类及其属性在图上直观而又清晰地表示出来。我们可以通过绘制对应分析图来直观地解释变量之间的相关性。

我们通过 R 软件对得到的调查数据进行对应分析，得到的对应分析结果如图 22 所示。我们用最直观的距离定义法来解释文化因素与语言能力之间的相关性，即距离越近，相关性越高。

从图 22 中的两张小图都可以清楚地看到，语言能力这一类别中的"普通话（方言）"这一变量分别与文化因素祖籍类别中的"重视"，与文化因素取中国姓名类别中的"出生时取"这两个变量距离最近。从而我们得出普通话（方言）与"重视祖籍"和"出生时就取中国名字"有着很强的相关性的结论。又因为"祖籍"和"中文姓名"这两类变量都是中华文化因素的典型代表，所以我们判断中华文化认同感对于东南亚学生掌握普通话（方言）有着较强的影响。

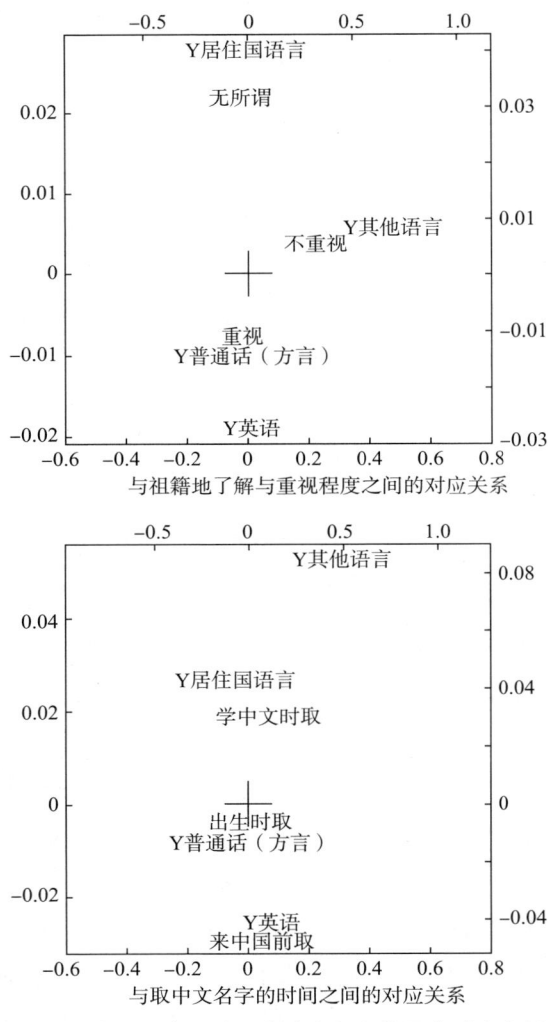

图 22　学生所掌握的语言种类与文化因素对应分析

以上所做的几个相关性的统计分析都可以验证东南亚学生的文化认同与其语言使用情况有着密切的联系。

五 结语

本文通过对福建高校的 301 名东南亚学生进行调查，对其语言使用与文化认同情况进行描写与分析。调查结果显示东南亚学生的语言使用与文化认同现状呈现一些明显的特征。

（1）多语现象是东南亚语言生活最主要的特征，东南亚学生大多具有多语（多言）能力，能不同程度地掌握居住国语言、普通话、汉语方言与英语。本次调查的东南亚学生掌握两种以上语码的有 292 人，占总数的 97%；掌握两种至三种语码的有 224 人，占 74.42%；掌握四种至五种语码的也有 68 人，占 22.59%。其中同时掌握"居住国语言、普通话和英语"的情况最多，一共是 74 人，占总数的 24.58%。

（2）居住国语言在东南亚学生的语言生活中占据重要地位，对于大多数东南亚学生而言，首先习得的语言是居住国语言，而非母语。当然，随着中国的发展与汉语的推广，普通话也发挥着越来越重要的作用。东南亚学生的普通话习得以儿童时期和青少年时期为主，学校教育是普通话学习的主要方式。方言曾是东南亚华人社会主要的交际工具，但如今已退居家庭范围内，而且日渐衰退。

（3）东南亚学生对于普通话的重要性普遍持积极态度，对普通话的价值评价，持积极态度的学生多达 90.36%。家长对东南亚学生的普通话语言期望值，以及东南亚学生对自己下一代的普通话语言期望值都很高。但这种语言期望，更多是出于现实考虑。

（4）东南亚华语与华人文化都带有明显的闽粤客等南方方言与文化的特征。因此东南亚学生在学习普通话时也经常会受南方方言的影响，学习普通话存在较多困难。在掌握普通话和在普通话水平自我评价方面持积极态度的学生比例都很低。在普通话的掌握方面持积极态度的学生，即认为普通话"很容易"或"容易"掌握的学生只有 16.61%；在普通话水平自我评价方面，认为"很流利"和"流利"的学生只有 40.53%。普通话学习情况与对普通话重要性的认识形成反差。

（5）东南亚学生的文化认同情况与其语言使用情况有着密切的联系，统计结果显示东南亚学生的中华文化认同程度与对普通话的重视程度成正比。东南亚学生对于中华文化仍有较强的认同感，这将有助于他们在普通话的学习中克服困难，不断提高普通话水平，并最终顺利完成在中国高校其他专业的学习任务。

对东南亚学生语言使用与文化认同的调查分析，给我们带来了华语教育的一些思考。在全球化与文化多元化的大趋势下，我们应该进一步培养与巩固华裔学生的多语能力。一方面，关注方言衰退问题，提倡学生在家庭环境中仍然选择方言作为交流工具，并能够在将来仍然把方言作为下一代的家庭语言，通过"语言自然代际传承"（natural intergenerational transmission）来保证语言维持。另一方面，分析东南亚学生普通话学习中存在的困难，特别是方言带来的负迁移，以帮助他们克服困难，不断提高普通话水平。同时，进一步增强他们的中华文化认同感，增加普通话学习的动力。

从长远的国家目标来看，华裔子弟是未来中国发展的一支重要力量。在"一带一路"倡议下，我们需要越来越多的熟知中华语言文化，同时也熟知所驻国语言文化的人才。华裔子弟在这方面有得天独厚的优势。

参考文献：

[1] 李宇明. 语言竞争试说 [J]. 外语教学与研究，2016（2）.

[2] 刘珣. 对外汉语教育学引论 [M]. 北京语言大学出版社，2002.

[3] 庄国土. 略论东南亚华族的族群认同及其发展趋势 [J]. 厦门大学学报（哲社版），2002（3）.

[4] 游汝杰，邹嘉彦. 社会语言学教程 [M]. 复旦大学出版社，2004.

[5] 郭熙. 东南亚华人的语言使用特征及其发展趋势 [J]. 双语教育研究，2016（2）.

[6] 郭熙. 关于新形势下华侨母语教育问题的一些思考 [J]. 语言文字应用，2015（2）.

[7] 周聿峨. 东南亚华文教育 [M]. 暨南大学出版社, 1995.
[8]〔以〕博纳德·斯波斯基. 张治国译. 语言管理 [M]. 商务印书馆, 2016.
[9] 李如龙. 东南亚华人语言研究 [M]. 北京语言文化大学出版社, 2000.
[10] 王爱平. 东南亚华裔学生语言与文化背景调查研究方法述论 [J]. 华侨大学学报 (哲社版), 2002 (1).

汉语多位数词特点研究及应用

彭家法　蔡　雨

（安徽大学）

一　引言

汉语数词及相关应用研究范围十分广泛，前人较为重视研究数词文化的中外差异及汉外互译，如滕梅（2003）、刘法公（2004）、陈绂（2009）、常敬宇（2009）等。朱德熙（1958，1982）对汉语数词结构和数词特点做了开创性的研究。本文尝试在前人研究基础上进一步研究汉语多位数词特点并运用系统性原则对相关特点做出解释。

二　汉语数词与其他语言数词的对比

沈家煊（2012）说："一种语言的特点必须通过跟其他语言的比较才能看出来，这是毋庸置疑的。我们在讲汉语的特点的时候，往往是通过跟印欧语、特别是英语的对比。"所以我们首先来对比汉语和英语中的数词特点。汉语中的数词和英语中的数词有很多不同，主要表现在以下几点。

第一，汉语和英语数词结构的分级各不相同。汉语数词采用四位分级制，从个位起，每四个数位为一级。个位、十位、百位、千位是个级，表示多少个一；万位、十万位、百万位、千万位是万级，表示多少个万；亿位、十亿位、百亿位、千亿位是亿级，表示多少个亿。英语采用的是三位分级法，从个位起，每三个数为一级，并且用逗号隔开，逗号从右到左依次表示为 thousand（1000），million（1000000），billion（1000000000），trillion（1000000000000）。比如数词"6087900680"在汉语中可以表示为"60/8790/0680"，个级是"0680"，万级是"8790"，亿级是"60"；在英语中则可以表示为"6，087，900，680"，个级是"680"，thousand 级是"900"，million 级是"087"，billion 级是"6"。

读数分级不同，导致了不同语言计数方法的差异。具体来说，汉语中数词的计数单位是"个、十、百、千、万、亿"这些单位都是"十"的倍数。朱德熙（1982）说，"十、百、千、万、亿"是位数词，即计数单位，他还认为应该把"两万万"分析为"两/万万"而不是"两万/万"，因为，如果一旦分析为"两万/万"，那么在"两万万两千万"里，"两万万"和"两千万"的位数都是"万"，这显然是不合理的。所以朱德熙认为"万万"也应该算位数，也是汉语数词的计数单位。而在英语的数词表达中，数词"十"对应的是"ten"，"百"对应的是"hundred"，"千"对应的是"thousand"。万则以千的倍数来表示，在英语中对应的是"十个千"即"ten thousand"；十万也以千的倍数来表示，在英语中对应的是"一百个千"，即"one hundred thousand"。百万对应的是"million"；千万用百万的倍数来表示，在英语中对应的是"十个百万"，即"ten million"；亿（万万）也用百万的倍数来表示，在英语中对应的是"一百个百万"，即"one hundred million"。十亿和万亿（兆，详见下文讨论）则分别有专门的单词来表示，即"billion"和"trillion"。由此可见，在英语中找不到可以和汉语中的"万""亿"直接对应的单词；汉语也没有与 million（1000000）、billion（1000000000）、trillion（1000000000000）对应的语素。用库藏类型学的术语表示，"万""亿"是汉语的库藏，"million""billion""trillion"是英语的库藏，两者并不对应（刘丹青 2011，2014）。

第二，汉语和英语数词结构中"0"是否读出存在差异。朱德熙（1982）认为，系位构造是由系数和位数两部分组成的复合数词，两部分之间是相乘的关系。几个系位构造按照位数由大到小顺序排列组合而成的数词结构叫作系位组合。朱先生特别指出：两个不连续的系位构造组合时，当中要补一个"零"，例如"一千零八、五万零三百零三"。我们就以数词"1808000"为例来说明。如果我们看"万"和"千"，那么 1808000 就是由两个连续的系位构造组合的，中间不需要补"零"，即读作"一百八十万八千"；如果看"百万""十万""万"和"千"，那么 1808000 就是由两个不连续的系位构造组合的，就要补"零"即"一百八十万零八千"。但是上文已经提到，朱德熙所认为的计数单位即位数词只有"十""百""千""万""万万（亿）"，不含"十万""百万""千万"，所以 1808000 就是由两个连续的系位构造组合的，中间不需要补"零"，读作"一百八十万八千"。

除此之外，国内各版本小学数学教材中对多位数读法的规定基本一致。如人民教育出版社《小学数学（四年级）》指出：计数单位按照一定顺序排列起来，它们所占的位置叫作"数位"，分别是个位、十位、百位、千位，万位、十万位、百万位、千万位、亿位……按照我国的计数习惯，从右边起，每四个数位是一级，称为"数级"，个位、十位、百位、千位为个级，万位、十万位、百万位、千万位为万级，亿位、十亿位、百亿位、千亿位为亿级。含有两级的数先读个级，再读万级；万级的数，要先按照个级的数的读法来读，再在后面加上一个"万"字；每级末尾不管有几个0，都不读，其他数位上有一个0或连续几个0，都读一个"零"。又如《小学生学习实用词典（数学）》中规定，万以上数的读法：先从右往左，每四位分为一级，再从高位起一级一级往下读；读亿级或万级的数，先按照个级数的读法读，再在后面加上一个"亿"或"万"字；每级末尾不管有几个0，都不读；其他数位有一个0或连续几个0都只读一个"零"。但是，也有些图书里面多位数的读法稍有差异。比如，在《锻炼学生创造力的智力游戏策划与项目》这本书里有这样一段话："唐僧又写出：130567。孙悟空马上说：'这太容易了，读作十三万零千五百六十七。'唐僧又摇了摇头，说：'遇到0，要特别注意，当一串数中间有0时，只要读零就可以了，它后面的数位不要读出来。所以这个数应该读作十三万零五百六十七。'"也就是说，这些书里并没有提到"分级"这个概念，只要是数词中的"0"，不管有几个，都要读出一个。总的来说，汉语数词中间的"0"是要读出一个的，每一级末尾的"0"是不需要读出来的。那么英语数词中间的"0"如何表达呢？我们据搜集的相关资料做一番考察。

英语中数词的读法与汉语有很大区别。章振邦（2013）在《新编英语语法教程》中对数词的读法做了详细的说明并且给出了例子，我们主要来看下列例子：

230,000,032　　two hundred and thirty million and thirty-two
689,000,001　　six hundred and eighty-nine million and one
111,654,400　　one hundred and eleven million six hundred and fifty-four thousand four hundred
8,000,000,000　eight thousand million/eight billion

我们可以看出，英语中不管是数词中间的"0"还是数词末尾的"0"都不用读出，这与汉语确实有很大不同，汉语数词某些位置的"0"必须读出。

第三，汉语和英语数词结构中位数是否省略存在差异。在汉语中，位数是否省略有以下几种情况：（1）数词个位上的单位"个"可以省略，如"三万零八"；（2）两个连续的系位构造组合时，靠后的系数单位（位数）可以省略不读，如"三万八千"可以读为"三万八"；（3）两个不连续的系位构造组合时，靠后的系数单位（位数）不可以省略，如"三万零八百"不能读为"三万零八"。朱德熙（1982）特别指出，连续的系位构造的末一项的位数可以略去不说。例如"五百二（十）、一万三千六（百）"。

而在英语中也有很大区别，仍用上述例子来说明：

230,000,032　　two hundred and thirty million and thirty-two
689,000,001　　six hundred and eighty-nine million and one

分析例子我们发现，英语数词的位数跟汉语相比，除了没有个位上的单位"个"之外，还有一个重要不同，即英语中只要是存在的位数都要读出来，无论是否出现在末尾。

综上所述，汉语中的数词与英语中的数词主要有三点不同：数词分级不同、是否读"0"存在差异、是否省略单位存在差异。这三个特点是相关的，体现语言的系统性：由于汉语允许某些位置读"0"，所以允许省略单位；由于允许省略单位，所以允许某些位置读"0"；哪些位置读"0"，是由汉语数词四位分级的特点决定的。

这样，我们可以把汉语和英语数词的差异用下面的方式表示：

60 ＿／＿ 8709 ＿／＿ 0680
　↓　　　　↓
　亿　　　　万

读作：六十亿八千七百零九万零六百八十。

6 ＿,＿ 087 ＿,＿ 090 ＿,＿ 680
　↓　　　　↓　　　　↓
billion　million　thousand

读作：six billion eighty-seven million ninety thousand six hundred and eighty。

我们还把汉语数词和韩语、日语数词做了对比。韩语读法如下：

38000：삼　만　팔　천
　　　　sam　man　pal　cheon
　　　　三　万　八　千
　　　　三万八千

30008：삼　만　팔
　　　　sam　man　pal
　　　　三　万　八
　　　　三万零八

日语读法如下：

38000：さんまんはっせん
　　　　san　man　ha　sen
　　　　三　万　八　千
　　　　三万八千

30008：さんまんはち
　　　　san　man　haqi
　　　　三　万　八

三万零八

经过比较，本文发现在韩语、日语中也是存在"万"这个计数单位的。但是韩语、日语与汉语也有很大区别：第一，韩语、日语的数词中所有的"0"都不会读出来；第二，在位数的省略方面，韩语、日语中除了个位上的单位"个"可以省略之外，其余位数都不可以省略，而汉语某些位置需要读"0"，同时存在位数省略规则。

除此之外，笔者还对其他语言数词的读法做了一些调查，调查发现除了英语之外，西班牙语、俄语和蒙古语的数词里都是没有"万"这个单位的。

西班牙语读法如下：

38000：treinta　　y　　　ocho　mil
　　　　delanda　yi　　　o qiao mi
　　　　三十　　连接词　　八　千
　　　　三万八千

30008：treinta mil　　ocho
　　　　delandami　　o qiao
　　　　三十千　　　　八
　　　　三万零八

俄语读法如下：

38000：тридцать восемьтысяч
　　　　tritzad　　vosem　tisach
　　　　三十　　　八　　　千
　　　　三万八千

30008：тридцать тысяч восемь
　　　　tritzad　　tisach　vosem
　　　　三十　　　千　　　八

三万零八

蒙古语读法如下：

38000：Гучин　найман　мянга
　　　　guchin　naiman　mynga
　　　　三十　　八　　　千
　　　三万八千

30008：Гучин　мянга　найм
　　　　guchin　mynga　naim
　　　　三十　　千　　八
　　　三万零八

调查发现，韩语、日语、蒙古语、俄语、西班牙语的数词和英语数词是一样的，不会读出数字中间的"0"，并且不会像汉语一样省略最末尾的位数，比如在日语和韩语的数词中，"三万八"和"三万八千"是不一样的。但汉语数词除了跟韩语、日语相同采用四位分级之外，还具有两个特点：第一，必须读出数字中间某些位置的"0"（非级末尾位置有一个或连续几个0都读一个"零"）；第二，可以省略最末尾位数，所以"三万八"就是"三万八千"。

三　优选论与汉语中含"0"多位数的不同读法

上文已经粗略地提到了汉语中大数词读法的相关规则，但是在研究过程中，我们发现一个奇怪的现象，即便都是中国人，都受过类似的中国式教育，可是汉语含"0"大数词的读法仍存在差议，比如上文的例子"1808000"，一部分人读作"一百八十万八千"，但是也有相当一部分人读作"一百八十万零八千"。为了解这种差异是否明显，我们对59名在校学生进行了问卷调查，问卷如下：

汉语含"0"多位数读法调查

选择题（可多选）

1. 18000 读作（　　）

A. 一万八千　　　　　B. 一万八

2. 10800 读作（　　）

A. 一万八百　　　　　B. 一万零八百

3. 108000 读作（　　）

A. 十万八千　　　　　B. 十万零八千

4. 1008000 读作（　　）

A. 一百万八千　　　　B. 一百万零八千

5. 10008000 读作（　　）

A. 一千万八千　　　　B. 一千万零八千

本次问卷包含 59 名有效被试，由安徽大学的 39 名研究生和 20 名本科生组成。第 1 题的统计结果显示，59 名被试都既选择 A 又选择 B。这说明，以汉语为母语的人对"两个连续的系位构造组合时，靠后的系数单位（位数）可以省略不读"这一规则比较了解。

第 2 题的统计结果显示，选 A 的有 1 人，选 B 的有 58 人。所有被试认为"10800"中"零"要读出，一名被试事后访谈证实为误填。

与第 2 题结果不同的是，第 3 题统计结果显示，选择 A 的人数为 27，选择 B 的人数为 32，拟合优度检验 X^2 的统计量为 0.424，差异不显著。根据卡方检验的理论，选择 A 的人数和选择 B 的人数比较接近。第 4 题选择 A 的人数为 17，选择 B 的人数为 39。第 5 题选择 A 的人数为 20，选择 B 的人数为 53。统计结果同样显示存在不一致，只是选 B 的频次略有增加。这是什么原因呢？访谈发现实际上有两个规则，上文已经提到汉语关于数词"0"在多位数中的读法有两个规则在起作用，即汉语数词四位一级，每级末尾不管有几个 0 都不读，其他数位有一个 0 或连续几个 0 都只读一个 0，我们把它命名为"规则一"。不管分级，一个数词中间只要有 0 就要读出来，我们把它命名为"规则二"。

我们认为汉语数词的两个规则存在一种"优选"的过程，需要用"优选论"（optimality theory）来解释。

优选论是 20 世纪 90 年代出现的一种新的音系学理论。最初系统地提出这一理论的是 McCarthy & Prince（1993）和 Prince & Smolensk（1993）。之后优选论被大量运用于生成句法学。Grimshaw（1997）把优选论的核心归纳为以下四点：

（1）制约条件是普遍的（universal）；
（2）制约条件可以违反；
（3）不同语法是制约条件的不同排列的结果；
（4）优选项是合句法的，其他的都是不合句法的。

根据 McCarthy & Prince（1993）的假设，衍生模也就是生成装置（generator，简称 Gen.）是普遍语法的组成部分，固定在每一种语言里，它的作用是为特定的输入项（input）制造在数量上无限的表层表达形式，优选论把它们称为候选项集合（set of candidates），所有的候选项必须经过制约条件层级体系的评估（evaluation）和选择（selection），看哪一个候选项能够最大限度地满足制约条件体系的要求和限制。经过评估，最大限度地满足制约条件的候选项就被确定为优选项（optimal candidate，optimal output，optimal form），也就是符合语法的那一项被输出。所以，制约条件和制约条件的层级排列是优选论的核心概念。

根据优选论的假设，制约条件在不同的语言中有不同的排列模式。没有明确层级之分的制约条件在同一种语言中的不同使用者的语感中也存在不同的排列模式。熊仲儒（2004）在研究汉语主语选择时曾指出："母语说话者的语感差异是客观存在的，像不同的语言之间可以存在差异一样。"

为何在同是中国人又接受过相似的义务教育的前提下，汉语多位数的读法还是会有差异？本文认为这一现象可以在优选论的理论框架下来进行解释。我们仍然以"1808000"为例来说明。上文已经描述过规则一和规则二，现在我们就将规则一与规则二看作两个制约条件，将其放入评选模中，表 1 和表 2 分别反映了两种结果。

表 1 中，使用者认为规则一高于规则二，所以对规则一的违反比对规则二的违反程度更高，即认为分级更重要，从而得出优选项"一百八十万八千"。

表 1　将规则一排列在规则二之上的使用者

	规则一	规则二
☞一百八十万八千 一百八十万零八千		*
	*	

注：表中的符号是借鉴国外已经发表的相关优选论的论文，"＊"表示对规则的违反，"☞"表示优选项。

表 2 中，使用者认为规则二高于规则一，所以对规则二的违反比对规则一的违反程度更高，即认为读零更重要，从而得出优选项"一百八十万零八千"。

表 2　将规则二排列在规则一之上的使用者

	规则二	规则一
一百八十万八千 ☞一百八十万零八千	*	
		*

注：表中的符号是借鉴国外已经发表的相关优选论的论文，"＊"表示对规则的违反，"☞"表示优选项。

在汉语多位数的读法中，规则一和规则二长期以来有很大的竞争，义务教育阶段，老师授课方式的不同，生活中与多位数接触频率的不同，导致不同使用者的语感也有所区别，最终决定了多位数不同的读法。

四　相关应用

本研究在多方面具有应用价值。汉语数词相关规范、中小学教育、对外汉语教学、辞书编写等方面应该反映汉语数词特点。

国家标准《出版物上数字用法的规定》指出："非科技出版物中的数值一般可以'万''亿'作单位。示例：三亿四千五百万可写成 34500 万或 3.45 亿。""数值巨大的精确数字，为了便于定位读数或移行，作为特例可以同时使用'万''亿'作单位。示例：我国 1982 年人口普查人数为 10 亿 817 万 5288 人。"这种规定就充分注意到汉语特点，体现了区分适用场合和使用人群的规范原则。科技文献、国际交流可以采用"每三位数字一组"的写法。非科技出版物、面向汉语人群则应该使用"万""亿"汉语单位而不采用"每三位数字一组"的写法，比如写成"34500万""3.45亿"或"3亿4500万"，不宜写成"345，000，000"，这样写不仅不便于理解，不便于"定位"，还给汉语使用者的理解造成障碍。

我们注意到，目前中小学教育中已经停止采用"每三位数字一组"的写法，人民教育出版社等出版的很多教材中介绍了汉语每四个数位是一级的"数级"概念，这种处理方式对汉语儿童学习多位数词读写无疑会起到很好的促进作用。但是我们也注意到由于师资力量不足，很多学生还没有得到很好的指导，不能充分理解汉语"数级"特点，这有待汉语研究者和中小学教育工作者进一步努力。

外国留学生初学汉语时常常会出现＊"十千"这样的偏误。有首歌叫作《一万个伤心的理由》，留学生会说成＊《十千个伤心的理由》。刘震云的小说《一句顶一万句》，有留学生说成＊《一句顶十千句》。经老师讲解，留学生了解了"万"的使用方法之后，很快就能正确使用。无疑，这种偏误是由留学生没有掌握汉语多位数词四位分级这一特点，将母语三位分级迁移到中介语中造成的。再观察韩国留学生使用汉语数词的偏误（以下偏误均来自安徽大学国际教育学院中级二班的韩国留学生）：

10800：＊一万八百（应该为"一万零八百"）

1080：＊一千八十（应该为"一千零八十"）

10080：＊一万八十（应该为"一万零八十"）

很显然，韩国留学生在读数词的时候正确掌握了汉语四位分级的特点，可是在是否读"0"这一方面出现了偏误，这也是学习者未能掌握汉语数词特点（某些位置的"0"必须读出）导致的。汉语教师要充分认识汉语多位数词特点，采取必要措施纠正这种偏误，帮助学习者尽快掌握汉语特点。

五 结语

通过与其他语言的对比，我们不仅发现数词在各国语言中的库藏有所差异，也发现了世界语言在系统性方面表现的共性。汉语数词具有十分显著的特点，即使是同一个数词，也具有不同的历史发展；即使是同一个数字，也会有两种不同的规则在起作用。刘丹青（2011，2014）提出应该研究语言库藏类型学。句法制图理论认为虽然不同语言的功能语类是显性还是隐性实现可能存在不同，同时不同语言可能会存在不同的"移动"（movement），从而导致语言成分显性位置的差异，但是不同语言也存在共性（Cinqueand Rizzi，2008；彭家法，2013）。本文研究显示，语言研究不能只局限于狭隘地对个别语言、个别现象研究，而是需要有一定的系统观念和宏观视野，进一步分析语言库藏和相关结构句法制图中的共性和差异，这样才有可能真正发现语言机制和汉语特点。

参考文献：

［1］《锻炼学生创造力的智力游戏策划与项目》编委会. 锻炼学生创造力的智力游戏策划与项目［M］. 辽宁：辽海出版社，2011.

［2］常敬宇. 汉语词汇文化［M］. 北京：北京大学出版社，2009.

［3］陈绂. 在浅析嵌有数字的成语——兼谈对外汉语教学中的文化内容［J］. 语言文字应用，2009（4）.

［4］辞海编辑委员会. 辞海［M］. 上海：上海辞书出版社，2012.

［5］广东，广西，湖南，河南辞源修订组，商务印书馆编辑部. 辞源（纪念版）［M］. 北京：商务印书馆，2009.

［6］汉语大字典编辑委员会. 汉语大字典［M］. 四川：辞书出版社，2010.

［7］刘丹青. 语言库藏类型学构想［J］. 当代语言学，2011（4）.

［8］刘丹青. 论语言库藏的物尽其用原则［J］. 中国语文，2014（5）.

［9］刘法公. 汉语成语中数目词的汉英翻译对比研究［J］. 外语与外语教学，2004（12）.

［10］刘群. 有关中文大数词问题的缘由和建议［J］. 中国科技术语，2013（1）.

［11］罗竹风. 汉语大词典［M］. 上海：汉语大词典出版社，1993.

［12］彭家法."句法结构制图工程"研究进展及相关讨论［J］. 外国语，2013（4）.

［13］沈家煊. 怎样对比才有说服力——以英汉名动对比为例［J］. 现代外语（季刊），2012，35（1）.

［14］滕梅. 英汉数词的翻译方法［J］. 解放军外国语学院学报，2003（2）.

［15］万福. 小学生学习实用词典·数学［M］. 云南：云南教育出版社，2000.

[16] 王力. 王力古汉语字典 [M]. 山海：中华书局，2000.

[17] 武汉大学古籍所. 故训汇纂 [M]. 北京：商务印书馆，2003.

[18] 小学数学编写组. 小学数学（四年级）[M]. 北京：人民教育出版社，2014.

[19] 熊仲儒. 母语说话者语感差异的语言学解释 [J]. 语言科学，2004（3）.

[20] 徐越 [汉]. 数术记遗. 影印本. 1985.

[21] 章振邦. 新编英语语法教程 [M]. 上海：上海外语教育出版社，2013.

[22] 中国社会科学院语言研究所词典编辑室. 现代汉语词典（第6版）[M]. 北京：商务印书馆，2012.

[23] 朱德熙. 数词和数词结构 [J]. 中国语文，1958（4）.

[24] 朱德熙. 语法讲义 [M]. 北京：商务印书馆，1982.

[25] Cinque, Guglielmo and Luigi Rizzi. The Cartography of Syntactic Structures [J]. CISCL working papers in linguistics, 2008, 2：42-58.

[26] Grimshaw, Jane Projection, heads and optimality. Linguistic Inquiry, 1997, 28：373-422.

[27] McCarthy, John, A. Prince. Generalized alignment. Year book of Morphology, 1993.

[28] Prince, Alan, P. Smolensky. 1993. Optimality Theory：Constraint Interaction in Generative Grammars. Rutgers University/University of Colorado, 1993.

论政务新媒体语言应用的特征

王建华

(浙江科技学院 省政务新媒体研究院)

一 新媒体及新媒体语言应用

何谓"新媒体"？联合国教科文组织提出，新媒体是借助数字技术、移动技术、网络技术等手段，利用网络渠道和手机、电脑等终端进行信息传播的媒体形态。国内有学者认为："新媒体"是一个通俗的说法，严谨的表述是"数字化互动式新媒体"。从技术上看，"新媒体"是数字化的；从传播特征看，"新媒体"具有高度的互动性。"数字化""互动性"是新媒体的根本特征。本文的新媒体指利用数字化和互联网技术储存、处理、呈现、传递信息的载体。基于数字化和互联网传播的新媒体，打破了传统媒体单向化的传播方式，具有开放性、交互性、即时性、海量性和易检性等特征，在表达方式上以多模态形式为主要特征。

数字化、互联网时代的新媒体，语言文字工具的形态发生了巨大的变化。由传统的文本话语转向了文本话语、图像话语、音频话语和视频话语共存互现的多模态的话语方式，其间产生的新结构、新问题以及由此引发的与应用语言的人、语境等的关系，需要认真分析。加强新媒体语言应用研究具有很重要的理论与实践意义。

从语用学的观点来看，新媒体语言应用与传统媒体一样，都是语用主体在一定的语境中对语言手段（广义的）的组合、选择与应用，主体、语境、话语三大要素共同构成语言应用的系统。其共性是：语用主体均为传播者和接受者，话语均由传播者在语用意图制约下、在具体的语境中生成并传递，接受者对话语的接受、释解均通过其认知语境和具体语境同步作用来实施。

和传统媒体相比，新媒体的语言应用在主体、语境、话语三方面又都有不同。

（一）语用主体互动

传统媒体（报纸、广播、电视等）传播者、接受者的主体身份和界限很清晰，通常是"你写我读""你播我听""你演我看"的模式，语用主体之间的信息流通是单向的。新媒体语言应用中的传受主体则处于高度互动之中，语用主体关系相对平等、充分互动。表达主体固然有对话语的组合、选择的主动权，但这种选择需要考虑接受主体的不同情况，观察其接受以及反馈。互联网的开放性质给接受主体阅读以极大的自由和自主，使他们可以在不同时间、不同场合、以不同方式，在海量的信息中进行选择，不感兴趣的可直接跳过，感兴趣的内容可以反复阅读和收藏，更进一步还可复制、传递信息，以"自媒体"身份出现，由受众主体变成传播主体，便捷地通过终端设备进行新一轮传播，从而完成发话者和受话者的主体身份转换。

（二）语境复杂灵活

与传统媒体不同，新媒体的语境是数字化和网络语境，其技术性、虚拟性、复杂性远非传统媒体所能比。一方面，数字化使得语言符号、音响符号、造型符号等手段得以综合运用，多模态的话语相互补充和说明，使现实语境的场景性凸显、话语交际的直观性提升。便捷的超链接又使接受主体大大延展了认知语境，降低了传统媒体语境可能存在的不可推导性或错误推导，从而消减语境歧义。另一方面，虚拟的交际语境、无限的时空范畴、自由的交际方式、易检的海量信息等，使得网络语境灵动活泛，有极大的可变性，有可能对语用产生不可预知的影响，充分体现了网络语境的复杂性。

（三）话语多模态化

传统媒体的话语实体常见的是单一模态：报纸以文本为主，广播以语音为主，电视以影像为主。而以数字化、互联网为介质的新媒体则实现了跨越和综合，话语实体以多模态为主——文本、图表、图像、视频、音频等可以并置一屏，多姿多彩。这提高了信息传播的效率。即使是纯文本话语，字体的选择、排版的格式、色彩的对比等也有很多变化，可突出所要强调的内容。在新媒体领域，用文字描述现场对话，用照片记录真实场景，用视频做全程记录，用排版提升品位，有图有真相、话语多模态已成为标配。

二 政务新媒体语言应用的特征

新媒体根据其性质、功能和内容的不同，又可以进行分类，如分成娱乐新媒体、财经新媒体、政务新媒体等。本文讨论的政务新媒体包括政府门户网站、政务微博、政务微信（即"两微一网"）以及政务移动客户端（App）、政府发言人的新媒体直播，其最主要的特征就是以数字、互联网和移动通信等技术为基础，实施政府的权威发布、政务管理、民生服务。

不同类型的新媒体语言应用会呈现不同的形态，也有不同的要求和特点。与财经新媒体、娱乐新媒体的语言应用相比，政务新媒体语用的总体特征为：在性质功能上是政治性、权威性，在主体关系上是平等性、互动性，在语境对应上是时效性、适切性，在话语应用上是规范性、引领性。

（一）政治性、权威性

政务新媒体是政府施政的新平台、舆论宣传的新阵地，政治性是其最本质的特征。2016 年 11 月，国务院办公厅发布的《〈关于全面推进政务公开工作的意见〉实施细则》指出："政务公开是行政机关全面推进决策、执行、管理、服务、结果全过程公开，加强政策解读、回应关切、平台建设、数据开放，保障公众知情权、参与权、表达权和监督权，增强政府公信力执行力，提升政府治理能力的制度安排。"要实现政务"五公开"，保障公众"四种权"，增强政府"三种力"的制度安排，党政机构必须讲政治，扮演好政治主体的角色，积极宣传党和国家的方针政策，对大众关心的热点问题、突发事件做好舆论引导。在政务信息发布中要有政治敏感、政治自觉，有强烈的政治意识和责任担当。政务新媒体的语言应用必须充分体现政治导向、导航功能，除了在内容上要体现政治性，语言形式上也须讲究"政治修辞"。"要把握好语言风格上的辩证法，跳出给人以'洗脑'、枯燥的意识形态说教的'古板'模式，同时，党性与政治性的基本定位又决定了它不能被泛娱乐化思维所左右，搞成文艺版的'小清新'。"需要准确鲜明的语言应用，不宜模糊含混，更严禁有政治错误的话语。当前政务新媒体的语用大多很注意政治性，但也有不少政务新媒体存在政治信息发布不及时、政务服务效率不高、不知如何把握政治性的度、不知如何用恰当的话语来表达的问题。举个例子，以图像话语展示政治人物的社会活动与亲和力，能增进公众与官方的情感，达到传统政务宣传无法比拟的效果。不少政务新媒体虽然认识到了这一点，但在具体操作过程中出现偏差。我们曾做过研究，用照片图像话语来展示政治人物的活动中，"既存在领导者图像身份建构的问题，又有领导图像过多、沉溺'会海'的刻板印象，还存在领导者图像与民众图像隔膜为他者的弊病"。这就与政治性的语用要求相距甚远。

权威性是与政务新媒体本身的政府形象、政治属性紧密联系的。党和政府的方针政策、法律法规、公示公告等权威性信息内容是政务新媒体区别于其他新媒体类型的显著标志，这些内容的官方色彩通过政务新媒体的发布更显权威。民众对此的信任度，又增强了政务新媒体的权威性。有研究表明，目前民众在获取准确、权威的政治性信息方面，明显地更倾向于选择政务新媒体。如 2016 年上海出台《老年综合津贴制度》，"上海发布"微信公众号发布这篇文章的当日阅读量就达 140 多万。在体现权威性方面，政务新媒体语用要充分发挥多模态优势，避免传统的以文字信息为主，而应配以图片、表格，图文并茂，力求让民众更易了解和接受。在语言表述上，也须稳重规范，不宜标新立异，片面追求抓人眼球的效果，特别是在重大事件发布时。2017 年 8 月 8 日九寨沟发生七级地震，第二天新华社发了一篇新闻稿，题目为《这次地震到底咋回事？三问九寨沟 7.0 级地震》，其实内容是解答三个问题：属于什么地震类型；怎么看此次地震后的次生灾害；如何认识震后余震预警。这个及时解答本是权威的，可标题"三问"故作姿态，被网友批评："作者想说什么？""这个标题属于标题党。""三问，还以为哪个部门不作为。"而后来凤凰新闻网转发时题目改为《新华社连发三问：九寨沟地震到底咋回事？》，则是耸人听闻了，更让该信息的权威色彩消失殆尽。当然，如果权威发布的内容是与民众生活密切相关的，为提高传播效果，也可以采用亲民的、有吸引力的标题，这是辩证的统一。如 2016 年 11 月 9 日"安吉发布"政务微信公众号发布的《中共安吉县委安吉县人民政府关于加快文化产业发展的若干政策意见（试行）》，标题用的是《［快围观］文化产业的春天来了，就在安吉》这样吸引人的表述。

（二）平等性、互动性

同其他语用交际一样，政务新媒体传播也有表达和接受两个主体。二者之间的关系十分密切和微妙。一方面，作为表达主体的政府机构或官员与作为接受主体的民众之间天然存在着权势位差关系，二者地位不对等。这也是政务信息权威性的原因之一。另一方面，努力打造服务型政府的追求、政务公开与接受监督的要求以及网络传播的介质，又促使语用主体之间形成平等的关系，传统媒体中政府对民众"上对下""官对民"的权位关系发生改变，形成了政务新媒体语用主体相对平等的显著特征。"'两微一端'传播方式是全新的，表达方式也必须创新，既不能居高临下空洞说教，语言生硬以势压人，也不能曲意迎合，低三下四，'讲人话、不讲官话、平等是政务新媒体表达方式的灵魂'。"要以真诚的态度和平实的话语，为民众服务。如在互动中可以多使用谦敬词、礼貌语言"您好""感谢您……""请您……""建议您……""抱歉，由于……"，这些礼貌性语言能体现明显的平等态度和亲民意识。有时甚至为了亲民需要，可用夸张的图像话语。如中央政府网的"每周一画"栏目就有总理漫画。自 2015 年 8 月 30 日至 2017 年 7 月 5 日，共出现 53 幅总理漫画，李克强总理的造型略带夸张也很有节制，除 3 张略呈严肃状的表情外，其余皆为亲切微笑，为政府亲民树立了良好的形象，被网民誉为"接地气、文艺范、草根情"。而像云南某地的政务微博以"公主"自称，称面对"乡下的农民，赶紧溜回办公室"的语用表达，则是没有摆正政务主体自身同民众的关系，在语用主体关系上出现问题。

互动性是新媒体的根本特征之一。政务新媒体面对受众不再是以往那种"你写我读、你播我听、你演我看"的单向交流方式,而是与接受主体处于高度的互动之中。表达主体要根据自身的意图,也要考虑受众的需求,来选择话语进行交流。接受主体对话语也不是完全被动地照单全收,而是过滤性的、有选择的,还会把自己的看法反馈给表达主体。这种充分的互动关系在政务新媒体的"两微一网"中通常以评论、点赞、在线咨询等方式呈现,互动的频率、质量、效果等与政府执政的效能直接相关。对于政务表达主体而言,回应及时、内容丰满、话语亲切是很重要的。如 2016 年 5 月国网浙江省电力公司的官方微信公众号发布了一条信息:《天了噜!供电公司竟然向他付电费?啥情况?》。内容是可以自家安装光伏太阳能发电,用不完可以上网卖给国家。这条信息引发了 5000 多位网友的互动评论,好评如潮。而对大家提出的问题,电力公司的回复也很及时且接地气:"发家致富不是目的,环保才是最希望的。不知道宁波有吗?/有觉悟!宁波有全国规模最大的光伏村——宁波市鄞州区李岙村~可漂亮了!""我家也装了。/你们都好棒!"政务新媒体发布主体注重与网民的互动,可以及时了解民众的心理、需求,有针对性地提供相关信息和服务,还可以有效化解矛盾和社会舆情,从而提高政府执政效能,树立良好的亲民形象。

(三) 时效性、适切性

政务新媒体服务大众、服务民生的功能,要求其语言应用必须提高质量和效率,这就是语用的时效性和适切性问题。政务反应是否及时迅捷,是衡量政务新媒体质量的重要指标,也是反映政府工作效率的重要参数。如 2015 年 10 月 16 日,习近平总书记在土耳其宣布第十一届 G20 峰会的地点选在杭州,当天"杭州发布"政务微信就及时以"权威快讯"的方式公布了这一消息,及时、迅速、高效。2016 年 2 月,《关于全面推进政务公开工作的意见》及《〈关于全面推进政务公开工作的意见〉实施细则》指出,加强突发事件、公共安全、重大疫情等信息发布,要快速反应、及时发声,根据处置进展动态发布信息。同时明确要求:涉及特别重大、重大突发事件的政务舆情,最迟要在 5 小时内发布权威信息,在 24 小时内召开新闻发布会，并根据工作进展情况，持续发布信息。根据人民网新媒体智库分析，2016年1~11月的600多起舆情案例中，政府回应率达到87%，有57%以上的事件政府部门首次回应在事发24小时之内，有73%的事件政府部门首次回应在48小时之内（含24小时）。其中，41%的事件通过政务新媒体做出回应。应该说这个数据是良好的，但也有很大的提升空间。

值得注意的是，政务新媒体回应舆情的时效性必须建立在客观、真实的基础上，切忌没搞清楚情况就发声，将自己的公众形象置于尴尬境地。2017年9月1日上午，上海松江警察在执法时与一抱孩子妇女发生冲突。有群众把视频发到网上，引起了民众关注。可"中国警察网"官方微博在没有确切证据的前提下，于当天13：20发了一则信息《【辟谣!】'上海警察怒打抱小孩妇女'为2015年旧闻》。没料到当天14：00左右，上海市公安局松江分局官方微博"@警民直通车——松江"就发通告，证实了视频的真实性。为了追求时效性，做出如此令人匪夷所思的举动，大大影响了政府的权威性和公信力，值得引以为戒。

语用的适切性指的是与语用环境的合适度与得体性问题。政务新媒体的语言应用要加强针对性，在明确服务对象的基础上，充分考虑不同载体、不同场景、不同时间等语境因素选择语用手段，提高匹配度和得体性。比如新媒体语境下的政务性新闻发布会，不再像以往那样在一个相对封闭的空间里，面对数十名记者的答问，而是可以通过网络即时传播到全球的新媒体进行直播。这种新的语境对语用要求很高，发言人的话语得体与否更显重要。如2013年4月国防部例行新闻发布会上，对我国第一艘航母是否出海、外媒很关注的中国是否欲借此扩展海上军力的问题，发言人杨宇军回答："中国有句古话：海阔凭鱼跃，天高任鸟飞。航母不是'宅男'，不可能总待在军港里面，因此我们的航母将来肯定是要去远航的。究竟什么时候出去，到哪个海域，组成什么样的编队，这些到时候要根据各方面情况综合考虑。"既回答了当时的问题，也明确了今后的动向，而且切情切境，不卑不亢，比喻得当，语含幽默，是适切性话语的好例子。

（四）规范性、引领性

政务新媒体"两微一网"等的语用能力折射出政府的执政能力，塑造政府的社会形象，不能掉以轻心。语言应用首先必须合法、规范，这也是其政治性、权威性的体现。诸如适应语境的规范词语运用、契合语法规则的句子结构、契合语用意图的多模态表达等，是政务新媒体语用的基本要求。总体上说，大多数政务新媒体在这方面都做得不错，但也确有不少在语言文字层面不该出现的失误。以我们的调查情况看，在文字、词汇、语法、标点、篇章等各层面都有分布。2017年8月8日，《人民日报》微信公众号发布信息："13天34亿！《战狼Ⅱ》刷新华语电影票房纪录，问鼎冠军！""问鼎"意指在比赛或竞争中夺取第一名，或希望在体育等赛事中夺冠，本身已包含了"冠军"之义。这里"问鼎冠军"在语义上重复，属于不规范的用法。还有些失范现象甚至习以为常、积非成是，如名量词"位"的规范用法是褒义，不能同反面人物搭配，可现在不少政务新媒体的发布中常常看到诸如"党的十八大以来，查处了数百位贪官"之类的表述。这是需要指出并必须矫正的。至于政务新媒体的语用有时容易受娱乐新媒体等的影响，追求新奇，偏离规范，特别是与民众互动涉及民生的话题时，常常出现一些不规范的网络表达，也需要重视。这固然有互动性、亲民性的考虑，但此间的规范与出新的关系需要认真研究和慎重对待。

政务新媒体的语言应用还必须为其他领域的语用起示范和引领效应。政务新媒体要有责任感、使命感和担当意识，积极寻求适应于新媒体的语言表达模式，引领其他类型新媒体的语言应用。新华社的新闻报道曾有适应于报刊媒体的"新华体"，政务新媒体也可以总结归纳出相应的表达模式。又如淘宝体有"亲，……哦！"的固定句式，"刚刚，……"体的句式在新华网出现频率很高，被网友戏称为政务表达的"刚刚"体，也可以被归纳为一种常用的表达模式。除了国家通用语言文字之外，以音频、视频、图表、图文等多模态手段，可视、可听、可感的语言表达，提高语言应用的质量和效率，建构适应不同对象、不同语境、不同载体的新媒体语用模式等，政务新媒体都应该切实发挥示范效应，在全社会起带头羊的引领作用。

三　小结

相对于报纸、广播、电视等媒体，数字和网络背景下的新媒体带来了新的气象，引发了新的研究课题。政务新媒体以数字、互联网和移动通信等技术为基础，宣传方针政策、处理政治事务、进行社会管理、提供民生服务，功能齐全，发展迅速，对其展开多侧面的深入研究具有重要的理论和实践价值。

语言应用是当前政务新媒体研究需要加强的重要方面，这对于提高政府执政效能、提升政府公众形象有直接的作用。这种研究的对象包括但不限于文本话语，多模态的图像话语、音频视频等话语方式也在其中。准确把握政务新媒体语言应用的要求和特征，是深入开展政务新媒体研究的出发点。从性质功能、主体关系、语境适应和话语应用诸方面探讨政务新媒体的语用特征，体现了系统性和辩证性，为今后进一步的研究打下了基础。

政务新媒体语言应用特征的研究要注意定性分析和定量分析相结合，本文以定性分析、举例说明为主，今后的研究还需要结合大数据统计、量化分析，进一步概括、提炼乃至验证相关的语用特征，从而使研究更加科学化。

参考文献：

[1] 匡文波. 到底什么是新媒体[J]. 新闻与写作，2012（7）.

[2] 王建华. 语用学与语文教学[M]. 浙江大学出版社，2000.

[3] 清华大学. 2014政务新媒体传播力报告[R]. http://matl.gtimg.com/city/repot/2014media.pdf.

[4] 杨晓伟. 党政官微要讲政治[N]. 浙江日报，2016-4-22.

[5] 王建华，周毅. 政务网站图像话语的政治功能初探[J]. 当代修辞学，2017（1）.

[6] 李增辉. 网民在哪，政务新媒体就在哪[N] 人民网-人民日报，2015-2-12.

[7] 王建华，胡云晚. 浙江政务服务网站语言文字应用现状调查[A]. 中国语言生活状况报告2016[M]. 北京：商务印书馆，2017.

电视文化类节目的语言传播力研究

侯 月

（东北师范大学）

一 电视文化类节目的发展现状

1. 井喷式发展显示文化类节目具有极大生存空间

近几年，电视文化类节目呈现井喷式发展，从业界到学界都对其节目样态、传播特质、主持人语言表达等进行了很多研究，有争议也有讨论，有思考也有行动。本文基于对主持人相关研究、传播力相关研究，侧重对电视文化类节目中的语言传播力进行研究。这首先依托一个大背景，那就是在当下的媒介形式变化中，文化类节目一方面契合当下的文化热潮，另一方面，也积极迎合了受众的需求。媒体人又相应地推出了系列的精品栏目，显示文化类节目在当下的媒介环境中，具有强大的生命力和生存空间，加之文化类节目贡献了较高的收视率，为本文的研究提供了理论基础。

2. 文化特质核心符合中国受众对传统媒体的预期

中国自古以来就重视文化的影响力，但在中国媒体的发展之路上，文化的价值体现一直不突出，甚至受制于"娱乐至死"的媒介规律，媒介一度呈现了过度娱乐化和低俗娱乐化的发展势态。"寓教于乐"变成了单纯的"说教"，收视效果并不理想。"于乐"变成了"娱乐"，文化的内涵又被掩盖。在这样的背景下，中国受众对于媒体与文化的需求其实是在不断酝酿当中。从《中国诗词大会》《中国成语大会》等一系列文化类节目突围之后，文化特质核心迅速抓住了受众的收视心理，这是因为中国受众的传统观念当中，重中国传统文化、希望在文化上拥有共识和集体探讨的意愿，终于通过媒体——这一最有效的传播介质和话语影响路径呈现集束式发展，这也符合中国传统受众对媒体价值和媒体节目的预期。

3. 良好的收视现状呈现"媒体文化语言"的传播影响力

综合来看，电视文化类节目呈现三个典型的收视特质，分别是"收视率稳定""叫好又卖座""受众覆盖层级较广"。"收视率稳定"可以看作对某一类型节目的发展前景预期。而当下的媒体发展有一个怪圈，那就是叫座不叫好，叫好不卖座。文化类节目成功从娱乐节目、影视剧当中突围，成为为数不多的叫好又卖座的电视节目，实属不易。而从当下的受众分析看，有效分析数据也显示这类节目也是为数不多的覆盖收视人群较为广泛的节目类型之一。每一个文化类节目热播之余，都能在社会上形成一股学习相关文化知识的旋风，社会影响力凸显，这也成为本文研究电视文化类节目语言传播力的背景。

二 电视文化类节目的语言特质

电视节目必然依托电视语言进行有效传播，有声语言仍然是所有有效传播手段内效果最好的。研究传播力，必然脱离不了对电视语言的基本研究。而类型化节目中，伴随节目样态的不同，语言也呈现了异彩纷呈的形态。本文不在此探究各种语言之间的关系和价值，仅就文化类节目中主持人及嘉宾、选手等共同构成的"语言传播体"进行特质分析，主要观点如下。

1. 符合媒体语言传播规律

媒体语言以媒体作为依托，符合媒体语言传播规律就应该是显而易见的规则。但当下的媒体环境中，语言不符合规范、不符合传播规律的例子比比皆是。电视语言有其特有的形态，文化类节目同样被细化成更精细的特质。显然，在以往的电视传播当中，文化与媒体语言并没有做到最有效的连接。比如最早的益智类、比赛类、知识推广类节目一直存在，以文化作为传播核心的节目并非新兴事物，但是借助电视这一娱乐工具，单纯实现"说教"价值是很困难的事情。所以很多节目虽然引起一时的收视狂潮，但在受众、市场、时代等多重变化和选择下，都不得不遗憾地退出历史舞台。即便在今日，电视文化类节目已然呈井喷式发展，在媒体中遍地开花，也不能保证这一类型的节目就一定能够在时代和媒介形式的变化下不被淘汰，也不能保证当今高度重复、同质化严重的今天，文化类节目不会成为明日黄花，遗憾退出媒介舞台。也因为媒体发展瞬息万变，在当下研究媒体的规律和电视语言的传播力就更显得重要：既是对当下语言样态中优势的内容进行梳理分析，同时也是对其中蕴含的危机敲一次警钟。文化不能简单媒体化，也不是电视与文化的简单叠加，应该是伴随时代发展不断提升核心传播力和不断变化形态的产物。综合来说，电视文化类节目语言精美，文化性语言居多，遵循中国文化的传播逻辑，寓教于情、于理、于故事，多元呈现。主持人语言既具有高度的文化性，又具有互动性和融合性。嘉宾多为专家，能够进行文化信息的有效补充，这一点可以理解为电视媒体中的"意见领袖"，通过其相对权威的身份，使语言具有影响力和社会价值。与主持人相比，人们更倾向于选择权威人士的语言观点。选手、展示嘉宾作为专业媒体语言的延伸，与受众进行了平视对话，这种语言更接近于生活中的交流语言，基于平等的身份的交流使得嘉宾的语言传播接地气、有亲和力。其实，在真正语言传播力的研究当中，也要结合情境——包括镜头语言、副语言、场景等综合考量。但因其架构的理论比较复杂，则仅以有声语言作为评价指标。

2. 文化为根、语言为脉

语言类节目的一个显著特点是主持人、嘉宾、选手及其他有声语言和副语言共同构成的文化表达。而探究一个民族的内在价值，离不开一个民族特有的民族文化。中国文化上下五千年，积累了丰厚的文化宝藏，这种宝藏被挖掘、浓缩并最终进行媒体化呈现时，搭乘了语言的有效载体，尤其是有声语言。这一点是中国文化中自古便重视语言表达、重视语文和诵读的体现，同时也形成了收视预期。电视语言在当前背景下，融合了各种语言的优势。如有声语言的诵读，字正腔圆，韵律唯美，为书面文字增添了魅力。如副语言充分结合了舞美、灯光的设计，更能吸引观众，文化类节目恰是当今时代文化为根、语言为脉的最佳呈现。

3. 语言与副语言架构的文化传播力元素

语言不能脱离副语言单独存在，副语言在某种程度上，甚至强化或损害了语言的传播力。综艺娱乐节目中，主持人、嘉宾、演员等的服装光鲜艳丽，往往现场的舞台布景及灯光舞美偏重时尚。这种语言与副语言的交融实际上增强了受众对于这一节目内容的娱乐化预期，而降低了语言的实际影响力。否则当观众真的关注一个娱乐节目中不断出现的负性词汇、插科打诨、自我贬低与扭曲，人们会更容易认为这种语言应当被主流化。所以，戏谑是娱乐的核心，也是戏谑创造了综艺语言的传播力。但文化类节目不能依托过于绚烂的舞台、过于注意穿着隆重的主持人、时刻可以插话甚至随时可以发表意见的嘉宾，否则节目的影响力和文化特质语言的传播力就会下降。所以，文化类节目的语言及副语言高度匹配，且为这一主体——整体的传播定位服务。部分文化类节目将舞台设计得过于豪华，除了增强了仪式感，也会在某种程度上弱化语言的核心影响力。

三　电视文化类节目的语言传播力

前文分析了电视文化类节目的现状、依托的核心传播理念，此处着重探讨电视文化类节目的语言传播力。关于传播力，北大陈刚教授认为传播力就是实现有效传播的能力。这把传播力归于传播学和心理学。语言的传播力就是语言的有效传播，体现在哪些方面？有何特殊性？

1. 传播力形成的平台——基于媒体语言的叙事策略

要探讨有效传播的能力，就要首先探讨传播力依托的平台以及基于媒体语言的叙事策略。文化类节目成功了，《朗读者》引发了全民朗读的热潮，朗读变成了与自我的对话。《中国诗词大会》《成语大会》等通过精美的语言、有效的议程、极易学习和效仿的内容、基于国人多年来语文学习及语言学习的"习得"机制，使得全民背古诗、背成语一度成为热潮。为何文化类节目合理有效的语言设置会有这样直接的传播效果——等同于广告当中的"即时影响"和"目的传播"？媒体语言"讲好故事"就是强化了叙事。综合多类电视文化类节目的语言，它们具有以下三个鲜明的特点：主持人语言精美、有意境；嘉宾语言重权威、意见领袖；选手语言自然朴实、有特点。这三点环环相扣，充分构成了媒体语言的叙事线——可以说是用文化的语言讲好文化的故事，用电视的语言为文化传播助力。

2. 文化传播核心的传播圈

传播力的形成不是单方面因素，传播力的传播显然也不是单纯的线式，而是集成化的传播圈。这一内核当中，文化带动了仪式感传播、文学性传播、故事化传播、比赛式传播等链条，共同建构了文化传播核心的传播圈。仅以《朗读者》为例，朗读语言是表层语言，朗读前的访谈是"讲故事"，朗读是仪式化——从封闭的访谈间到开放交流的舞台的传播，专家解读是文学性的再提炼，主持人前后的串场是符合主持人语言表达、辅以节目特性和个人特质的表达。这一切都成了传播圈的因子，共同构成了传播力的核心。

3. 受众心理层面的传播力研究

传播力，是传播内容的能力，那么评判传播内容的价值，必然依托最终传播之后受众的接受度，也就是说，所有传播力的研究必然要依托最终的收视和收视数据之下辐射和涵盖的内容。从受众研究的角度看，国人对于这类节目的反馈虽然褒贬不一，但总体而言，美誉度高于吐槽度就是传播价值的佐证。通过文化类节目，增强文化修养，提升核心能力，这是观看节目的附加值，也是这一类型的节目语言传播非常强的典型特征。

四 余论

1. 讲好中国故事、建构文化自信的有效途径

目前，国家在媒体语言策略上强调要讲好中国故事，媒体文化的影响力在语言的各种传播途径下来看，是最有效、最普遍、最实用的传播路径。电视媒体语言以传播文化作为载体，更是建构文化自信的核心途径。中国文化源远流长，中国的语言文字历史悠久、唯美有韵，媒体语言突出这一优势，在节目制作中，要充分考虑文化的传播力、考虑文化类媒体语言的传播力。既然传播内容构成传播核心，那传播内容的精雕细琢、去粗取精、去伪存真就成了要点。中国文化的根脉在哪里？中国语言的内核到底在哪里？这也是未来建构文化类节目的核心。

2. 井喷下的冷思考——重视媒体语言的核心传播力

媒体语言是人际传播中非常重要的语言类型，重视媒体语言的核心传播力，建构符合中国受众预期的节目，是当务之急。同时，文化类节目当下发展呈现井喷之势，热思潮背后也需要冷思考。冷在我们需要冷静对待一档节目的顺势而起，以及这个现象背后所折射的社会发展现状。同时，也需要意识到任何一个节目饱和之后，都会带来"审美疲劳"，同质化内容反复传播，主持人都力求设立一个标杆，然后按图索骥地建立自己的语言表达。节目语言与副语言遵循一个固定模板，都会带来一个节目形态的衰落或收视下滑。要想保持语言传播力，一方面需要精华的、经久不衰的语言提炼，另一方面需要伴随社会及受众心智的整体发展成熟做出调整。我们不能设想受众都是读万卷书的文化专家，也不能设想受众都是需要节目语言引导思考和提升的儿童。文化自信的建立背后，也必然意味着对文化的深度认同。电视语言、电视文化类节目的语言必然也需要遵循这样的规律。

参考文献：

[1] 姚喜双. 播音学概论［M］. 中国传媒大学出版社，2002.

[2] 张颂. 中国播音学［M］. 中国传媒大学出版社，2003.

[3] 姚喜双. 播音主持概论［M］. 高等教育出版社，2012.

[4] 吴郁，等. 电视节目主持人的综合素质研究［M］. 中国广播电视出版社，2007.

[5] 徐德仁. 世界明星主持人［M］. 复旦大学出版社，2000.

[6] 李彬. 大众传播学［M］. 清华大学出版社，2000.

[7] 张弛. 电视文化类节目的修辞研究［D］. 郑州大学，硕士论文 2016.

[8] 梁迎梅. 文化类节目的创新之路——从传播学角度看《朗读者》的成功［J］. 视听界，2017（3）.

[9] 钱静. 电视文化类节目主持人的语言特色及发展［J］. 新闻传播，2013（9）.

[10] 石长顺，钟阳. 央视中国文化类节目与公共知识空间的重建［J］. 南方电视学刊，2017（4）.

医教结合背景下学前聋儿言语康复园本课程开发研究报告

陈　军　黄总志　庄香香
（福建省厦门市特殊教育康复研究中心
福建省厦门市心欣幼儿园）

一　问题的提出

1. 国内研究概况

当前，国内学前聋儿语言康复训练主要采取以词为基础，由词扩成句，由句扩成段的方式，结合生活实际，以日常用语为主，坚持以口语教学为主、手语教学为辅，积极编写以日常用语为主的校本教材。这种语训校本教材虽解决了聋儿"说得清楚"的问题，但没解决聋儿"听得明白"的问题。如何构建适合医教结合背景下学前聋儿言语康复的课程结构和教材，使他们的潜能得到最大限度发挥，成了学前聋儿言语康复中亟待研究的课题。

2. 研究意义

本研究以以人为本的科学发展观为指导，从"潜能开发、功能补偿"，"发展语言、兼顾全面"，强调学前聋儿言语康复操作模式："医教结合、强化口语表达、注重沟通交流、突出实际运用"，改革学前聋儿言语康复的方法与策略，确立学前聋儿康复教育体系，将为学前聋儿言语康复教学改革开创新局面，指明学前聋儿言语康复教学改革的发展方向，破解学前聋儿言语教学改革中的种种难题，使学前聋儿言语康复教学更贴近时代要求、贴近聋儿实际，更有实际效果。

本研究能为一线学前聋儿言语康复教师提供一套科学合理的学前聋儿言语康复教材，指导他们从听觉、言语、语言和认知训练的内容中更加科学合理地开展学前聋儿言语康复教育，让更多的聋儿早日实现"听得明白，讲得清楚，交流自如"的康复目标。

3. 理论支持

伴随社会的进步、科技的发展，现代的医学概念已在更新，其范围也在扩大，由保健医学、预防医学、临床医学与康复医学四个分支组成。其中，与特殊教育密切相关的是临床医学和康复医学。临床医学主要强调的是应用特殊的诊疗技术对疾病实施专项检查，进行早期诊断，通过药物或手术等方式来治疗疾病；而康复医学是帮助由各种原因导致身心障碍者充分发挥其自身的潜能，通过功能的评估、训练、重建、补偿、调整和适应，恢复运动、语言、心理、认知以及个人自立所需的其他功能，从而提高患者生存质量，使他们重新走向社会。

通过"医教结合"的方法，使身心障碍儿童得到早期干预，从而最大限度地接近正常人的生理或心理机能。这为学前聋儿言语康复园本教材开发研究提供了有力的理论支持。

二 研究目标

以"医教结合"理念为指导，将听觉 PCT 训练、构音 PCT 训练，言语促进治疗、言语重读治疗、口部运动治疗等康复内容有机整合，全面渗透学前教育五大领域活动（健康、社会、科学、艺术、语言），寻求构建一套适用学前聋儿言语康复训练的园本教材。本套教材的编写将以《3~6岁儿童学习与发展指南》和 HSL 理论为指导，以"1 + X + Y"为言语康复操作模式，根据听障儿童不同年龄阶段的听觉、发音、语言、认知和沟通等领域的特点进行设计，将内容融入健康、社会、科学、艺术等领域，旨在挖掘每个听障儿童的言语潜能和特点，有效地激发孩子的学习兴趣，使孩子的言语得到有效的矫治，实现孩子的语言得到科学健康发展的康复目标。

三 研究内容

（1）"医教结合背景下学前聋儿言语康复园本教材"课程标准的制定。

（2）"医教结合背景下学前聋儿言语康复园本教材"教学计划的编写。

（3）"医教结合背景下学前聋儿言语康复园本教材"的编写：将听觉PCT训练、构音PCT训练，言语促进治疗、言语重读治疗、口部运动治疗等康复内容有机整合，全面渗透学前教育五大领域活动（健康、社会、科学、艺术、语言），根据学前聋儿听觉、言语、语言、认知能力的发展水平分为托班（上、下）、小班（上、下）、中班（上、下）、大班（上、下）四个难度层次，开发学前聋儿言语康复训练园本教材。

四 研究方法

1. 行动研究法。本课题的主要研究方法。以"医教结合"理念为指导，根据学前聋儿的身心特点，针对聋儿言语康复现状，制定学前聋儿言语康复课程标准、教学计划，开发园本试用教材。

2. 调查法。通过调查，了解目前学前聋儿语言康复训练中存在的问题，及时调整教学计划的制定和教材的编写。

3. 经验总结法。及时总结提炼语言康复训练过程中的成功经验，完善教学计划的制定和教材的编写。

4. 文献资料法。查阅相关学前聋儿言语康复和医教结合等资料，进行综合分析，寻求理论与实践创新。

五 研究过程

（一）研究时限

2011年6月至2013年9月。

（二）研究步骤分三个阶段

1. 论证与发动阶段（2011年6月至2011年9月）

制定课题研究计划、实施方案，明确任务目标，分解工作职责。

2. 研究与实施阶段（2011年10月至2013年3月）

制定课程标准，编写教学计划，分册编写教材。

3. 总结与提高阶段（2013年4月至2013年9月）

全面总结提炼研究成果，撰写课题研究报告，组织参加课题鉴定活动。

六、研究成果

1. 制定了"言语康复"课程标准

（1）指导思想

《言语康复》是一套以3~6岁听障儿童为对象的学前言语康复矫治教材。本套教材的编写是以《3~6岁儿童学习与发展指南》和HSL理论为指导，以"1+X+Y"为言语康复操作模式，根据听障儿童不同年龄阶段的听觉、发音、语言、认知和沟通等领域的特点进行设计，将内容融入健康、社会、科学、艺术等领域。

（2）课程目标

本课程旨在挖掘每个听障儿童的言语潜能和特点，有效地激发孩子的学习兴趣，使孩子的言语得到有效的矫治，实现孩子的语言得到科学健康发展的康复目标。

（3）课程内容

本套教材共分八册：托班（上）、托班（下）、小班（上）、小班（下）、中班（上）、中班（下）、大班（上）、大班（下）。每册教材针对听障儿童的言语障碍问题从语音、听觉识别、听觉理解、认知和沟通等方面设计教学内容来矫治孩子的发音和康复孩子的语言。每册教材主题内容编排独特、简洁。"读一读"：通过"元音、声母、复韵母"和"词语"的呈现来出示音位习得目标、认知目标和语言表达目标。"听一听"：通过测听来达成听觉识别和音位对比识别能力，进一步巩固音位习得目标。

"认一认"：通过"词语"的认知来巩固音位习得目标、听觉理解目标、语言表达目标和识字目标。"辨一辨"：通过语音和表征的区别来出示听觉理解。"说一说"：通过句型来达成用词说句的目标，提高语言理解的能力。"听一听"：通过测听来达成音位对比识别能力，进一步巩固音位习得目标。"拓展延伸"：从艺术、社会、健康、科学等领域来发展语言，兼顾全面。

　　托班和小班的教材内容是按照儿童言语发育过程中的构音音位习得顺序规律来选择的。托班（上）第一部分内容是从察觉声音入手，训练听障儿童对声音的反应，会分辨环境中的声音，能区别声音的高低、快慢，能区别音量的大小，能理解表情动作，能自发地发声，会模仿发声，会模仿发音；第二部分内容是音位习得，学习6个元音字母，其学习顺序打破了正常儿童传统"a、o、e、i、u、ü"的顺序，而是根据听障儿童的呼吸、发声、共鸣、构音等障碍重新排序，其顺序为"a、i、ü、o、u、e"，并附下颌、唇舌功能训练操，以便家长在家协同做好言语康复训练。托班（下）的内容是学习7个声母："b、m、d、p、g、n、j"，其音位学习顺序设计在遵循听障儿童的呼吸、发声、共鸣、构音等障碍问题的基础上加入主题元素——"我的家人"，贴近孩子的生活，富有亲和力，并在音位习得中，强化听觉识别和听觉理解，渗透认知和沟通领域，在拓展延伸中"发展语言，兼顾全面"，达到言语矫治功效和其他能力全面发展的目标。小班（上）的内容是学习14个声母："h、t、k、f、q、x、l、z、s、r、c、zh、ch、sh"。小班（下）的内容是学习14个复韵母："ai、ei、ui、ao、ou、iu、ie、an、en、un、ang、eng、ing、ong"。这两册教材的设计理念和托班（下）相同，在28个主题中强化音位学习，发展语言。

　　中班教材内容设计是在构音音位习得的基础上，以体验式主题单元为框架，上下两册各有15个主题，这些主题都是贴近听障儿童身边生活的素材，通过"读一读""辨一辨""说一说""听一听""拓展延伸"等形式来强化孩子的音位习得，巩固孩子的发音技能，提高孩子的听觉识别和听觉理解，并在语言的交往中发展孩子的语言理解能力和自主表达能力。

　　大班教材内容是按照听障儿童回归主流、衔接小学教育的需求，上下两册各选择了16个主题，通过看图学词，确定145个识字目标，在认知和沟通中提高孩子的听觉理解能力和说词说句能力,并激发孩子早期阅读的欲望,以便孩子能通过自己的早期阅读来提升自己的语言能力。

(4) 实施建议

为了更好地使用这套教材,充分发挥这套教材的作用,我们提出三点教学建议。

第一,针对不同听障儿童在言语发展上的明显差异,教师在教学过程中要立足幼儿的实际情况,进行个别化教学活动设计。例如:幼儿对成人的语言欠缺反应和理解,未能有效地运用说话、声音,甚至手势做沟通的,在进行教学活动前应加强基础能力或语言前技能(眼神接触、专注力、模仿能力、玩物技巧)的训练。若幼儿能明白大部分成人的语言及运用结构完整的语句与人沟通,教学活动可加强运用语言提升思维活动(类比、归纳、理解)的能力。

第二,在托班和小班的教学活动设计时,教师要以语音听说链的形成为主线,将音位诱导、音位习得、音位对比、音位强化的理念渗透在集体康复教育活动中。通过听觉 PCT 训练、构音 PCT 训练,以及言语促进治疗法、口部运动治疗和言语重读治疗法,帮助听障儿童提高听觉、言语功能和语言、认知能力。

第三,每个主题单元内容简洁,给老师留下了很多自主发挥的空间。因此,在教学活动设计时,教师可围绕主题,把主题做细、做实、做大,在循环反复中内化听障儿童的音位习得、听觉识别、听觉理解、言语能力、沟通能力,实现"发展语言,兼顾全面"的康复目标。

2. 编写了《言语康复》课程教学计划

根据已制定的《言语康复》教材课程标准,我们编写了《言语康复》8册教材的教学计划。

托班(上)的教学计划设计是以主题为纵坐标,以听觉观察、听觉识别/理解、目标音位、目标音位对、目标音位词汇、认知、句型、拓展延伸为横坐标。形式见表1。

托班(下)的教学计划设计是以主题为纵坐标,以目标音位、目标音位对、目标音位词汇、认知、听觉识别、听觉理解、句型、拓展延伸为横坐标。形式见表2。

表 1　托班（上）教学计划

一级主题	二级主题	听觉察觉	听觉识别/理解	目标音位	目标音位对	目标音位词汇	认知	句型	拓展延伸
察觉声音	自然之声	风声、雨声、雷声、火车声、鞭炮声、鸟叫声	风声、雨声、雷声、火车声、鞭炮声、鸟叫声	—	—	—	—	—	猜一猜
	乐器之声	鼓声、铃铛声、哨子声、木鱼声、口琴声、三角铁	鼓声、铃铛声、哨子声、木鱼声、口琴声、三角铁	—	—	—	—	—	演一演

表 2　托班（下）教学计划

主题	目标音位	目标音位对	目标音位词汇	认知	听觉识别	听觉理解	句型	拓展延伸
我的爸爸	b	—	爸爸	宝宝、爸爸、包包、豹子	小宝宝、胖爸爸	胖爸爸、瘦爸爸	这是谁？谁做什么？	儿歌：《爸爸抱宝宝》
我的妈妈	m	/m–b/	妈妈	妈妈、妹妹、猫咪、蜜蜂	鸭妈妈、猫妈妈	马妈妈、鹅妈妈	这是谁？谁做什么？这是什么？	儿歌：《好妈妈》

小班（上、下）的教学计划设计是以主题为纵坐标，以目标音位、目标音位对、目标音位词汇、认知、听觉识别、听觉理解、句型、拓展延伸为横坐标。形式见表 3。

表 3　小班（上、下）教学计划

主题	目标音位	目标音位对	目标音位词汇	认知	听觉识别	听觉理解	句型	拓展延伸
我喝喝喝	h	—	喝	喝水、河马、荷花、盒子	笑哈哈、哈密瓜	红花、黄花	这是什么？谁在做什么？	儿歌：《花儿好看我不摘》
可爱的小白兔	t	/t–h/、/t–d/	兔	兔子、鸵鸟、图画、踢球	兔耳朵、糖果	白兔、黑兔	这是什么？小白兔在做什么？	儿歌：《小白兔》

中班（上、下）的教学计划设计是以主题为纵坐标，以音位对比测听、认知、听觉理解、句型、拓展延伸为横坐标。形式见表 4。

大班（上、下）的教学计划设计是以主题为纵坐标，以认知、识字目标、句型、拓展延伸为横坐标。形式见表5。

表4 中班（上、下）教学计划设计形式

主题	音位对比测听	认知	听觉理解	句型	拓展延伸
我的身体	鹅/鱼，碗/远，衣/屋	头发、耳朵、眉毛、鼻子、嘴巴、牙齿	红嘴唇、大耳朵	我的什么在这里？	儿歌：《奇妙的五官》
别说我小	羊/王，拔/鼻，喷/拼	穿衣服、脱衣服、洗澡、洗脸、刷牙、上厕所	姐姐洗脸、妹妹洗澡	我会自己做什么？	儿歌：《别说我小》

表5 大班（上、下）教学计划设计形式

主题	认知	识字目标	句型	拓展延伸
小熊爬山	一、二、三，三只小熊在爬山。一、二、三，前面还有三座山。	一、二、三、只	有几只小熊在爬山？前面还有几座山？	儿歌：《一、二、三、四、五》
一头牛	一头牛、两只角、两头牛、四只角、四朵花、五朵花、六朵花	四、五、六、朵	三头牛，头上长着几只角？花瓶里有几朵花？	儿歌：《叽叽叽》

3. 出版《言语康复》教材

《言语康复》园本教材的编写得到了中国教师发展基金会、中国聋儿康复研究中心、华东师范大学言语听觉科学教育部重点实验室、特殊教育"医教结合"实验基地学校以及厦门市各教育科研机构等单位支持，经普通幼儿教育、特殊儿童康复、言语听觉康复等领域专家的指点，反复修改，于2013年9月由厦门大学出版社印刷出版。

参考文献：

[1] 教育部. 3-6岁儿童学习与发展指南[Z]. 教育部关于印发《3-6岁儿童学习与发展指南》的通知，教基二2012（4）.

[2] 黄昭鸣，杜晓新. 言语障碍的评估与矫治[M]. 上海：华东师范大学出版

社，2006.

[3] 胡向阳. 听障儿童听觉口语教学示范教材［M］. 北京：中国文联出版社，2011.

[4] 黄昭鸣，万勤，张蕾. 言语功能评估标准及方法［M］. 上海：华东师范大学出版社，2007.

[5] 王天苗，等. 学前特殊教育课程指引手册（教师用）［M］. 台北：台湾师范大学特殊教育学系印行，2000.

[6] 刘巧云. 听觉康复的原理与方法［M］. 上海：华东师范大学出版社，2011.

[7] 杜晓新. 特殊儿童认知能力训练的原理与方法［M］. 上海：华东师范大学出版社，2012.

多元文化背景下延边地区朝汉双语教育研究

孙惠欣

（大连大学文学院）

  我国是一个以汉族为主体由 56 个民族组成的多民族国家，是一个典型的文化多元的国家。"少数民族教育是一个复杂的大系统，其内部各个子系统既相互依存，又彼此独立，既具共性，又有个性。"（苏德，2013）各个民族在长期的发展过程中，逐步形成了具有本民族特色的悠久的历史文化，由于历史上的朝代更替、种族迁徙、部落整合，我国少数民族人口分布呈现多样化的趋势，既有同一民族在同一区域居住，又有多个民族在同一区域混居、杂居，还有同一民族在不同区域散居等多样的居住方式，由此形成了一个地区包含多种民族文化、使用多种民族语言相互交流的状况，如内蒙古有 44 个民族，新疆有 47 个民族。每个民族都有自己特有的文化传统与文化个性，民族的多样性、语言的多样性、信仰的多样性、生产方式的多样性等，构成了文化的多样性，逐渐形成了一个你中有我，我中有你，又各具特色的"中华民族多元一体格局"①，"多元文化在当今已成为正规的人类生活经验，所有的人都生活在一个多元文化的世界中"（郑金洲，2001）。在世界全球化与一体化的当今社会中，少数民族文化在和其他文化多元共存中如何保持自己的独立性，是民族教育面临的一个重要问题。少数民族的双语教育体现了多元文化的理念，是实施多元文化教育的必要手段。本文以延边地区朝鲜族双语教育为中心，探讨在多元文化背景下如何进行少数民族的双语教育。

---

  ① "中华民族多元一体格局"是费孝通先生结合自己长期以来对中国少数民族的研究工作于 1988 年在香港中文大学的一次学术演讲中首次提出的。

一 多元文化教育与双语教育

多元文化教育的直接理论基础是文化多元主义理论。文化多元主义认为，在一个多民族的国家，每个民族群体都可以保留本民族的语言和传统文化，与此同时，他们也融入国家的共享语言文化中。20世纪后半期，随着西方发达国家各少数民族意识的觉醒，多元文化作为一种社会思潮得到人们的普遍关注。"多元文化是人类群体之间的价值规范、思想观念乃至行为方式上的差异。"（郑金洲，2004）多元文化教育是指"在一个多民族国家或社会中，重视各民族的文化传承和发展，以实现各民族成员平等的教育机会和权利"（杨红梅、吕敏霞，2008）。多元文化教育在帮助学生获得在国家主流文化中生存所需要的认识、技能和态度的同时，也要有助于培养学生在本民族亚文化和其他少数民族亚文化中生存所需要的能力。

对双语教育的概念学术界有不同的看法，综合言之，双语教育是一个包括母语和第二语言教学的整体过程，含有两个相互联系的教学体系。有广义和狭义之分。"广义的双语教育是指使用两种语言进行教学的教育体制；狭义的双语教育是指在一个国家里用本民族语言和国语作为教育系统的两种语言，并以少数民族的学生为教育对象，我国把它叫作少数民族双语教育。"（藤星，2008）本文探讨的延边地区朝鲜族双语教育属于狭义双语教育范畴，是指以朝鲜语为基础语言，学习第二语言——国家通用语言的教育过程，是学生在学好朝鲜语的同时学好国家通用语言，达到"双语兼通"的过程。

二 多元文化背景下的延边朝鲜族地区双语教育改革

双语教育是民族教育的标志性特征，是提高民族教育质量和水平的奠基性工程、突破口。少数民族地区实施双语教学是我国民族教育改革与发展的基本要求，是党和国家民族平等政策的体现。延边朝鲜族教育起步早、基础好、起点高，延边有"教育之乡""文化之乡"的美誉，延边是个以汉族和朝鲜族为主，多民族聚居，多元文化融合的地方。经过多年发展，在多元文化背景下，延边朝鲜族教育已形成从幼儿教育到高等教育的门类功能齐全、层次完备、具有鲜明特色的民族教育体系。特别是近年来的双语教育改革与实践取得了巨大的成就，朝鲜族学生的双语能力有了显著的提高。在 2014 年教学成果奖的评审中，《延边地区朝鲜族中小学双语教学改革研究与实践》荣获国家基础教育教学成果二等奖和吉林省教学成果一等奖。下面对延边地区在双语教育方面取得的主要成功经验进行总结，以期得到社会的广泛关注，同时也为其他少数民族地区双语教育提供借鉴和参考。

（一）双语教育改革不断向纵深发展

进入 21 世纪以后，延边州委、州政府高度重视民族教育发展，出台相关政策，认真落实朝鲜族教育优先发展战略，为进一步深化双语教学改革、推动朝鲜族教育健康持续发展提供了有力的组织保证。2002 年颁布的《关于朝鲜族教育改革与发展的若干意见》，就进一步深化双语教学改革、加快构建新课程教材体系、加强双语教师队伍建设、实现"双语兼通"目标等若干重大问题，提出明确意见和要求，确定新一轮双语教学改革的总体目标、主要任务。2004 年，第二次修订的《延边朝鲜族自治州朝鲜族教育条例》中，朝鲜族学校的"双语"兼学并用制及"双语兼通"人才培养目标得到进一步明确，把新时期朝鲜族"双语"教育改革工作纳入法制化轨道。此后出台了《延边州朝鲜族双语教学改革实施意见》《关于确定州级"双语"教育改革实验校的通知》，把全州双语教学改革工作推向了更加规范、科学、合理的发展轨道。2009 年出台的《关于进一步深化全州双语教学改革工作的指导意见》，进一步确定了双语改革的指导思想，界定了朝鲜族基础教育阶段的双语教育性质和目标，形成了"双语兼学并举""先普及后提高"的延边双语教学改革的发展思路和工作理念，把延边州双语教学改革工作推向了更加规范、科学、合理的发展轨道。至此，延边州新一轮双语教学改革政策法规体系和理论奠基工作基本完成，广大朝鲜族学校把双语教学工作当作发展民族教育的首要课题来抓，形成了重视双语、研究双语、推进双语的浓厚改革氛围，延边州双语教学改革内外环境得到有效改善，为进一步深化改革、加快发展打下了坚实基础，创造了有利条件。

（二）双语教学模式改革取得明显成效

构建有效双语教学模式，是搭建学生双语能力发展的有效平台，是提高双语教学水平的重要载体。针对延边地区双语教学方法、途径、模式相对单一的问题，为了实现语言学科的有效教学，2003年延边州教育局出台《延边朝鲜族中小学双语教育改革实验方案》，确定了具体实验对象及内容。同年，延边州在全国率先普及"MHK"考试，整体一次性完成汉语高考形式的改制和转型，改革以往的传统考试模式为分项等级制评价模式，从高端上完成了学科教学模式从"汉语文"到"汉语"的转化。目前，朝鲜语文和汉语学科，在中考、高考中各以50%计入，汉语高考以"MHK"实得成绩的25%计入总分，形成最后的语文成绩。2005年出台的《延边州朝鲜族中小学双语教学改革实施意见》中提出要构建具有延边特色的双语教学模式。按照2009年出台的《州教育局关于进一步深化全州双语教学改革工作的指导意见》，积极构建了具有延边特色的"一主四辅式"双语教学模式。充分发挥双语课堂教学这一主渠道的作用，通过创建良好的语言学习环境、加强朝鲜族民族文化教育、深化部分学科双语授课制实验和开展有效语言实践活动四个辅助渠道和手段，提高双语教学工作的质量与水平。在具体操作中坚持"早起步、大容量、多渠道、创情境、强训练"。早起步，从小学三年级设置的汉语课程，提前到小学一年级开设；大容量，根据新课程要求确定了新的课程标准，重新编写了汉语教材，从原有的2500个汉字量和6000个常用词语，提高到学会3000个汉字，掌握常用词语7000个。同时进行了朝鲜语、汉语课时比例调整，即减少朝文课时，适当增加汉语课时，使朝文、汉语学科在课程计划中所占比例分别达到15.4%和16.07%，双语学科合计占总课时数的31.48%，在较短时间内完成了"双语"同步起始、兼学并举的课程安排任务；多渠道，双语教学改革中双管齐下，在语言学科改革教学方式，朝语文以听说为主线，提高学生的语言实际运用能力，汉语学科创建"课前、课内、课外一体两翼大汉语课堂模式"和"学习—积累—体验—整合—达标"有效教学模式；在计算机、体育等部分"双非"（非语言类、非考试类）学科中尝试渗透汉语，改单科运行为双语并用，提高学生的双语学习效率和效果，强化汉语学习。根据不同区域，实施不同的实验课题，确定了 16 所州级双语教学实验学校，准确把握双语教育改革的科学性和过程性，结合本地、本校的实际确定规范、科学、符合实际的实验方案，科学安排不同学年的双语教育改革进程；创情境，创设良好的语言环境，采取创设每周一的汉语口语交际日和外语口语交际日，墙壁文化中增设双语专栏等有效形式优化双语学习语言环境；强训练，大胆改革，从以知识传授为主的教学方式中解脱出来，以语言运用能力为根本目标，以听说促进读写，强化语言运用训练，通过开展丰富多彩的双语活动来提高双语教学水平。通过这种教学模式，进一步整合了学校双语教学资源，扩大了科际联系，加强了课内外结合，拓宽了学生自主学习渠道，使学生汉语水平得到了很大的提高。"一主四辅式"教育教学模式改革等方面取得重大突破，实验覆盖中小学各阶段所有年班，基本实现学校教育教学的"双语化"和"双语兼通"目标。

（三）双语教学教材建设实现新突破

为了加强教材建设，在延边州"双语"教材改革领导小组和"双语"教材编撰委员会的指导下，新编东北三省朝鲜族中小学《朝鲜语文》《汉语》教材。新教材本着删繁就简，适当提高难度，贯彻新课改理念的编写意图，大幅缩短初级阶段学程，以提高学生能力为主，重点加强学生实际运用语言能力的培养，努力探索"口语领先，读写跟上"的教改路子。同时加强课程的综合性、实践性，进一步增强课程与教材的相互适应性，努力促进课堂教学领域改革和有效教学模式构建。经过多年的教学实践，新版"双语"教材较好地贯彻和体现了新课程理念，学生对新版教材的适应能力逐年好转，师生对教材的接纳与认可度比较理想。特别是学生升入小学中高阶段以后对选文的篇幅长度和学习难度无明显"不适"，学生的文章整体感知能力能够满足教学基本需要。新版《汉语》教材大幅度提高难度，识字量比原来增加 35%～40%，接近汉族学校标准，选文难度与人教版《语文》的差距缩短至 2 年以内，真正促进了"双语"的同步发展。

（四）小班化教育和民族文化教育得到全面推广

《国家中长期教育改革和发展规划纲要（2010—2020 年）》明确提出：

"提高义务教育质量……深化课程与教学方法改革，推行小班教学。"近几年，延边州紧紧围绕构建"质量加特色"的朝鲜族教育发展模式，把朝鲜族学校办学的着眼点放在学生学力水平和综合素质的提高上，深入开展小班化教育和民族文化教育，不断加快质量建校、文化立校、特色兴校的改革步伐，努力提升朝鲜族学校办学水平和办学品位，取得了较好的成效。早在2004年，小班化教育写入《延边朝鲜族自治州朝鲜族教育条例》，并列为延边教育事业发展十年规划的重要目标任务。延边州教育局先后制定和下发《关于在全州朝鲜族中小学实施小班化教育的指导意见》（2007年）及全州第一阶段（2008年）、第二阶段（2011年）小班化教育实施方案，逐年在全州朝鲜族小学起始年级全面普及小班化教育。确定延吉市延新小学校、珲春市第一实验小学校等11所州级小班化教育实验样本校。一方面通过狠抓班级建成率，从小学一年级招生编班开始，确保每班30名以内的班额标准和小班化教师环境建设；另一方面注重提高教学达标率，积极推进小班化教学模式改革和实验、科研、培训工作，力求做到从小班化教学到小班化教育质的改变，小班化教育改革基本做到了整体推进，不同类型的小班化教学模式相继成形，延边州内朝鲜族小学小班化教育覆盖率达到80%。经过十几年的探索实践，小班化教育取得明显成效。如作为延边州最早实验小班化教育的延吉市延新小学，经过多年的实践，逐步形成了集教学方法、教学过程、教学评价"三位一体"，以学生学习为中心，以培养学生核心素养为教学目的的小班化教育"分层导学四环"教学模式（刘红月、俞永虎，2018），推动了学校教育教学质量的整体提升，为小班化教育的进一步推进提供了很好的经验。目前，延边州朝鲜族小学和部分有条件的初中，积极探索和实践小班化教育，以小班化教学组织形式为重要突破口，有力推动双语教学改革，教育教学质量和水平有较大提高。

与此同时，为积极推进学校文化特色建设，2007年出台《关于在全州朝鲜族中小学开展朝鲜族民族文化教育的指导意见》，正式把朝鲜族民族文化教育纳入地方课程，编制出版了地方教材《朝鲜族民族文化教育》，在全州朝鲜族中小学广泛开展民族文化教育，大力实施小学以民族传统礼仪教育为主线，初中以民族历史教育为主线，涵盖中国朝鲜族特有的民俗风情、人文、艺术、体育、饮食、建筑、乡土地理的民族文化教育，初步构建了以学生实践活动为教学方式，以增强学生文化底蕴为教学目的的民族文化教育教学模式。民族文化教育实施十年来，不仅给广大朝鲜族学生提供了传承民族文化、提高自身文化涵养的平台和渠道，还使学生接受系统的朝鲜语文情感教育和语言实践训练，积极培育和激发了学生热爱本民族语言文字的思想感情，为提高学生的朝鲜语文素养起到了积极作用。正如苏德（2013）在文章中评价的那样："双语教育是保存民族文化、语言多样性的最好办法。我国是一个多民族的国家，少数民族在中华民族的历史上都做出过自己应有的重要贡献，少数民族文化曾对中华民族文化的发展产生过深远的影响。……因此，科学地保护少数民族语言文字、认真研究少数民族双语教育，对于继承和弘扬中华民族的优秀文化传统具有重要的理论和现实意义。"

（五）双语教师专业水平得到明显提升

双语教育改革成功与否关键在于教师队伍，为此，延边州积极开发双语教师资源，优化双语师资结构，把工作重点放在培训"双语型"教师上，出台相关政策，进一步完善"双语型"教师培训制度，拓宽教师培养渠道，建立"双语型"教师档案，促进了"双语型"教师的专业化成长。通过组织全员岗位培训、骨干教师培训、长短期脱产培训、外派交流等方式，努力改善和提高教师培训环境及成效。大力推动"双语型"教师培训制度，狠抓教师"双语"基本功训练，以大面积普及普通话测试、教师双语演讲比赛等方式，提高广大朝鲜族教师的语言、文字、交际、写作等方面的双语综合素质。采取到汉校挂职锻炼、与汉校建立教学合作关系、聘用一定数量的汉族教师等措施，合理配置双语教师资源，优化双语教师结构。以"双语"教材教法培训为重点，以教师参与研究培训为主要形式，重点培养以州、市级学科带头人、教学骨干为主体的一批"双语"名师，初步建立中青年优秀教师脱颖而出的机制，大力推进了朝鲜族"双语"骨干教师队伍建设，双语教师学历层次和专业水平得到明显提升。

朝鲜族具有崇尚文化、重视教育的优良传统，因而，"朝鲜族民族教育发达，教育普及水平、人均受教育年限、人均大学生拥有量等，都居于中国各民族前列"（李泰周，2010）。近些年，在延边多元文化交融的大背景下，延边州以双语教学改革为重要突破口，努力形成朝鲜族学校的优势与特色，学生的双语水平，特别是国家通用语——汉语水平有了显著的提高，朝鲜族教育发展环境得也到明显改善。朝鲜族跨民族择校生比例从五年前的37%回落到目前的18%，减少一半以上，小学一年级新生人数出现上扬趋势，学校生源流失局面得到初步扭转。全州朝文考生的各类普通高校录取率连续多年比全州平均水平高出10个百分点以上，极大地提高了朝鲜族教育的办学声誉。当前，延边州朝、汉校之间共同性资源不断增加，全州在朝鲜族学校就读的汉族学生占全州朝鲜族学校在校生总数的7%，在朝校任教的汉族教师占全州朝鲜族学校专任教师总数的8.6%[①]，在很大程度上做到了从师资到学生、从语言到文化的你中有我，我中有你，民族学校特有的双语文化教育资源得到有效利用，为新时期双语教学改革奠定了重要基础。

然而，随着社会经济的快速发展及双语教育改革的不断深入，延边的双语教育也面临着新的挑战。例如：民族学校学生课时负担过重（目前朝鲜族学校小学到高中的课时总量比汉族学校多出1772节，相当于民族学校学生在相同学制下多上1.2个学年的课时[②]），新编汉语教科书的难度加大，朝鲜族学生学习负担增加；双语教师短缺，教师队伍不稳定，老龄化严重，驾驭教材的能力有所欠缺；学科发展不均衡，教育教学质量提高相对缓慢；等等。尤其是近些年，朝鲜族生源日渐减少困扰着朝鲜族民族教育的发展。

三 结语

双语教育是民族教育的标志性特征，是提高民族教育质量和水平的奠基性工程、重要渠道。双语教学改革是一项十分重要的工作，同时又是一项复杂的系统工程。在文化多元共存中朝鲜族教育如何保持自己的独立性，是延边民族教育面临的一个重要课题。针对上述延边地区朝鲜族双语教育中存在的问题，今后延边州教育各部门之间要形成合力，协同共进，进一

---

① 数据来源于延边州教育局。
② 数据来源于延边州教育局。

步提高对双语教育重要性的认识，树立正确的双语教育观，进一步增强责任感和使命感，加强双语教学模式改革和过程性指导与管理，努力提高双语教育工作的针对性和实效性，提高学校双语教育工作的质量与水平。力求在学校管理、双语师资培训、课堂教学改革、双语教材改进、双语环境建设等方面实现新的突破，使延边州的双语教育上一个新台阶，为推动全国少数民族地区双语教育做出更大的贡献。

参考文献：

［1］苏德．以多语教育促讲和谐料会与文化建设——兼论少数民族双语教育研究范式［J］．民族教育研究，2013（3）．

［2］郑金洲．教育文化学［M］．北京：人民教育出版社，2001．

［3］郑金洲．多元文化教育［M］．天津：天津教育出版社，2004．

［4］杨红梅，吕敏霞．浅谈我国多元文化教育的内涵及其价值构建［J］．当代教育论坛，2008（4）．

［5］藤星．对少数民族新创文字扫盲教育的思考［J］．民族教育研究，2008（2）．

［6］刘红月，俞永虎．小班化教育"分层导学四环"教学模式研究［J］．中国民族教育，2008（5）．

［7］李泰周．新世纪新阶段中国朝鲜族中小学教育问题研究［D］．中央民族大学博士学位论文，2010．

后 记

第十届全国语言文字应用学术研讨会在厦门召开

由中国应用语言学会（筹）、教育部语言文字应用研究所主办，华侨大学文学院、华文教育研究院、海外华文教育部与中华文化传播系统创新中心承办，第十届全国语言文字应用学术研讨会于2017年10月14~15日在福建省厦门市召开。

华侨大学校长徐西鹏、教育部语言文字应用研究所所长张世平在开幕式上致辞，开幕式由华侨大学华文学院书记纪秀生主持。

大会专题报告会由王建华教授主持，教育部语言文字应用管理司原司长姚喜双教授以《深入贯彻落实语言文字"十三五"规划》为题，从多个角度阐述了"牢固树立核心意识，深入贯彻落实语言文字'十三五'规划"的任务和举措；华侨大学贾益民教授做了题为《"大华语战略"与世界华语教学》的报告，从"全球化基础""华侨华人社会的作用""以发展世界华语为目的"三个方面对"大华语战略"进行了解读；教育部语言文字应用研究所肖航研究员做了《汉语盲文的规范化与信息化》的主题报告，介绍了信息化视角下的盲文问题研究现状和盲文翻译软件成果。各位专家同与会代表和学生进行了学术互动，开拓了代表和学生的学术视野。

会议共设五个分会场，来自全国的80余名专家学者和高校研究生围绕"提升国家语言文字服务能力"的主题，对"国家通用语言文字政策、规划和应用研究""语言文字资源与信息化建设""国家语言服务能力研究""语言文化传承与交流"四个议题展开热烈讨论。与会专家学者从我国语言文字生活状况出发，关注社会语言使用和语言政策与规划的新现象、新问题，理论与实践相结合，为发展 21 世纪语言文字应用研究贡献了自己的智慧和力量。

大会于 10 月 15 日上午闭幕，由教育部语言文字应用研究所所长助理王晖教授主持，各组对两天来的讨论内容进行了总结。此次会议得到了与会领导嘉宾、专家学者的高度评价，也使广大师生体会到了新的时代背景下我国语言文字事业发展的新契机、新面貌。

（刘子琦、李慧、刘思宁供稿）

图书在版编目(CIP)数据

第十届全国语言文字应用学术研讨会论文集 / 中国应用语言学会（筹）编． -- 北京：社会科学文献出版社，2019.7
 ISBN 978 - 7 - 5201 - 4924 - 2

Ⅰ.①第… Ⅱ.①中… Ⅲ.①汉语 - 语言学 - 文集②汉字 - 文字学 - 文集 Ⅳ.①H1 - 53

中国版本图书馆 CIP 数据核字（2019）第 102102 号

第十届全国语言文字应用学术研讨会论文集

编　　者 / 中国应用语言学会（筹）

出 版 人 / 谢寿光

责任编辑 / 张建中　崔晓璇

出　　版 / 社会科学文献出版社·社会政法分社（010）59367156
　　　　　 地址：北京市北三环中路甲 29 号院华龙大厦　邮编：100029
　　　　　 网址：www.ssap.com.cn

发　　行 / 市场营销中心（010）59367081　59367083

印　　装 / 三河市尚艺印装有限公司

规　　格 / 开　本：787mm × 1092mm　1/16
　　　　　 印　张：14.75　字　数：234 千字

版　　次 / 2019 年 7 月第 1 版　2019 年 7 月第 1 次印刷

书　　号 / ISBN 978 - 7 - 5201 - 4924 - 2

定　　价 / 78.00 元

本书如有印装质量问题，请与读者服务中心（010 - 59367028）联系

▲ 版权所有 翻印必究